国家社会科学基金"十三五"规划 2019 年度教育学一般课题
（课题批准号：BIA190207）

基于认知导向的大学生创业教育模式的构建与应用研究

陈苏　著

中国商务出版社

·北京·

图书在版编目（CIP）数据

基于认知导向的大学生创业教育模式的构建与应用研究 = Research on the Construction and Application of Cognitive-oriented Entrepreneurship Education Model for College Students / 陈苏著. -- 北京：中国商务出版社，2024.12. -- ISBN 978-7-5103-5567-7

Ⅰ. G647.38

中国国家版本馆CIP数据核字第2025KN4534号

基于认知导向的大学生创业教育模式的构建与应用研究

JIYU RENZHI DAOXIANG DE DAXUESHENG CHUANGYE JIAOYU MOSHI DE GOUJIAN YU YINGYONG YANJIU

陈苏　著

出版发行：中国商务出版社有限公司

地　　址：北京市东城区安定门外大街东后巷 28 号　　邮编：100710

网　　址：http://www.cctpress.com

联系电话：010-64515150（发行部）　010-64212247（总编室）
　　　　　010-64243016（事业部）　010-64248236（印制部）

策划编辑：刘姝辰

责任编辑：韩冰

排　　版：德州华朔广告有限公司

印　　刷：北京明达祥瑞文化传媒有限责任公司

开　　本：710 毫米 ×1000 毫米　1/16

印　　张：18.75　　　　　　　　　　字　　数：265 千字

版　　次：2024 年 12 月第 1 版　　　　印　　次：2024 年 12 月第 1 次印刷

书　　号：ISBN 978-7-5103-5567-7

定　　价：88.00 元

前言
PREFACE

本书从创业认知导向的视角，深入剖析大学生创业行为的形成机制，并以此为出发点，探讨如何构建科学的创业教育模式，以激发大学生的创新创业积极性，提升创新创业效果。自21世纪以来，企业所面临的内部和外部环境日趋复杂与动荡，管理学的基本原理指出，企业的环境因素会对其生存和发展产生及时与深远的影响。这些环境因素包括但不限于市场状况、经济政策、科技发展、社会文化变化等。近年来，以物联网（IoT）、大数据（big data）、云计算（cloud computing）和人工智能（AI）为代表的新兴技术，无疑成为推动"第四次工业革命"的主要动力。这些技术的影响力是巨大的，它们不仅改变了我们工作和生活的方方面面，也为企业提供了新的机遇和挑战。

正如我们所观察到的，行业间的界限日益模糊，这意味着企业不能再固守自己的传统领域，而是需要积极探索新的可能性，寻找跨界合作的机遇。这种趋势对企业的战略规划提出了更高要求，企业需要有能力理解和适应这种变化，以便在不断变化的市场环境中保持竞争力。同时，我们也要注意到社会需求的个性化和极致化趋势越发显著，这意味着消费者对产品的需求越来越多样化，对服务的要求越来越高。企业需要有能力满足这些不断变化的需求，才能在激烈的市场竞争中立于不败之地。为了实现这一目标，企业需要不断创新，从产品设计、生产到销售服务，都需要进行彻底的改革和升级。在这个过程中，颠覆性的创新层出不穷。这些创新可能来自新兴科技的应用，也可能来自对传统行业的重新审视。这些创新为企业提供了新的发展路径，也为企业带来了巨大的商业价值。然而，我们也必须意识到，这种颠覆性的创新并非易事，它需要企业有足够的勇气和决心，也需要企业有足够的能力去实现。在这样的背景下，我们看到，企业传统的竞争优势越发难以维系。传统的竞争方式，如价格战、产品质量、品牌影响力等，已经无法应对现在的市场挑战。相反，现在企业的发展更依赖于创新和创业活动，尤其是以"机会识别与利用"为核心的创业活动。这种创业活动需要企业具有敏锐的市场洞察力，能够发现并抓住新的商业机会，同时也需要企业有足够的实力去实现这些活动。我们需要深入研究和探索这种新的发展模式，以便更好地指导企业的实践，推动企业的可持续发展。

创业研究的早期探索始于20世纪60年代，Jeffrey G. Covin、Robert A. Burgelman以及Shake A. Zahra等学者进行了该学科的开创性研究。他们为后来的学者们提供了宝贵的理论基础，使我们可以更深入地理解创业活动的本质和影响。这些奠基性的研究不仅推动了创业研究的发展，而且对商业实践产生了深远的影响。创业理念被广泛应用于各种企业中，尤其是在那些充满挑战和机遇的环境中，如新兴市场、科技行业以及快速变化的行业。这些领域的创业者尤其受益于创业研究的理论成果，他们能够利用创业思维和创新方法来应对各种挑战，从而实现成功的企业发展。随着时间的推移，创业研究领域不断涌现新的研究成果和理论模型。新一代的学者，如Jeffrey S. Hornasby、Donald F. Kuratko以及Gregory G. Dess等，在各自的研究领域中取得了卓越的成就，进一步推动了创业研究的发展。他们的研究不仅拓宽了创业研究的视野，也使这一领域的影响力得以显著扩展。他们的研究成果不仅对学术界产生了深远影响，也对政策制定、商业实践以及教育产生了积极的影响。回顾创业研究的发展历程，我们可以看到，它已成为战略管理和创业管理两大领域中不可或缺的重要组成部分。不仅是因为创业研究提供了理解企业如何在动态环境中发展和创新的重要视角，还因为它揭示了创业者如何利用其独特的洞察力和创新思维来推动企业的成功。近年来，创业研究已经不再仅关注理论构建和模型验证，而是逐渐转向应用导向的研究，旨在解决现实中的问题，提供实用的管理策略和工具。这种转变反映了创业研究在当今商业环境中的重要性和价值，也凸显了其作为学术研究的重要组成部分和推动力的潜力。学者们不仅关注创业精神与经济增长的关系，还对创业环境、创业者角色、创业机会识别等关键问题进行了深入探讨，为创业者提供了宝贵的理论指导和实践建议。同时，创业研究也在不断探索新的研究方向和领域。例如，数字化时代给创业带来了新的机遇和挑战，学者们正在研究如何利用数字化技术推动创业活动的开展，以及如何应对数字化带来的风险和挑战。此外，绿色创业、大学生创业、女性创业等新兴领域也成为创业研究的重要方向，为这一领域的发展注入了新的活力和潜力。

随着全球经济环境复杂性的加剧，中国经济结构的调整升级和创业政策的更新，中国社会各阶层越来越多的人加入了创业大军。尽管青年大学生创业热情高涨，但由于个体创业者处理复杂信息的能力有限，创业机会认知、资源获取、社交公关等方面的困难，以及创业能力及社会经验的缺乏，使大学生创业者面临现实的挑战。尽管高校已经设置了"创业管理""创业就业指导"等理论课程来指引大学生的创新创业，但如何将创业理论与实践教育推向实务，如何改革教育体系以提升创业教育效果，进而推动大学生创业行为的良性、可持续性发展，仍是学术界及相关部门面临的挑战。从高阶梯队理论的视角来看，外部环境和组织内部环境提供的环境刺激主要面向企业家或企业高层管理者。这些刺激能否对创业决策产生影响，关键在于企业家或企业高管如何对这些信息进行筛选和深加工，即他们基于环境信息刺激所构建的认知图景将决定他们的战略选择方向。因此，深入探究企业家处理和加工信息的方式至关重要，这也是创业认知研究所追求的核心问题。基于此，本书从创业认知的角度出发，深入剖析该背景下大学生创业行为的前置因素。

我对认知导向的教育研究可以追溯到2008年进入武汉理工大学管理学院攻读博士学位之时。在导师王爱民教授的指导下，我对基于认知导向的教育模式产生了浓厚的兴趣，并获得了哈佛大学教育学院首批认证的"Teaching for Understanding"项目的导师证书。2011年博士毕业后，我进入武汉纺织大学工作，通过长期的文献研究、教学调研和跟踪随访，我对基于认知导向的创业教育的理解日益深入。在黄运平副校长、杜国良书记等各位学校、学院领导的支持下，在国家社会科学基金委员会以及其他省级和校级基金项目的持续资助下，我一直将基于认知导向的创业教育作为核心研究方向。自2012年以来，我已在国内外相关期刊上发表与创业教育有关的论文10余篇。在此，特别感谢我的导师王爱民教授，他引领我进入这一极具潜力的研究领域，也使我学习到诸如乐观进取、专注致力、持之以恒等优秀品质。感谢黄运平副校长的鼓励和支持，她一直关注高校本科教育质量的提升和改革，给我提出了很多宝贵的建议。感谢武汉纺织大学双创研究团队，同事之间长期不间断的交流也给我提供了诸多珍贵的灵感和成长的机会。在此，要特别感谢国家社会科学基金委员会、全国教育科学规划领导小组办公室以及湖北省教育厅、湖北省教育科学规划领导小组办公室等机构，多年来对我学术研究的慷慨资助和支持。也感谢我的家人，他们帮我分担了大部分的家务，使我可以有更多的时间和精力去从事教学与研究工作。感谢我的诸多合作者，特别是中南财经政法大学工商管理学院的刘容志教授。此外，特别感谢国家社会科学基金"十三五"规划2019年度教育学一般课题（BIA190207）、湖北省哲学社会科学项目（19Q079）的资助。

在编写过程中，本书得到了许多专家和学者的无私帮助与支持，对此深表感谢。此外，我院研究生沈文斌、谭鑫语、张婉琳、武硕、阮成玉、熊睿佳等，在书稿的撰写和整理过程中，都做出了不同程度的贡献。他们的努力使本书更加完善，在此一并表示衷心的感谢。由于我对基于认知导向的高校创业教育的研究仍处于起步阶段，错误和遗漏在所难免。在此，恳请各位读者不吝指正，并衷心感谢各位专家、学者的宝贵意见和建议。

陈苏

2024年10月于武汉

目录
CONTENTS

第一章

研究框架、内容概要与研究意义

一、研究问题与框架

管理学的基本原理指出，一般内外部环境往往会通过任务挑战给企业带来实际影响。近年来，以物联网、大数据、云计算和人工智能为代表的新兴技术迅猛崛起。在这一背景下，我们观察到行业间的界限日益模糊，社会需求的个性化和极致化趋势越发显著，颠覆性的创新层出不穷。这使企业传统的竞争优势越发难以维系，而以"机会识别与利用"为核心的创业活动正迅速崭露头角，成为引领企业发展的新动力[1]。

关于创业研究的历史可追溯至20世纪60年代，当时诸如Jeffrey G. Covin、Robert A. Burgelman以及Shake A. Zahra等杰出学者在这一领域做出了奠基性的贡献。随着时间的推移，新一代的学者，如Jeffrey S. Hornasby、Donald F. Kuratko以及Gregory G. Dess等继续深耕此领域，他们的研究使创业研究的影响力得以显著扩展[2]。如今，创业研究已在战略管理和创业管理两大领域中占据了举足轻重的地位，成为不可或缺的重要组成部分。

创业是一种企业层面的个体行为，它不仅是简单的经济行为，更涉及企业组织结构的调整、战略方向的转变以及资源配置的优化等多个方面，同时也是促进产品创新、流程创新、管理创新和业务多元化，以及创业者把个人的创新构想转化为具体商业行为的重要形式[3]。在当前的商业环境中，创业已成为推动企业持续创新、保持竞争优势的重要途径。作为个体的一项重大行为决策，创业不仅是创业者个人的选择，更是社会经济整体发展的战略需求。创业行为充分展现了马奇所提出的"探索与开发"双重分析框架的核心思想，即一方面强调对现有资源的深度开发与潜能挖掘，另一方面积极倡导不断探索新的领域，以捕捉并把握潜在的机遇。此外，创业活动不仅对企业实现持久创新和确立竞争优势具有重要意义，也是推动社会不断向前迈进的重要引擎。因此，有必要大力扶持和鼓励创业活动，为创业者提供充分的资源和支持，助力更多优质的创业项目成功落地，并持续发展。此外，还应注重对创业理论的深入研究与实践探索，不断优化创业机制和完善政策环境，从而推动创业的可持续发展。

近年来，随着全球经济环境复杂性加剧，中国经济结构的不断调整升级和创业政策的更新，中国社会各阶层越来越多的人加入了创业大军。目前，虽然中国的创业活跃性已跃居世界前列，但创业质量不高，成果率比较低，高学历创业者不多，且依然集中在低技术行业（全球创业观察中国报告，2013）。2014年，我国人社部联合国家发改委、教育部等多部门启动新一轮"大学生创业引领计划"，旨在2014—2017年引领80万大学生实现创业[4]。然而，一项关注创业的大样本调查显示，64.9%的在校大学生有创业想法，但成功创业者不到两成，且生存状况并不乐观，有接近七成的人月均收入3000元以下，17.3%的创业项目处于亏损[5]。

因此，空有创业热情而缺乏创业能力（对创业方向、目标、风险、实施过程及持续性评价的准确认知）是不足以实现创业成功的。而个人创业能力的培养与提升又对其成功创业及社会价值增长是至关重要的（Audretsch，2007）。因此，世界主要国家把创业者的能力培养与开发摆在优先位置。然而，以湖北省武汉市为例，有99%的高校开设了《创业管理学》课程，而且各级政府部门在"大众创业、万众创新"的引导下推行了一系列的"百万大学生留汉创业"优惠政策，但人社局创业指导中心数据显示，武汉市2016—2017年各类高校毕业生中，有创业意向的接近12%，但真正实践创业行为的比例仅为2%，这与西方发达国家大学毕业生自主创业比例稳定在20%～30%的状况形成了强烈反差。

成功创业者的示范和辐射效应以及一系列大学生创新创业优惠政策的推行，使大量青年学生投入创业大军，虽然大学生创业热情高，意愿强烈，但是由于个体创业者处理复杂信息能力的有限性，创业者在创业机会认知、资源获取、社交公关等方面会遇到很大困难，加之创业能力及社会经验缺乏，使大学生创业者"理想丰富而现实残酷"，创业之路步履维艰。多年来，国内外学者一致认为认知能力和知识储备能够指引创业者的创业实践行为。联合国教科文组织指出，"必须将创业技能和创业精神作为高等教育的基本目标"[6]。欧盟等机构也提出，应通过创业教育来培养年轻人的早期创业能力（European Commission，2006；World Economic Forum，2009）[7]。因此，在《普通本科学校创业教育教学基本要求》的指导下，当前中国高校都有意识地设置了"创业管理""创业就业指导"等理论课程，以此指引大学生的创新创业，但是如何使创业理论与实践教育走向实务，采用何种理论指导实践教育改革体系以提升创业教育效果从而推动大学生创业行为的良性和可持续性发展，进而推动学生的创新创业成功走出学校、步入社会、参与市场、实现真正意义上的创业，仍为学术界及相关部门所面临的挑战。

基于高阶梯队理论的视角，无论是外部环境还是组织内部环境，其提供的环境刺激主要是面向企业家或企业高层管理者。这些刺激本身并不直接决定诸如启动公司创业等重大战略决策。相反，这些环境刺激最终能否对创业决策产生影响，关键在于企业家或企业高管如何对这些信息进行筛选和深加工。换言之，企业家和企业高管基于环境信息刺激所"构建的认知图景"将决定他们后续的战略选择方向[2]。因此，深入探究企业家处理与加工信息的方式显得尤为关键，这也是创业认知研究所力求解答的核心问题。基于此，本书从创业认知的角度出发，深入剖析该背景下大学生创业行为的前置因素。

在教育学的理论与实践视野中，认知的重要性一直没有被忽略过。例如，中国古代教育典籍《学记》中所谓的"离经辨志""知类通达"等就蕴含了"认知"的原初精神。对于西方思想界而言，古希腊哲人所孕育的理性精神之追求，奠定了西方哲学、文化、教育的整体发展基因，并由此铺陈出了认知性学习与教学的思想雏形[8]。美国哈佛大学教育研究院于20世纪90年代开展的"面向理解的学习与教学"（Learning and Teaching for

Understanding，LTFU）项目，从教学理论上将认知导向的学习推到了世界教育研究的最前沿。同时，对"以认知为导向教学"相关理论研究的关注恰好反衬出现实教学实践的失落。美国、英国、加拿大、澳大利亚等国家的研究者普遍认识到，各自国家的教育实践中仍旧过分强调信息的复述记忆、技能的机械练习，教学过程中教师普遍地忽视学生的认知和感受，缺乏师生间的对话和交流。随着教育信息化的发展与新课程改革的进行，探索教师教育的有效途径已成为教育界的共识[8-9]。由此可见，"以认知为导向教学"不仅是一种教学模式，更是深刻地蕴含着教学设计者的教育理念，它不仅着眼于专业课程学习中师生的对话和交流，推动学生学习的可持续发展，更注重为学生的终身学习能力奠基。因此，在高等教育的创业教育教学中，更加科学的教学理念和多样化的教学手段是培养及提高学生的理解能力与可持续发展能力的一个至关重要、刻不容缓的任务，是时代发展的需要。

基于前述分析，本书聚焦于以下核心研究问题：如何从创业认知导向的角度来解释大学生创业行为的成因，如何构建科学的创业教育模式来帮助和推动大学生的创新创业。为此，本书梳理整合了一系列以中国大学生创业为情境的研究成果，试图增进对创业认知、高校创业教育与大学生创业关系的理解。

本书的总体研究框架如图1-1所示。具体而言，本书的系列研究整合了高阶梯队、知情意行、战略选择、胜任力理论等关键理论，将创业者背景特征、高校创业教育、长期导向、认知教育等作为大学生创业认知的重要维度，再将科技创新导向、经营绩效、创业意向和公司创业等作为大学生创业的核心构念，从而探索基于认知导向视角的高校创业教育模式的构建和应用。此外，本书系列研究还进一步探讨了基于创业认知导向的高校创业教育的具体内容和边界条件，包括但不限于胜任要素层面、个体经历层面等。通过上述内容，本书较为深入地回答了"如何从认知导向视角来解析大学生创业者的创业行为以及大学生创业者的胜任要素"这一核心问题，为高校理解和运用创业认知教育对大学生创业决策的影响，进一步发挥高等教育在帮助大学生获取创业者胜任力要素，推动新时代的双创发展，提供了理论依据和应用策略。

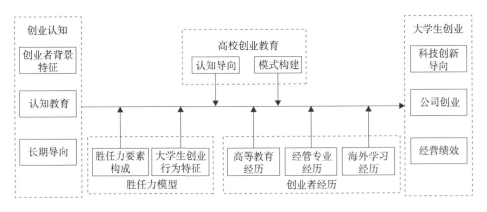

图1-1　本书研究框架

二、章节与内容概要

本书一共分为十章，详细的技术路线如图1-2所示。

第一章主要介绍了研究的时代背景和理论背景，通过梳理相关国内外文献概括了以往研究现状及问题，并在此基础上梳理了本书的研究框架和阐明本书的研究意义与实践启示。

第二章系统回顾了国内外关于创业认知的相关研究，包括创业认知的概念、本质、基本问题和基本研究方法等，总结了不同阶段创业认知的研究特点和发展趋势，并对未来的研究方向进行了展望。

第三章全面归纳了创业教育领域的相关研究，包括国内外高校创业教育的重要历史阶段、核心理论模型以及面向未来的创业教育创新等，并针对全国教育科学规划课题支持下的中国创业教育研究项目进行回顾、总结和展望。

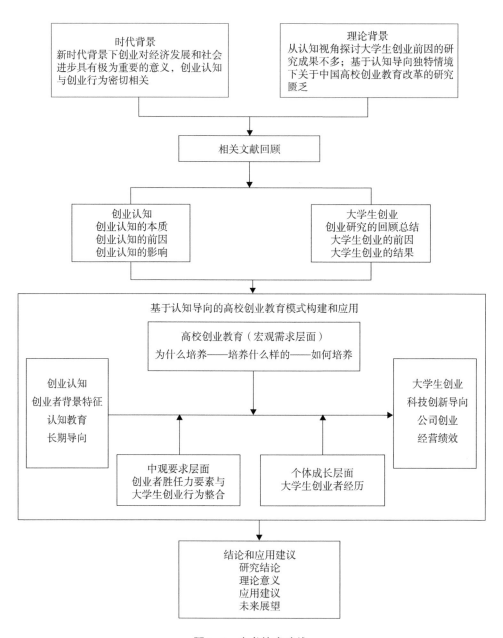

图1-2 本书技术路线

第四章研究创业认知教育与大学生创业行为之间的关系，揭示创业认知的驱动作用。本章基于"知情意行"计划行为理论和双认知加工理论，在

"大众创业，万众创新"的背景下，从高校创业教育的改革视角出发，研究创业认知、创业意愿、高校创业教育认可感知与创业行为之间的关系。本章基于全国400多所高校的786份有效问卷数据，采用层级线性回归模型对假设进行检验，发现大学生创业认知正向影响其创业行为，创业意愿中介了二者之间的正向关系，高校创业教育认可感知加强了创业意愿和创业行为之间的正向关系。本章的研究结果为大学生创业认知教育的研究提供了新的视角和框架，同时对高校创业教育的改革实践有一定的现实意义。

第五章探讨了大学生创业者背景特征对科技创新导向创业的影响，以及大学生创业者科技创新战略选择对企业经营绩效的调节作用。本章选取国泰安数据库2017—2019年科技创新导向的67家高新技术企业上市公司作为研究对象，得出以下实证结论：大学生创业者年龄、学历背景与专业背景对科技创新导向有显著影响；科技创新导向中转化能力、管理能力以及成长能力对企业经营绩效有显著影响，同时对大学生创业背景特征及企业经营绩效之间具有调节作用。这一研究结论一方面有助于丰富科技创新的理论，发展大学生创业的相关研究，另一方面对大学生创新创业活动具有借鉴与指导意义。

第六章以Timmons创业过程模型理论为基础，探索长期导向、大学生创业者教育经历与公司创业之间的关系。本章基于企业长期导向对公司创业具有至关重要的意义，以2009—2022年创业板上市公司为研究样本，从微观公司创业角度深入探讨了长期导向所带来的经济效应。结果显示，长期导向显著促进了公司创业。进一步的实证分析显示，大学生作为特殊的创业群体，他们的教育经历对长期导向与创业之间的关系具有显著的调节作用。本章的研究结果拓展了长期导向的经济效应，解释了机会、资源和人才的结合能够有效促进大学生的创业活动。同时，本章从长期导向的视角探讨了大学生创业的促因和影响，从而为创业管理实践提供了重要启示，也为大学生创业的影响因素研究提供了新的理论框架和实证依据。

第七章基于创业行为是认知导向的具体体现，聚焦大学生创业者的胜任要素构成，旨在解析如何进行创业认知教育来培育大学生创业者胜任素养。本章基于行为事件访谈法对来自全国不同类型高校的20名大学生创业者进行了访谈，运用扎根理论的三级编码，对原认知导向下大学生创业者胜任要素研究的各级文本进行编码、归类，最终得出97个相关概念、97个副范畴、13个主范畴、6个核心范畴，构建了"认知导向下大学生创业者胜任要素研究理论模型"，并证明认知能力是大学生创业者胜任要素的基础，它支撑着学习能力、信息处理能力、创新思维、问题解决等其他胜任要素的发展。这一研究将为高校创业教育提供理论支持和实践参考，并推动创业教育的改革和创新。

第八章从胜任力模型的定义出发，提出基于认知导向的大学生创业者胜任力模型的构建。本章基于第七章对大学生创业者素养的深入剖析，进一步构建了大学生创业者胜任力模型，旨在全面解答高校创业教育中的核心问题：为何进行创业教育—应培养什么样的大学生创业者—如何有效地实施创业教育。通过推动高校创业教育理念的革新与目标的升级，全面提升大学生创业者的综合素养与创业能力，使他们能够更好地应对新时代创业环境所提出的更高挑战。这不仅有助于高校更好地履行培养高素质人才的使命，满足新时代对人才的需求，也为高校提供高水平教育服务、推动社会创新与发展发挥积极作用。

第九章为基于认知导向的大学生创业教育模式的构建和应用。本章首先回顾了21世纪国内外高校创业教育改革历程，然后基于第八章大学生创业者胜任力模型构建的研究结果，从目标设定、整体设计、课程体系设计、探究性实践课程教学体系设计、"持续性评价"保障体系完善等方面详细讨论了基于认知导向的大学生创业教育模式的构建策略与应用建议。

第十章为总体结论与展望。基于前述章节的研究结果和启示，本章首先总结本书关键发现——创业认知对大学生创业有重要的影响，且两者之间的关系受高校创业教育重要制约，并有效地回答了"大学生创业者的创业认知教育会对其创业行为产生哪些影响"，为当下高校所关注的如何根据新时代创业者胜任需求进行创业教育改革，推动大学生创业者在转型经济背景下获取必备的创业者胜任要素提供了理论依据、决策思路和行动指南，同时拓展了创业认知教育影响大学生创业的调节机制，为全面研究其作用机制奠定了基础。最后反思本书研究的局限性，并探讨未来可能进一步拓展的研究方向。

三、研究意义

（一）理论意义

本书的所有研究以中国高校的创业教育改革为研究背景，根植创业认知视角，探讨了一系列影响大学生创业行为的前因以及边界条件，有效地回答了"大学生创业者的创业认知教育会对其创业行为产生哪些影响"这一核心科学问题，为当下高校所关注的如何根据新时代创业者胜任需求进行创业教育改革，推动大学生创业者在转型经济背景下获取必备的创业者胜任要素提供了理论依据、决策思路和行动指南，同时拓展了创业认知教育影响大学生创业的调节机制，为全面研究其作用机制奠定了基础。总体来说，理论贡献有以下四点：

第一，显著推动创业认知领域的深入探索与发展。首先，创业过程的核心在于精准识别并有效利用创业机会。创业认知作为个体层次的关键要素，贯穿创业过程的各个环节，因此，从创业认知的视角出发，对创业行为进行阐释显得尤为关键[2]。创业认知的形成源于创业者对传统社会认知理论的深化与拓展，其过程复杂且多元。本书基于中国大学生创业者的历史实践数据，为解答"如何从认知导向的创业教育视角解析大学生创业行为的前因"提供了丰富的实证支持。具体而言，创业认知教育对大学生创业者的意愿和动机具有显著的正向影响。通过系统的创业认知教育，大学生能够全面深入地理解创业的内涵、潜在风险及市场机遇，进而形成更为理性和成熟的创业认知与理解。这种认知的升华，不仅激发了他们的创业热情，还增强了他们在面对创业挑战时的决心和信心。同时，创业认知教育引导大学生将个人兴趣与市场需求紧密结合，从而形成更具创新性和可行性的创业动机。此外，创业认知教育非常注重提升大学生创业者的胜任力。通过参与创业实践项目、模拟创业过程等活动，大学生能够锻炼和提升市场分析、团队协作、资金筹措等关键创业技能，为他们在未来的创业道路上从认知走向实践、克服困难、迈向成功奠定了基础。其次，创业认知教育对大学生创业者的决策和行为模式有重要影响。在创业过程中，大学生需要应对复杂多变的问题和挑战，科学的决策是创业成功的关键。通过创业认知教育，大学生能够学会运用科学的决策方法和工具，对创业项目的可行性和风险性进行准确评估，以更加包容和创新的思维方式，不断地在创业过程中寻找新的机遇和突破点。最后，创业认知教育对大学生创业者的心理素质培养同样具有重要作用。创业是一项充满挑战和风险的商业活动，需要创业者具备强大的心理素质和抗压能力以应对各种挑战。通过创业认知教育，大学生能够学会更加理性地认知自我、调整心态，保持积极情绪来应对挫折和失败，从而铸就坚韧不拔、勇往直前的创业精神。综上所述，本书有力地拓展了创业认知教育成果方面的研究。

第二，从崭新的"认知导向"视角提出高校创业教育改革的新方向，从而为解释大学生创业者胜任力要素提供了新的线索，丰富了大学生创业行为的前因研究。在传统的创业教育体系中，往往过分强调了创业技能的培训和商业知识的灌输，而忽视了创业者在认知层面的发展。然而，随着创业环境的日益复杂和多变，单纯的技能和知识已经不足以支撑创业者的成功。相反，创业者的认知能力和思维模式在创业过程中发挥越来越重要的作用。因此，基于"认知导向"的核心理念，有必要对高校创业教育体系重新进行深入审视与必要革新。首先，高校应着重关注大学生创业者的认知成长过程，即大学生的特有思维模式、决策技巧以及问题解决策略等多个层面。通过设计一系列对应的专项课程与实践活动，可以助力大学生创业者形成更为开放包容和富有创新精神的思维范式，进而提升他们在面对创业中复杂问题时的决策效能与问题解决能力。其次，高校同样需要关注大学生创业者的心理特质。创业之路充满未知与挑战，创业者需具备坚定的信念、顽强的毅力以及一定的抗压能力。因此，通过认知教育与心理辅导的有机结合，可以帮助大学生创业者保持积极、乐观和勇敢的心态，增强他们的心理韧性，从而更好地应对创业过程中的各种困难和风险。最后，从"认知导向"的角度出发，还应积极探索更加有针对性和创新性的课程教学方法。例如，通过引入案例教学、模拟创业实践以及团队合作等多元化教学手段，让大学生在亲身参与中深刻体验创业的全过程，进而更加透彻地领悟创业的本质要求与创业者核心素养。同时，还可以通过引入行业专家与成功创业者来分享他们的经验和故事，激发大学生的创业热情和信心。

第三，通过具体探讨大学生创业者背景特征——创业认知、创业行为、经营绩效整合实现机制丰富了高阶梯队理论。当前，关于高阶梯队理论的研究呈现一个显著趋势，即通过引入更多调节机制来进一步提升其核心命题的预测精准度，从而丰富和深化对组织高层领导团队行为及其影响的认知[2]。在本书的第五、第六章中，深入探讨了"大学生创业者背景特征——创业认知、决策选择、经营绩效"这一系列的情境关系因素，以及它们如何共同作用于大学生创业行为的整合机制。首先，创业者的背景特征，包括教育背景、性别、年龄、职业经历、个人性格以及社会关系网络等，构成了社会认知和具体行为的基础。这些特征共同影响着大学生创业者的思维方式和行为倾向，从而塑造他们对创业机会的独特见解和把握能力。其次，创业认知在创业过程中发挥着桥梁作用，连接大学生创业者的背景特征与具体的创业行为。大学生创业者会根据自身的背景特征对外部环境进行解读和判断，形成个性化的创业认知。这种认知将直接影响他们的决策制定和行为选择，进而决定其创业活动的方向和成效。创业行为的成功不仅取决于创业者自身的素质和能力，还受市场环境、政策法规等多种因素的影响。因此，创业者需要灵活调整和优化自己的行为策略，以适应不断变化的市场需求。最后，经营绩效作为创业行为的最终表现，是衡量创业成功与否的重要指标之一。通过对不同背景特征的大学生创业者的经营绩效进行比较分析，可以进一步验证和丰富高阶梯队理论的相关观点。例如，研究发现具备某些特定背景特征的创业者往往能够取得更为优异的经营绩效，这为后续的大学生创业者提供了宝贵的借鉴和启示。

第四，通过解释和定义大学生创业者胜任素质要素以及构建大学生创业者胜任力模型，推动了胜任力和胜任力模型理论的发展。首先，本书第八章明确了大学生创业者胜任素质要素的内涵与外延，主要涵盖了认知能力、创新思维、团队协作、问题解决等多个方面。其次，在明确了大学生创业者的关键胜任要素后，本书第九章进一步构建了一个全面且具有可操作性的大学生创业者胜任力模型。该模型将先前识别的各项胜任力要素有效整合，并形成了一个系统的执行框架。在模型构建过程中，本书充分考虑了大学生的独特性、创业环境的动态变化以及社会发展的实际需求，并综合运用定性和定量研究方法，深入剖析了各要素之间的内在联系和相对重要程度，不仅深化了对大学生创业者能力素养要求的理解，也为高校创业教育提供了坚实的理论支撑和实践指导。基于该模型，高校未来可以更加精准地设计创业教育课程体系和实践教学环节，以有效培养大学生的创业意识、创新思维和实践能力，并进一步推动社会经济发展和人才培养模式的创新。

（二）实践启示

除上述理论意义外，本书还有以下五点实践启示。

第一，中国特色社会主义进入新时代，新时代赋予高校在国家建设、学科进步与职业需求等多个方面的全新使命。同时，对于大学生而言，新时代也对其在思想政治教育、知识结构体系构建以及创新创业能力培养等方面提出了更严格和具体的要求。这些要求不仅体现了国家对高等教育发展的战略部署，也反映了社会对新时代人才培养供给侧改革的新期待，更预示了高校作为人才培养的摇篮肩负着为社会输送高素质人才的重要使命。因此，高校应当紧密结合时代需求，不断提升改革创新教育模式，提升培养质量，培养出更多符合新时代要求的优秀人才。长久以来,传统的教育模式往往注重知识的灌输和应试能力的培养,却忽视了对学生认知能力和创新精神的培养。而基于认知导向的创业教育模式则更加注重学生的认知能力和创新精神的培养,这与新时代高校教育的创新和发展目标高度契合。通过改革创业教育模式,高校可以更好地满足国家宏观层面、行业中观层面和个体微观层面的培养需求,提升教育质量和水平,推动高校创业教育的持续发展。

第二,以认知为导向的创业教育改革和实践,从大学生认知演进的视角,探讨大学生如何一步步认知创业、意愿创业、接触创业、参与创业、实现创业、评价创业的动态认知规律,在此基础上,提出对国内外创业教育实践进行传承与创新的模式,以及优化创业教育实施环境的对策建议,从而对大学生的创业行为产生良性引导。对创业教育演进路径的把握有利于在遵循教育发展一般规律的基础上,更加合理地推动创业教育改革与创新,提升其实施效果。其研究结果将丰富我国创业教育实践的经验积累,为大学生创业活动的有效开展提供参考。

第三,基于认知导向的高校创业教育模式有助于提高大学生创业者胜任力。对比传统的创业教育模式,大学生往往处于被动接受的状态,缺乏深入思考和认知创业本质的能力。而基于认知导向的创业教育模式则凸显了大学生的主体地位和认知过程的核心价值,即鼓励大学生积极投身于认知学习的过程中,勇于探索未知的创业领域,且不仅限于创业领域。在这种模式下,大学生不仅能系统地掌握创业所需的基础知识和必要技能,更能锻炼他们的认知能力、创新思维、反思逻辑、协作精神和解决实践问题的能力。这些综合素养的全面提升,将为大学生未来的职业发展和创业选择提供有力的支持,使他们能够更好地应对各种复杂多变的创业挑战。同时,高校创业教育教师也应从传统的知识灌输者转变为大学生创业选择的引路人和合作伙伴,帮助学生构建自己的认知逻辑,形成独特的认知结构,使他们能够更加科学、全面地认知创业的本质和自身的创业潜力。

第四,基于认知导向的高校创业教育模式能够进一步促进"产—学—

研—创"的深度融合。以认知为导向，意味着更加注重对创业"是什么—为什么—怎么做"一系列的深入理解和分析，一方面更加有利于培养大学生的实践能力和认知思维，另一方面能够大力促进和加强学校思考"为谁教—为什么教—怎么教"一系列教育本质问题。通过大学生创业教育中的"产—学—研—创"深度融合，高校能够更精准地把握社会需求变化和学科发展动向，不仅为企业和科研机构提供坚实的人才支撑与智力支持，也为大学生提供了更多的实践机会和创业资源，有助于他们在实践中不断成长，培养创业精神和认知能力。

第五，基于认知导向的高校创业教育模式还具有广泛的社会意义。随着经济的发展和社会的进步，创业已不是少数人的选择，而是越来越多的人追求自我实现、推动社会进步的重要途径。高校作为培养创业人才的重要基地，其创业教育模式的改革与创新对推动社会的创业氛围和创业文化的发展具有重要意义。一方面，它能助推社会创业氛围与创业文化的双融合发展。随着大量高校毕业生积极投身创业领域，中国的创业生态活力满满，同时大学生创业者的特质也潜移默化地丰富了全社会的创业文化内涵。另一方面，基于认知导向的高校创业教育模式为社会的经济繁荣和创新驱动提供坚实支撑。高校通过系统科学地培养具备创新精神和卓越认知能力的优秀人才，源源不断地为社会输入优质创业者和特质创新者。他们将成为推动经济社会发展的中坚力量，他们的创业活动和认知实践也将有力地促进产业升级与技术革新，进而推动全社会经济实现可持续发展和进步。

第二章

创业认知研究的发展脉络与未来展望

【章节概要】

创业认知研究究竟指的是什么？其根源何在？在深入研究创业主体的过程中，这些问题显得尤为关键。创业认知作为创业研究领域的一大核心分支，其核心在于探索创业者在创业过程中如何感知、解读并应对各种信息，从而对其创业决策与行动产生深远影响。随着创业活动日益成为社会经济的重要推动力，创业认知研究逐渐在学术界崭露头角，受到广泛关注。本章旨在系统地回顾和整理国内外关于创业认知的丰富研究文献，分析不同发展阶段的研究特色及发展趋势，并对未来的研究走向进行前瞻性展望。

一、创业认知研究是什么

创业认知是创业研究中一个重要的概念与分支，会影响创业者的行为与决策。从"情境—认知—思维"的独特视角出发，创业认知学派试图揭示创业者在复杂环境中的思维过程以及决策。创业认知使创业者能够更深刻地洞察与解释创业过程中的种种困境，引导他们走向更为合理的决策之路。研究创业认知，就是探究创业者如何感知、解读以及响应各类信息，不仅有助于揭示创业者的思维模式、行为习惯和决策逻辑，而且对理解其创业行为及其最终成果具有至关重要的意义[2]。

第一，创业认知使创业者能够认识到自身在认知层面可能存在的局限。无论是在创业初期还是在中期或后期，创业者都能通过深入剖析自己的创业行为，更加精准地理解并评价自身的决策与行动。在整个创业过程中，家庭背景、教育背景、个人经历、价值观等多重因素可能对创业者的认知产生影响，导致其在某些方面存在认知盲区。通过创业认知研究，创业者能够更客观地看待自己的创业过程，从而做出更有效的决策。

第二，创业认知研究有助于推动创业者持续学习和成长。创业是一个充满变数与挑战的动态过程，要求创业者具备不断适应新环境和应对新挑战的能力。创业认知研究能够帮助创业者深入地了解自身的认知水平及创业能力，进而针对性地提升自己的认知技能，更好地适应创业环境的变化，在增强自身竞争力的同时提高创业成效。

第三，创业认知研究还为创业者提供了宝贵的决策支持与指导。在创业过程中，创业者需要面对一系列战略性决策，其中包括自己是否适合创业、创业成功的可能性有多大、如何分配投资资金、如何筹集创业资金等。这些问题需要创业者在深入思考后做出选择。创业认知研究深入探讨这些基本问题，为创业者提供了科学的理论支撑与实践建议，有助于他们更加清晰地认识创业过程中的挑战与机遇，进而提升企业的竞争力。

综上所述，创业认知研究不仅具有深厚的理论价值，更在指导创业者实践、推动创业活动成功方面发挥着举足轻重的作用。这说明有必要进一步深入探究创业认知的本质及其影响因素，揭示其在创业过程中的作用机制，为创业者提供更加有效的指导，共同推动创业活动的蓬勃发展与持续成功。

二、创业认知研究的发展脉络

（一）创业研究领域研究的重点阶段和主要内容

创业研究主要研究什么？在开启与创业相关的研究之前有必要了解，特别是要了解创业研究的学科发展历史和典型事件。创业研究起源于经济学，最早是200多年前的古典和新固定经济学派的少数学者在相关经济学中提到了创业者诱发并促进经济动态性等，但后续由于相关研究一直处于经济学的理论边缘，发展缓慢。直到20世纪初，奥地利经济学家Israel M. Kirzner和Joseph A. Schumpeter进一步系统论证并发展了企业家创业活动、企业家精神及创新和经济增长等理论体系，并倡导将心理学理论与经济学理论结合起来研究创业领域[10]。自此，关于创业研究的标志性研究阶段"谁是创业者"

（创业者因何以及为何不同于一般人）的创业特质论迅速发展并持续盛行了20多年[10]。

回顾创业研究发展过程中的关键节点，创业研究经历了1960s"谁是创业者"（创业特质论）—1980s"创业者如何行动"（创业过程学派）—2000s"创业者如何思考"（创业认知学派）—2020s"新情境/新问题"（突破转型）四个重要的关键转折（见图2-1）[10]。在文献梳理过程中，可以发现20世纪60年代后，关于"谁是创业者"的研究鲜见突破性进展。在这一背景下，创业过程学派迅速崭露头角，逐渐取代了传统的创业特质论，成为学术研究主流。然而，尽管创业特质论将创业者的特质视为决定创业成败的关键因素，但其局限性也不容忽视，即它将创业者与创业过程、创业行为及具体情境相分离，过于片面地总结了成功创业者的人格心理特征。正是基于对创业特质论的深入反思，创业认知学派于2000年逐渐兴起。到目前为止，创业认知的相关研究已经历了三个主要的发展阶段。

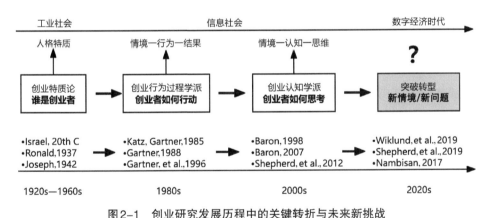

图2-1　创业研究发展历程中的关键转折与未来新挑战

来源：杨俊等主编，《创业研究前沿：问题、理论与方法》

第一阶段（20世纪60年代至20世纪90年代），创业特质论面临了创新提出—快速发展—严峻挑战，而后创业认知研究逐渐崭露头角。与创业特质论聚焦"谁是创业者"不同，创业认知研究更关注"为什么有人会选择成为创业者"[11]。早期的创业认知研究主要围绕创业意图的成因展开，揭示创业意图的形成是个体在与环境交互过程中，经过一系列主观认知过程所引发的结果[12-13]。基于已有研究证据，Busenitz和Lau（1996）认为创业意图形成是一系列独特认知因素组合的结果，包括成功概率感知、更强的行为控制力以及直观推断等，他们将这些认知因素的集合概括为创业认知，首次指出创业认知不同于组织和管理认知，而前者更多地依赖启发式等存在大量偏见和偏差的认知过程[13]。综上可以发现，在这一阶段的早期研究中，学者们主要集中在探讨创业者的个人特质和认知能力，如创新意识、冒险精神、机会识别能力等。随着创业活动在全球范围内得到越来越多的关注，创业认知研究也逐渐走向深入和广泛。

第二阶段（20世纪90年代至20世纪末），立足于创业情境的独特性质，并基于此对创业者与管理者的差异进行深入的比较研究。尽管Baron（1998）提出创业者与非创业者在某些人格心理特征，如风险偏好、创造性和成就欲望等方面并无显著差异，但是创业者与管理者之间，尤其是成功创业者与一般创业者，在思维方式和认知风格等方面展现了显著的差异。这种差异在很大程度上源于创业者所面临的高度不确定性、新奇性、资源约束以及时间压力等独特的情境特征，而这些情境特征在客观上促使创业者形成了特定的认知偏见[14]。

后来的相关研究提供了一系列丰富的理论和实证支持[15-17]。例如，Busenitz和Barney（1997）发现，与管理者相比，创业者在决策过程中更倾向于采用直观判断和认知偏差，而这种直观判断和认知偏差正是他们发现并把握商机的重要手段。Allinson和Chell（2000）通过调查创业者和管理者，发现创业者相较于管理者展现更多的直觉型思维。然而，尽管这些研究已经证实创业认知的独特性源于创业情境而非创业者本身，但它们尚未将这一认知特性与具体的创业行为和过程研究紧密联系起来[18]。综上可以总结出，这一阶段的创业认知研究逐渐扩展到了组织层面，主要集中在团队内部的知识共享、信息处理和冲突管理等方面。他们发现，创业团队内部的认知差异和沟通方式对组织内部的创新与发展起着至关重要的作用。

第三阶段（20世纪末至今），随着信息技术的快速发展，创业认知研究又面临新的挑战和机遇。整合性分析逐渐聚焦于创业者认知、决策与行为之间的内在联系，并结合其外显化特征，形成了围绕"情境—思维—行为"为核心的研究框架。以机会识别为例，尽管创业者在实践中普遍遵循"信息收集与感知—信息分析与判断—设定目标—选择手段"的行为逻辑，但不同创业者之间在行为背后的认知过程差异显著影响了他们识别机会的质量和数量[19]。在构建创业认知研究的理论框架时，Mitchell等（2000，2002）明确指出，创业认知是创业者在评估机会和推动创业企业成长过程中用以进行评价、判断和决策的知识结构。这一框架旨在深入探究更具挑战性的深层次问题，如"情境如何影响创业者的认知和决策过程特征，进而引发行为结果的差异"。这些研究以创业过程中的行为结果为研究对象，聚焦于揭示创业者行为背后的认知和决策成因，有助于更理性地认识创业者在创业过程中所扮演的角色和所发挥的作用[17-20]。由此可以发现，学者们目前特别关注信息化背景下创业者的认知行为和决策模式。他们观察到，创业者利用互联网、社交媒体等现代技术工具来收集信息、建立网络和激发创新思维，这些行为会影响创业活动的绩效。

综上所述，创业研究已经从关注行为与过程深化为关注认知和决策，而创业认知研究经历了从个体到团队再到组织层面的历史演变过程，不断拓展和深化了对创业认知的理解与研究。未来，随着新技术的不断发展以及全球创业环境的变化，创业认知研究将继续朝着跨学科、跨领域的方向发展，为创业实践提供更加科学有效的理论支持。

而创业认知的研究理论基础主要包括社会认知理论、认知心理学理论和组织行为学理论。社会认知理论强调个体对社会环境的认知和解释，对创业认知的形成和影响有着重要作用。认知心理学理论关注个体认知过程及其对行为的影响，揭示了创业者在决策过程中的认知特征。组织行为学理论则探讨了组织中员工的认知特征和组织文化对创业认知的塑造[10]。这些理论为创业认知研究提供了重要的理论支撑和方法指导。总体来看，当前创业认知的理论研究与实践探索呈现三大主流趋势：首先，一股研究力量聚焦于从认知视角深入剖析创业行为，力图揭示其背后的认知机制与成因，从而深化对创业过程的理解。其次，以印第安纳大学的 Dean Shepherd 教授为代表的学者群体，从创业情境的独特性出发，致力于探索创业者在认知过程中的决策机制，为创业决策提供更为精准的理论指导[21]。最后，以美国弗吉尼亚大学的 Saras Sarasvathy 教授为代表的另一研究群体，则强调创业者的异质性特征，特别是通过深入分析专家型创业者的思维模式，提炼创业情境下独具特色的创业智慧[10]。这三大研究潮流共同推动了创业认知领域的深入发展，为创业实践提供了更为丰富的理论支撑。

（二）创业认知研究的新机遇和挑战

VUCA 是指 volatility（易变性）、uncertainty（不确定性）、complexity（复杂性）和 ambiguity（模糊性），这个概念被用来描述现代企业环境复杂、多变、难以预测和理解的特性。在创业认知的背景下，VUCA 同样可以用来描述创业环境的特征[2]。首先，创业环境中的市场需求、技术发展、政策法规、竞争态势等各种因素都在变化，这些变化既可能是机遇也可能是挑战，要求创业者具备快速适应和应对这些变化的能力。其次，创业环境中的易变性使很多事情是不确定的。创业者不仅需要学会在不确定的环境中做出决策，还要有能够接受并应对可能出现的错误和失败的心理素质。再次，众多因素的影响让创业环境变得错综复杂，这就要求创业者具备系统的思维，能够全面深入进行环境分析，并在其中找到自己的位置和优势。最后，在创业过程中，很多信息都是模糊或是完全不明确的，这就需要创业者具备处理这些模糊信息的能力，并从中找出有用信息来做出决策。

在 VUCA 时代，对创业认知的研究显得尤为重要，应深入剖析如何在一个充满复杂性、多变因素、不确定性及模糊性的环境中，精准地辨识并有效利用各类机遇。这不仅需要创业者具备敏锐的市场洞察力和灵活应变能力，更要求他们在混沌中保持清醒的头脑，以创新的思维和策略应对不断变化的外部环境[2]。因此，未来的研究可以聚焦于如何在VUCA背景下提升创业者的认知能力，以更好地把握和利用机遇，推动创业活动的持续发展。

三、创业认知研究的基本假设和基本问题

（一）创业认知研究的基本假设

创业认知研究的核心假设，主要围绕创业者、创业机会、创业环境及创业过程四个维度展开深入探讨。以下是这些基本假设的详细阐述：

1.创业者维度

创业者被视为创业活动的核心，他们不仅具备发现并利用创业机会的能力，而且他们的个人特质、经验、知识、技能等都会影响创业的成功。基于这一维度，提出以下基本假设[10]：

创业者应拥有敏锐的洞察力，能够发现并评估潜在的创业机会。

创业者具备创新思维，能够提出独特的商业理念和模式。

创业者具备领导力和合作能力，能够带领团队面对挑战与困难。

创业者具备学习和适应能力，能够不断学习并提升自己的能力。

2.创业机会维度

创业活动的基础在于发现并把握创业机会，这些机会源自市场需求、技术进步、政策法规等诸多层面。为此，提出以下基本假设[10]：

创业机会是客观存在的，可以通过市场调查发现并把握。

创业机会有着极大的不确定性和风险性，需要进行科学评估与决策。

创业机会的大小及价值可以通过系统的评估方法进行比较与量化。

3.创业环境维度

创业环境即创业活动所处的外部条件，包括政策法规、市场环境、技术发展等多个方面。从这个维度出发，有以下基本假设[10]：

创业环境对发现与利用创业机会以及创业者的认知和行为都有影响。

创业环境是动态变化的，需要创业者适应并加以利用。

创业环境对不同创业者有不同的影响，需要差异化应对。

4.创业过程维度

创业过程包括从创意到实现整个过程，这一过程涵盖了机会识别、资源整合、产品研发、市场推广等多个环节。基于这一维度，有以下基本假设[10]：

创业过程是动态且不断迭代的过程，需要不断地调整以适应市场变化。

创业过程中会遇到各种挑战和困难，创业者需具备灵活的思维来应对。

创业过程是可预测和可复制的，能够通过有效的认知识别机制实现。

总体而言，以上基本假设建立在创业者、创业机会、创业环境和创业过程四个维度的基础上，它们相互作用、相互影响，共同构成了创业认知研究的基本框架。深入剖析这些核心维度，可以更好地把握创业者的认知与行为模式，发现并利用创业机会，提高创业成功的可能性。同时，也要认识到这些基本假设可能存在的风险和不完整性，需要在实践中不断修正和完善。

（二）创业认知研究的基本问题

1.国内外创业认知研究基本问题回顾

国内外对于创业认知的探讨随着创业理论与实践的不断进步而逐步丰富深化，在理论与实践层面均取得了显著成果，为提高创业者的认知能力和创业绩效提供了启示。

国外创业认知研究起步较早，研究范畴广泛，涉及创业者的感知、思维逻辑、决策制定等多个方面。早期研究主要聚焦于创业者的个人特质和认知能力对创业成功的影响机制。例如，Shane（2000）认为创业者具备较高的风险承受能力和创新能力，这些特质使他们能够更好地应对创业过程中的不确定性[22]。随着研究的深入，学者们开始关注创业者的认知过程与认知结构如何影响其决策制定和行为表现。在这个方面，Kahneman（2011）提出了"有限理性"理论，认为信息处理能力会影响创业者的决策，只能做出有限的理性选择[23]。相较之下，国内关于创业认知的研究虽起步较晚，但近年来发展势头强劲。国内研究主要关注创业者的认知偏差、认知模式以及创业学习等方面。例如，陈劲等（2011）通过对中国创业者的实证研究，发现过度自信是常见的认知偏差，这种偏差又在一定程度上影响了创业决策的有效性[24]。此外，国内学者还探讨了创业者的认知模式与创业机会识别、创业决策等过程的关系。张玉利等（2012）就提出过创业者的认知模式包括机会驱动型和问题驱动型两种类型，并指出这两种模式会对创业过程和创业绩效产生不同的影响[25]。

通过对比国内外关于创业认知的研究文献，可以发现两者在研究重点、理论框架和研究方法等方面存在一定的差异。国外研究更加注重理论构建和实证研究的深度与广度，而国内研究则更加注重对本土情境的深入分析和实证研究的创新。随着全球创业研究的不断深入和发展，国内外研究差异正在逐渐缩小，未来研究将更加注重理论的整合与拓展以及实证研究的跨文化和本土化。

随着创业研究的不断深化和信息技术的蓬勃发展，全球创业认知研究呈现跨学科、多元化、情境化的特点。一方面，学者们开始将心理学、社会学、神经科学等领域的理论和方法引入创业认知研究，以揭示创业者认知过程的内在机制。另一方面，学者们也更加注重对创业环境的分析，探讨不同情境下创业者的认知特点和行为模式。

2.国内外创业认知研究基本问题汇总

创业认知学派的核心研究问题是"创业者如何思考？"。基于此，国内外学者进一步分析和总结了基本的研究问题。通过对国内外相关文献梳理和总结，本书将目前创业认知研究领域的基本问题总结如下：

表2-1 创业认知研究的基本问题汇总

序号	研究学者	创业认知研究的基本问题
1	Kolvereid 和 Isabella （2014）[26]	（1）创业者如何识别并评估创业机会？ （2）创业者的认知与行为如何影响创业成功？ （3）创业环境如何影响创业机会和创业者的认知与行为？ （4）创业过程中如何管理与控制风险？ （5）创业者如何形成创业愿景并制定创业战略？ （6）创业者如何构建并领导高效的创业团队？ （7）创业者如何进行资源获取和配置？ （8）创业者如何进行有效的创新管理？ （9）创业者如何与利益相关者建立合作关系？ （10）创业者如何应对市场竞争和变化？ （11）创业者的个人特质和背景如何影响其认知与行为？ （12）创业者如何进行有效的学习和发展？ （13）创业者如何进行绩效评估和风险管理？ （14）创业者如何进行退出战略的制定和实施？
2	Mitchell 和 Busenitz 等 （2002, 2004）[20, 27]	（1）为什么有的人可以成为创业者而有的人不能？ （2）为什么有的人可以识别创业机会而有的人无法做到？ （3）为什么有的人可以将自己的想法转变成创业行为而有的人无法做到？ （4）为什么有的人在发明创新（或创办企业）之后会停止而有的人不会？ （5）创业者是如何思考进而做出战略决策？这些战略决策上的差异会给企业带来哪些竞争优势和劣势？ （6）创业者的思考方式和其他人（如员工、管理者）的思考是否存在差异？具体有哪些差异？ （7）"认知"概念如何衡量？
3	Baron 和 Ward （2004）[28]	（1）创业者和非创业者的认知是否存在差异？如有，具体是什么差异？ （2）认知偏见和错误在创业者的思考与决策中扮演了什么样的角色？ （3）产生创业动机过程中涉及哪些认知过程？ （4）机会识别过程中涉及哪些认知过程？ （5）创办新企业过程中涉及哪些认知过程？ （6）确保新企业生存与发展过程中涉及哪些认知过程？

四、创业认知研究的基本方法

在回顾和总结创业认知研究的基本问题后可以发现，学者们在创业认知研究中采用了多种研究方法来深入理解创业者在创业过程中的认知活动。本书总结了一些基本的研究方法，这些方法可以根据研究问题和目标的不同单独或结合使用：

（1）访谈和深度访谈：访谈有助于研究者深入了解创业者的认知过程、思考模式以及决策策略。深度访谈则能够提供丰富的定性数据，揭示创业者在面对机会和挑战时的心理过程。

（2）观察研究：观察创业者在实际环境中的行为和互动，可以帮助研究者理解创业者在日常工作中的认知活动。观察研究可以捕捉到实际行为背后的思考和决策过程。

（3）案例研究：研究者在深入研究个别或多个创业案例时可以详细地了解创业者的认知活动、决策路径以及学习过程。案例研究通常涉及对时间序列的分析，以追踪创业者在不同阶段的认知变化。

（4）问卷调查：使用问卷调查可以收集大量的定量数据，用于量化创业者的认知特征、风险感知和其他相关变量。大规模的样本可以更全面地了解创业者群体的认知模式。

（5）实验研究：通过实验操纵变量，研究者可以更系统地研究创业者在特定条件下的认知反应。实验研究可以提供因果关系的证据，揭示不同因素对创业认知的影响。

（6）眼动追踪：研究者可以利用眼动追踪技术了解创业者在观看信息时的注意力分配。这可以揭示创业者对特定信息以及创业任务的关注程度，为认知研究提供生理学的视角。

（7）网络分析：研究者可以使用网络分析方法来研究创业者的社会网络，了解他们与其他人之间的信息流动、合作关系，以及社会支持对认知过程的影响。

（8）纵向研究：通过长期跟踪创业者并进行纵向研究，可以揭示创业认知的演变。这种方法允许研究者观察创业者在不同阶段的认知发展。

研究者通常根据具体问题和研究目的的需要，灵活选择和组合这些方法，以获得更全面地理解创业认知的深层次信息。

综上所述，虽然目前创业认知研究的基本方法比较多，但是未来的创业认知研究仍需要多样化研究方法，结合定性与定量方法以获得更加全面和准确的研究结论，包括实验研究、观察研究等。同时，新兴技术手段，如大数据和人工智能等也应得到充分利用，以揭示创业认知的内在规律和机制，为创业者提供更有效的支持和指导。因此，期待未来的研究能更深入地剖析创业认知与创业绩效之间的内在联系，从而为创业实践和政策制定提供更为科学、有效的建议[10]。

五、创业认知的概念和本质

根据前面小节的总结和分析，我们可以发现，随着创业研究的不断深化和发展，创业认知研究也成为一个包括多个研究问题的复杂体系。在众多的研究问题中，关于认知结构的研究、认知要素的研究和认知过程的研究是贯穿整个创业认知研究发展体系的核心内容[2]。

（一）创业认知的核心要素

通过对相关文献的梳理，本书发现，创业认知要素主要包括自我效能感（self-efficacy）、脚本（script）、认知风格（cognitive style）以及认知偏见（cognitive bias）[2]。

1.自我效能感

自我效能感是社会心理学中的一个概念，由心理学家阿尔伯特·班德拉提出，并由他的同事南德拉·班德拉进一步发展。自我效能感是指个体对自身成功完成既定任务或达成预定目标的内在信心和坚定信念[2]。Lackéus等（2020）认为自我效能感在创业行为中是一个关键的心理因素，影响个体是否有信心和能力去从事创业活动[29]。Albert Bandura（1993）详细探讨了自我效能感对认知发展和功能的影响，认为高自我效能感与积极的认知结果相关，包括更好的学习成绩、更高的学术成就和更强的问题解决能力[30]。Alexander等（2018）深入探讨了自我效能感如何解释个体成为创业者的关键作用[31]。由此可见，对自我效能感的研究有助于区分创业者和非创业者。

2.脚本

脚本通常是指创业者在特定情境下对行为序列和情节的期望、认知与行为模式。在创业领域中，脚本是创业者心智中的认知模式，包括对创业过程中可能发生的行为、情节以及决策的期望[32]。

3.认知风格

认知风格体现了个人在处理信息和解决问题时的独特偏好与心理习性，这一理念在创业认知研究中十分重要。相关研究证实了创业者在认知风格上存在较大差异的观点，Chen（1998）指出，成功的创业者往往擅长发现机遇并愿意冒险。认知风格一般分为创新型认知风格和定向型认知风格，其中，创新型认知风格的创业者通常具有敏锐的洞察力、创造性思维、高度的适应性和愿意承担风险的特质，他们挑战传统开辟新领域，以推动商业创新和应对不断变化的市场环境。定向型认知风格的创业者则通常展现出强大的执行力、对细节的专注度、周密的规划能力以及卓越的组织技能，他们致力于通过高效管理和计划执行来实现既定目标[33]。

4.认知偏见

认知偏见是指在信息处理和决策过程中，由于主观经验、观念、社会文化等因素的影响，导致个体对信息和观点产生不客观或不公正的评价心理倾向。在创业认知研究中，涉及较多的偏见包括过度乐观、过度自信、控制错觉、小数定律。过度乐观是指个体或群体在面对特定情境或决策时，对自身的能力、情况的发展或任务的成功前景产生过分积极的期望和估计。Shepherd（1999）强调了创业者的乐观主义，将其描述为对创业任务的积极期望。他认为，这种过度乐观可能导致创业者对潜在风险的低估，影响决策和计划的准确性[34]。Hmieleski K. M.和Baron R. A.（2009）则指出，创业者的过度乐观可能导致对负面信息的忽视，影响其决策的全面性和准确性。过度自信是指对自己的能力、知识或判断产生过分乐观、过度估计的状态[35]。Frese M. 和Gielnik M. M.（2014）指出，过度自信可能导致创业者高估自己的能力和对未来成功的信心，从而影响决策和行为。其提到过度自信可能是一把双刃剑，既有助于应对困难，又可能导致不谨慎的决策[36]。Langer（1975）对控制错觉进行了初步的探讨。她提出，人们往往倾向于高估他们对事件的控制能力，即便实际上并没有真正的控制权。这一现象在创业情境中可能表现为创业者高估他们对市场、竞争和外部因素的掌控能力。控制错觉和过度自信以及过度乐观之间存在一定联系。由于过度自信与高估一个人对当前事实或信息的确定性有关，而控制错觉是高估一个人应对和预测难以控制的未来事件的能力，因此控制错觉可以被看作过度自信和过度乐观的决定因素[37]。小数定律指出创业者倾向于根据相对较小的样本或有限的经验，对整个市场或业务环境做出普遍性的推断。参考Tversky 和Kahneman（1971）的研究，小数定律揭示了人们在不确定性下的认知偏差，即创业者可能因过分关注短期和小样本事件而过于乐观或悲观地预测市场趋势。这种现象对创业决策提出了警示，强调在不确定性中创业者应更审慎地处理信息，避免仅凭有限的经验做出极端判断，以提升决策的质量和成功概率。创业者需要注意认知偏差对评估市场、制定战略和管理风险时的影响[38]。

此外，少数创业认知研究还讨论了后视偏见、计划谬误偏见、现状偏见等其他创业认知要素。后视偏见是一种普遍存在的认知偏见，表现为对过去事件的评估和记忆受已知结果的影响。Fischhoff（1975）通过详细定义后视偏见，强调了它对决策、责任归因和学习的潜在负面影响。这一认知偏见的存在揭示了在了解结果后过于自信的趋势[39]。Roger Buehler、Dale Griffin 和Michael Ross（1994）发现，计划谬误偏见源于对过去经验的忽视，而更多地依赖于当前任务的特殊情境。人们倾向于低估完成任务所需的时间，忽视相似任务的历史经验。此外，研究指出个体的动机也对计划谬误产生影响，乐观的计划可能用于提高情感状态[40]。Tversky 和Kahneman（1971）揭示了人们对维持现状的普遍倾向。通过实证研究，证实了现状偏见在多领域决策中的存在，并强调其与变化成本、风险规避的紧密关系。特别强调了人们因担心变化而忽视更有利的选择的现象[38]。

（二）创业认知的过程分析

在创业领域中，创业行为实质上是一种创新活动，通过引入新产品、新生产方法、新市场或新组织形式改变经济结构。创业行为涉及个体对环境（以及环境内个体所处的位置和所拥有的资源）的解释，以及对可以做什么（机会）、如何做（如调度能力、资源安排、知识等）、为什么做（如个体收益、社会绩效等）的判断与决策。因此，很多学者认为对创业行为的研究应该基于过程的视角，即他们认为创业行为是随着时间顺序展开的，其中包括多种行为、动态和转折点[10]。

因为创业是以创业机会的出现和追求为核心的动态过程，所以目前很多有关创业过程的模型是围绕着创业机会构建的。例如，基于实际创业行为的出现是以在严格的机会过滤和优化过程后仍能感知到创业机会为前提的观点，Buehler（1994）提出了以"机会过滤—机会优化—对实物的创业承诺"为核心的三阶段创业过程模型[41]。又如，Shane 和 Venkatraman（2000）认为，创业过程分为创业机会识别、创业机会评价和创业机会利用三个阶段[42]。而在之后的研究中，很多研究者采用了 Shane 和 Vekataraman 的模型。尽管已有的创业过程模型提高了学界对创业过程的理解，但从认知过程的角度来解释创业过程的研究较少，显然不利于学界充分理解创业过程。这是因为创业过程的每一个步骤都与个体层次的认知有关，认知要素以及认知过程对理解创业行为至关重要。

有关创业认知过程的研究大多是围绕创业机会展开的，讨论在从识别创业机会到具体的创业行为转变之间所涉及的认知要素和具体的认知过程。基于 Shane 和 Venkataraman 的模型，有关创业认知过程的研究认为，在创业机会识别阶段创业者的个人认知要素和过程将会影响对第三人称机会（可以普遍为其他人所识别和利用的机会）的识别、在创业机会评价阶段创业者的个人认知要素和过程会影响第一人称机会（由于资源和动机的原因，这种机会仅是对识别到它的创业者而言的）的形成、在机会利用阶段，创业者个人的认知要素和过程则会影响创业意愿的形成和强度[42]。

已有的研究大多聚焦于某个或某些过程，且这些研究之间较为零散。在这一方面，Wood 等（2012）的贡献较为突出。Wood[43]等在他们的模型中提出了每个创业阶段的创业认知过程：在机会识别阶段发挥作用的是关联认知过程，在机会评价阶段发挥作用的是以规则为基础的认知过程，在机会利用阶段（创业意愿形成阶段）发挥作用的是意愿形成的认知过程。更为重要的是，不同于此前大多数学者所关注的有关创业认知过程的三阶段模型，Wood 等在三阶段模型之前加了一个创业的前因阶段，他们认为，在创业者进行创业机会识别之前会选择所关注的领域和可能出现的信号与信息，会将自己有限的注意力分配到自己所感兴趣的特定领域。在这一过程中发挥作用的认知机制是注意力认知过程。创业者的注意力认知过程使其关注特定领域的信息和信号而忽视其他领域，这会导致创业者对特定领域的创业机会的思考，因而构成了创业过程的起点。同时，他们还指出，创业各阶段之间的转换并非自动发生，这些转变会受创业者认知的影响，他们将这些认知称为"认知拐点"。此外，创业警觉性（entrepreneurial alertness）和正念（mindfulness）促进了注意力阶段向机会识别阶段的转变，正念促进了由机会识别阶段向机会评价阶段的转变，决心（determination）促进了由机会评价阶段向创业机会利用阶段的转变[43]。

（三）创业认知的影响前因和后置结果

创业是一项社会活动，而创业者本身具有社会属性，即创业者只有准确认知社会需求和自身社会价值才能产生创业动机，识别创业机会，整合社会资源创建企业，谋求市场肯定，进而使企业生存和发展。以上都强调了环境客观因素和个体主观因素对创业者创业认知的影响。因此，本书通过对已有文献的梳理，总结了影响创业认知前因和结果的相关要素。

1.创业认知的影响前因

（1）创业者所处的客观环境。

很多学者认为，客观环境因素是创业者形成特定认知的重要前因。创业者所处的客观环境根据范围可以分为组织内部环境（如学校、组织）和组织外部环境（如行业、国家）。

第一，很多学者认为学校环境会影响创业者的认知。在学校环境要素方面，有学者认为学校文化、学科背景以及创业教育都会对创业认知产生影响。学校文化在大学生创业认知的形成过程中发挥着重要作用。Liñán和Chen（2009）指出，学校文化通过塑造创业教育环境，进而影响创业者的认知水平。一个强调创新、鼓励独立思考和实践的学校文化为创业者提供了良好的认知基础。创业教育在这一文化氛围中扮演着关键角色，它不仅提供实用的创业知识，更通过激发学生的创业兴趣和自我效能感，培养学生的创业认知能力。学科背景在塑造创业认知中也发挥着关键作用。研究表明，学科背景会对创业认知产生显著正向影响[44]。Krueger等（1988）的研究强调，组织和个体因素对创业意向的影响，暗示学科背景在塑造积极创业认知方面的重要性[45]。Peterman和Kennedy（2003）的纵向研究凸显了教育对创业意向和行为的影响，特别是不同学科的教育可能对创业认知产生正向作用[46]。Stam和Spigel（2017）则主要考察了不同学科背景的人才如何促进创业认知的发展。创业教育通过知识传递、实践体验和创新思维培养，深刻塑造创业者对创业过程、市场机会和解决问题的认知[47]。大部分学者认为创业教育在塑造和促进创业认知方面发挥着显著正向作用，如Pittaway和Cope（2007）总结了创业教育对创业认知影响研究中使用的不同方法，强调创业教育对创业认知的正向效果[48]。Yilmaz和Gürbüz（2016）的研究关注土耳其大学生，发现创业教育对提高学生创业意向具有显著影响[49]。这些研究共同揭示了创业教育通过提供知识、技能和激发创业意愿等途径，对大学生创业认知产生积极而深远的影响。以上研究不仅强调了创业教育的重要性，也为设计更有效的创业教育课程提供了有益的指导。

第二，学者们识别了对创业者认知产生影响的许多外部环境因素及其特征。学者们认为宏观层面的国家制度因素也会对创业者的认知产生影响。例如，Acs等（2017）、Dheer（2017）等深入研究并验证了国家制度会对创业者的认知产生影响[50-51]。Welter、Gartner和Wright（2016）深入考察了国家制度对创业者认知结构的塑造，强调了宏观制度如何渗透到个体的认知偏见形成的过程中[52]。除外部环境因素之外，学者们还指出外部环境所具有的特征也会对创业认知产生影响，包括外部环境的动态性、复杂性、不确定性、敌对性和风险性，但是相关研究未得到一致的结论。部分学者认为外部环境的复杂性与个体过度自信呈正相关，如Menkhoff等（2006）在外汇市场中发现，复杂市场条件下投资者更容易表现出过度自信[53]。Grace Xing Hu（2018）的研究指出，市场不确定性与过度自信呈正相关[54]。而Simon和Shrader（2012）指出环境动态性与过度自信之间存在显著的负相关关系[55]。

（2）创业者的个人特征。

通过文献回顾，本书发现很多学者认为创业者个体所具有的特征决定了其自身的认知。第一，很多学者认为创业者自身的人口学背景特征会对其创业认知产生影响，如性别、年龄、教育经历、生活经验、家庭影响等。尽管如此，不同研究之间并未得到一致的结论，如Barber和Odean（2001）的研究发现，在金融领域，女性专业人士更容易表现出过度自信[56]。Huck（2011）等则通过实验方法进一步研究了教育对过度自信的影响，揭示了教育程度可能在抑制过度自信方面发挥一定作用[57]。第二，有的学者认为创业者所拥有的心理特质也会影响创业者的认知，如新性格特征、需求诉求等[56]。第三，还有学者认为创业者个体所拥有的资源和能力特征也影响了其自身的创业认知。学者们识别出创业者所拥有的社会资本、关系网络等资源会影响创业者的认知，如Liñán和Chen（2009）的结构方程模型研究强调了社会资本对创业意图的正向影响，凸显了社会关系在塑造创业认知方面的重要性[44]。此外，Acquisti和Grossklags（2005）的研究探讨了社交网络对隐私决策的影响，暗示了关系网络可能在某些情境下与认知偏见呈正相关[50]。

2.创业认知的后置结果

在过往多年的创业研究发展历程中，经历了创业特质论到创业过程学派，再到创业认知学派和新情境下的突破转型，可以发现创业研究者们对各种认知行为和认知心理的前因后果等进行了全面系统的研究与总结，并在此基础上研究创业认知前因要素对创业后置结果的影响。通过对相关国内外文献的回顾和梳理，本书归纳了创业认知要素对宏观国家层面、中观组织层面和个体微观层面创业行为与结果的影响。

（1）宏观国家层面（创新创业精神理解和培养）。

很多学者认为创业认知会对宏观层面创新创业精神等产生影响。Paul Westhead等（2009）通过实验证实，创业者的认知过程与新创企业创意质量之间存在正向关系，揭示了创业认知如何影响创业精神的形成[58]。这表明，创业认知可能在激发和培养创新思维、创造性思考方面发挥着关键作用。Ward Alexande等（2019）的研究聚焦创业动机和特征，强调了心理特征的调节作用，深化了对创业认知与创业者个体特征如何相互关联以影响创业精神的理解[59]。Shaker A. Zara（2015）的研究发现，创业导向和认知适应性对新创企业绩效有正向影响，凸显了创业认知对创业精神的促进作用[60]。同时，中国从2015年开始在大学生中相继提出"大众创业，万众创新"和"敢闯敢创"等创业精神，旨在鼓励大学生积极投身创业比赛和创新创业实践中，多年来取得了非常瞩目的成效。

（2）中观组织层面（创业绩效）。

一是对绩效的影响。相关研究发现创业认知会影响企业层面的绩效，如企业利润、销售额和增长率等。Lumpkin和Dess（1996）的经典研究探讨了创业导向对公司绩效的影响。该研究提到，创业认知作为创业导向的核心元素，对公司的绩效产生了积极的影响，特别是在高科技企业中作用明显。此外，他们还探讨了企业家取向、创新性和绩效之间的关系，强调了创业认知对公司绩效的正向影响[61]。此外有研究发现，过度自信对公司的收入产生了负面影响，如Malmendier、Tate和Yan（2011）在研究中指出，管理者的过度自信可能导致不谨慎的财务决策，可能对公司的财务状况和收入产生负面影响[62]。此外，Cooper、Woo和Dunkelberg（1988）的经典研究指出，创业者的过度乐观可能对公司绩效产生负面影响[63]。

二是对创业成功与否的影响。Bandura A.（1993）强调适度的认知偏见和过度自信有助于创业者更好地应对创业融资中的不确定性，从而促进创业成功[64]。Grégoire等（2011）的研究深化了对创业决策中认知偏见作用的理解，特别是在机会识别过程中。适度的认知偏见有助于创业者更积极地追求机会，提高创业成功的可能性[65]。而Shepherd等（2012）的研究则提出了不同看法，他们认为创业者的认知偏见可能会引发决策失误，最终导致创业失败[66]。此外，Lukas Menkhoff（2006）指出创业者可能因为对自身判断的过度自信而忽视了潜在的风险，使得创业决策缺乏全面性和客观性，从而增加创业失败的可能性[67]。

综上所述，创业认知对创业绩效的正向影响是不可忽视的。加强创业认知的培养和提升可以有效地提高创业者的创业成功率及绩效水平，推动创业活动的持续健康发展。同时，创业认知对创业绩效的负向影响是指在创业过程中，创业者由于认知偏差、信息不足或决策失误等原因导致创业绩效不佳甚至失败。这种负向影响可能来源于创业者对市场需求、竞争环境、资源配置等方面的错误判断，从而影响了企业的发展方向和决策效果。由此可见，深入研究创业认知的负向影响对于提升创业者的认知和决策能力，推动创业活动的成功和可持续发展至关重要。

（3）个体微观层面（自我需求满足度和满意度）。

大部分学者认为创业认知与自我满足度之间存在正向关系。例如，Ucbasaran等（2009）通过实验证实，高水平的创业认知与新创企业创意的质量正相关[58]。这表明创业者更加敏锐、深刻的认知过程有助于产生更创新、高质量的创业点子，从而提高创业者对自身创业过程的自我满足感。进一步的研究支持了这一观点。Ucbasaran 等（2012）的进一步工作强调了创业认知对创业者感知成功的重要性，认为创业者的认知水平可能影响其对创业成功的理解，从而增加自我满足感[66]。Zoltan J. Acs（2017）的研究则在创业认知、创业取向和企业能力之间建立了关联，指出认知水平的提高可能与更积极的创业取向和更高的企业能力相关，进而提高创业者的自我满足感[68]。针对创业认知对创业者满意度的影响研究，Zahra（2013）的研究发现，创业导向和认知适应性对新创企业绩效具有积极影响，从而可能提高创业者的满意度。这表明创业者在创业导向和认知适应性方面的认知水平越高，他们对创业过程的满意度可能越高[69]。

（四）创业认知的概念界定

在深入剖析创业本质的基础上，本书把创业认知定义为创业者对创业环境、机会、过程、风险及绩效等相关因素的认知和理解。具体阐释如下：

首先，创业认知的构成涵盖三个核心维度：认知主体、认知对象及认知过程。认知主体即创业者本身，他们通过感知、思维和知觉等活动来接收与处理创业相关信息。认知对象包括创业环境、机会、风险和绩效等要素，创业者对这些要素的认知指导其创业行为。认知过程则是指创业者对创业信息处理和学习的过程，这一过程有助于创业者逐步增强和提升其创业认知能力。

其次，创业认知的要素主要包括认知范式、认知结构和认知过程。认知范式是指创业者对创业环境和机会的认知模式，这会影响创业者对创业决策的倾向和方式。认知结构是指创业者对于创业信息的组织和结构，这会影响创业者的信息获取和处理方式。而认知过程则是指创业者在认知信息的过程中所经历的感知、评价、判断和决策等心理过程，这些活动会直关联创业绩效。

总的来说，创业认知的定义和要素解析对揭示创业者认知行为的特点与规律至关重要，唯有精准把握创业认知的本质及其构成要素，才能更有效地引导和支持创业者的创业实践，进而提升创业绩效。因此，未来的研究可以进一步探讨不同认知要素之间的关系和相互影响，以及如何通过培训和教育来增强创业者的认知能力。需要关注的是，创业认知与其他认知领域的比较分析，可以进一步探讨创业认知在不同认知领域中的特点与作用，为创业认知研究提供更广阔的视角和更深入的指导。

六、创业认知研究未来发展趋势展望

创业认知与科技创新是密切相关的。在当今快速发展的科技创新领域，数字经济时代带来了创业研究的新情境和新问题，如何突破转型是未来创业研究领域的重点和难点，而创业者更需要具备不同的认知能力来适应和把握机遇。

首先，创业认知对科技创新起到了引领和推动的作用。创业者需要敏锐的认知来发现科技领域的新趋势和机会来进行相应的创新。其次，创业认知影响创业者对科技创新的态度和行为，即那些拥有积极创业认知的创业者更愿意冒险尝试新的科技创新项目，更有可能取得成功。最后，创业认知还能促进科技创新的跨学科合作和知识共享。创业者的认知能力决定了他们在不同领域的学习和应用能力，促使他们更容易与来自不同学科背景的专家进行合作，从而推动更多的跨学科创新。创业认知还可以促进知识共享和交流，鼓励不同领域的专业人士分享各自的经验，为创新提供更多的可能性。总的来说，创业认知与科技创新是相互促进、相辅相成的关系。创业认知能力对创业者在科技创新领域的成功至关重要，未来的研究可以深入探讨创业认知对科技创新的影响机制和路径。

此外，在全球跨文化交流日益频繁的背景下，创业认知的研究迎来了前所未有的挑战与契机。在跨文化环境中，创业者必须具备出色的跨文化沟通能力、交流技巧和管理能力，以适应不同文化背景下的市场环境与需求。因此，未来的研究可以进一步拓展至多个相关领域，如心理学、社会学以及跨文化研究等，从多个维度深入剖析创业认知的内在机理和影响因素。这将有助于为创业者提供更加系统、有效的理论支撑和实践指导，从而推动他们在国际舞台上实现更为卓越的创业成就。

第三章

创业教育发展脉络与未来展望

【章节概要】

　　创业教育作为一种新兴的教育形式，旨在培养学生的创新意识、创业能力和创业精神，以更好地适应社会发展需求。创业教育已经成为国内外教育领域的研究热点。国内外学术界对大学生创业教育的研究日益增多，有关大学生创业教育的理论和实践也取得了很多重要的成果。然而，当前大学生创业教育的研究仍存在一些不足。在理论层面，对创业教育的核心内涵、鲜明特点及培养目标的认知尚存偏差；在实践层面，尽管诸多高校已开设创业教育相关课程，但教学方法的实效性以及教学效果的评估仍有待进一步探讨。此外，在大学生创业教育研究上国内外呈现不同的侧重点，这要求对相关研究进行系统的梳理与比较，并探索未来可能的研究方向。因此，本章将对大学生创业教育的国内外研究进行系统的归纳与总结，以期为后续研究提供有益的参考与启示。

一、国内创业教育研究发展概要

（一）国内创业教育研究历史回顾

　　中国的创业教育研究起步相对较晚，最早可追溯至20世纪80年代初。当时，国内普遍缺乏创新思维与创业文化，使创业教育需求日益凸显。因此，学术界开始着手探索创业教育领域，以满足社会对创业教育的迫切需求。在研究的初期阶段，国内学者主要关注创业教育的概念和内涵。他们探讨了创业教育的定义、目标与实施方式，提出了不同的理论框架和方法论。

　　20世纪90年代末，随着国内创业教育的逐渐普及，研究的焦点逐渐转向创业教育的内容与形式，并开始探索大学生创业教育的实践。以清华大学为例，1997年成立了学生创协，并于第二年在清华园筹备"清华大学创业计划大赛"，于1999年成立了首家大学生创业教育基地，聚焦于创新教学课程的开发、学生创业精神的培养与实践能力的提升，标志着中国创新创业教育的正式起步。随后，国内众多高校纷纷响应，设立了各具特色的创新创业教育实践基地和创业园区，并开设了相关创业课程，为学生提供创业实践机会[70]。然而，在实践过程中，很多高校创业教育存在理论脱节、课程设置不合理等问题，限制了其发展。鉴于此，国内高校开始积极借鉴国外创业教育的先进经验，引进国外知名高校包括斯坦福大学、哈佛大学等在内的成功创业教育课程和模式。

随着时间的推移，国内大学生创业教育不断完善和深化，在政策、理论和实践研究等方面都取得了长足的进步。特别是各级政府和相关部门也相继出台了一系列政策支持大学生创业，高校也加大了创业教育的力度，推动创新创业人才的培养。自2002年4月教育部启动创业教育试点工作以来，这一教育理念在国内高等教育领域逐渐得到推广与深化。起初，以清华大学、北京航空航天大学等9所高校为试点，探索创业教育的实施路径。至2003年，全国范围内的高校纷纷跟进，通过设立创业课程、开展创业培训等方式，将创业教育融入日常教学之中。然而，此阶段的创新创业教育主要聚焦于创业本身，尚未与创新理念形成有机融合。随着教育改革的深入，2008年教育部进一步推动创新与创业教育的结合，包括清华大学在内的30所高校设立了创新与创业教育类人才培养模式创新实验区。至2010年，教育部正式发布《关于大力推进高等学校创新创业教育和大学生自主创业工作的意见》，明确提出创新与创业应相互融合，共同构成高校教育的重要组成部分[71]。同年，教育部还成立了创业教育指导委员会，标志着中国创新创业教育开始进入探索保障制度和措施的新阶段。之后在政策推动下，中国的创新创业教育不断发展。2012年，党的十八大明确提出"实施创新驱动发展战略"，强调"科技创新是提高社会生产力和综合国力的战略支撑，必须摆在国家发展全局的核心位置"。2014年，教育部进一步要求各高校将创新创业教育全面融入人才培养过程，并提出建立弹性学制，允许学生休学创业，以更好地适应创新创业的需求。2015年，李克强总理在政府工作报告中提出"大众创业、万众创新"的理念，激发了全国范围内的创业热情。同时，地方政府也积极响应，出台了一系列优惠政策，如减免税费、租金以及提供创业补贴等，极大地促进了创新创业的蓬勃发展。同年，国务院办公厅发布了《关于深化高等学校创新创业教育改革的实施意见》，强调要协调各方力量，共同推动高校创新创业教育改革，建立多元化、协同育人的创新创业教育体系。上述一系列政策的实施和细化，进一步推动了创新创业教育的深入发展。在"大众创业、万众创新"的时代背景下，以及世界一流大学和一流学科建设的要求下，中国的创新创业教育进入了快速发展的新阶段。2019年，教育部办公厅印发通知，明确提出要将创新创业教育贯穿人才培养的全过程，并构建"五育平台"，以全面提升创新创业教育的质量和效果[72]。与此同时，学术界也逐渐出现了一批致力于创业教育研究的学者，他们通过实地调研、案例分析等方式，不断总结国内外创业教育的成功经验。

表3-1 中国创新创业教育发展的重要事件及关键节点[71-72]

时间	重要事件	关键节点
2002 年	教育部开始启动创业教育试点工作，先后在清华大学、北京航空航天大学等9所高校进行创业教育的试点	试点启动与初步发展（聚焦于创业教育）
2003 年	全国各高校陆续开始推进创业教育工作，主要包括开设创业课程、创业培训等形式	
2008 年	国家教育部立项建设清华大学在内的30个创新与创业教育类人才培养模式创新实验区	倡导创新与创业教育结合
2010 年	教育部出台《关于大力推进高等学校创新创业教育和大学生自主创业工作的意见》	
2010 年	教育部发布《关于成立2010—2015年教育部高等学校创业教育指导委员会的通知》	
2012 年	十八大报告将创业提升到一个新的高度，强调创业是就业的新形态，有利于多渠道就业	政策鼓励与社会认知提升
2014 年	教育部发布《关于做好2015年全国普通高等学校毕业生就业创业工作的通知》	

续　表

时间	重要事件	关键节点
2015 年	国务院总理李克强在政府工作报告中明确提出"大众创业、万众创新"是中国经济增长的"双引擎"之一，引发了一股全国性的创业热潮	政策鼓励与社会认知提升
2015 年	国务院办公厅出台《关于深化高等学校创新创业教育改革的实施意见》，强调"坚持协调推动，凝聚培养合力"	进一步发展和深化改革
2019 年	教育部办公厅印发《关于做好深化创新创业教育改革示范高校 2019 年度建设工作的通知》	快速发展与学术研究（多元化主体协同育人）
2021 年	国务院办公厅印发《关于进一步支持大学生创新创业的指导意见》	
2022 年	国务院办公厅印发《关于进一步做好高校毕业生等青年就业创业工作的通知》	

随着中国社会经济的不断发展以及教育体制的不断完善，创业教育研究在国内取得了显著进展。如今，中国已构建起一套相对完善的创业教育理论体系，涵盖了创业教育的概念与内涵、创业教育课程设计、创业导师制度建设以及科技创新对创业教育的影响等方面。同时，国内也开始与国外进行交流及合作，在创业教育领域取得了一些积极的成果。此外，还有学者开始研究创业导师制度的建立和运作，以及科技创新对创业教育的影响等领域。

总的来看，国内创业教育经历了从起步阶段到现在的逐步完善的过程，研究内容从基本定义和理论探讨扩展到实践应用，同时加强了与国际接轨的合作与交流。基于宏观政策的支持和创业环境的改善，国内大学生创业教育正朝着更加专业化与国际化的方向发展。未来，随着科技的不断发展和社会环境的变迁，创业教育研究将面临更多的挑战与机遇，需要不断创新改进以适应时代需求。

（二）国内创业教育理论框架的演进

创业教育理论框架的演进是指创业教育领域不断涌现新的理论模型和框架，以适应不断变化的创业环境和需求。最初，创业教育理论主要侧重于传授企业家精神和技能，帮助学生了解创业的基本概念和步骤。随着社会的发展和创业实践的不断深化，创业教育理论框架逐渐拓展到创新、风险管理、市场营销、团队建设等方面[70]。

近年来，国内创业教育理论框架也开始融入科技创新、人工智能等前沿领域。创业教育的内涵已超越传统企业创业的范畴，广泛涵盖社会创新、创意设计等多个领域。同时，越来越多的学者开始探讨创业教育与社会环境、文化认知、社会企业等方面的关系，以促进学生全面发展。

未来，创业教育理论框架的演进将面临更多的挑战和机遇，需要不断吸纳新知识与新理念，以顺应全球化、数字化和智能化的时代潮流，为培养具有创新精神和实践能力的创业人才提供更加全面和有针对性的教育。

二、国外创业教育研究发展概要

（一）国外创业教育的发展历史与主要成果

在国外，创业教育研究一直是一个备受关注的领域。纵观其发展历史，创业教育经历了从传统管理课程到独立学科、从强调创业精神到注重科技创新和全球竞争力的演变。西方的创业教育起步比较早，可以追溯到1947年MylesMace为哈佛商学院MBA学生开设的新课程《新创企业管理》，这一课程被视为西方大学创业教育的起点。紧接着，1949年，哈佛大学创业历史研究中心成功创办并出版了《创业历史探索》杂志，这标志着人类历史上第一本以创业为主题的期刊诞生。该杂志的创刊为创业教育的研究与实践提供了坚实的基础，为美国学术界和商业界对创业教育的深入探究及创业者意识的培养起到了积极的推动作用。随着研究的不断深入和实践的持续拓展，创业教育领域涌现了一批杰出代表，如彼得·德鲁克、谢菲尔德和杰弗里·蒂蒙斯等，他们所著的《创业者》《论创业经济学》等作品对创业教育的发展产生了深远影响，并为后续百森商学院、硅谷创业园等机构的建立和崛起提供了坚实的理论基础。自此，创业教育在全球范围内迅速传播并普及。经过60多年的发展，美国、英国、日本等发达国家的高校已成为创业教育的中坚力量。这些高校建立了完善的创业教育体系，涵盖了创业教育课程、创业学位授予、创业学术期刊以及常设的创业研究中心，为培养具有创新精神和实践能力的创业人才提供了有力支撑[72]。

国外创业教育的重要成果之一是总结了创业教育和创业的关系。Mark Weaver（2005） 在《Entrepreneurial selection and success：does education matter?》一文中，不仅明确了研究创业教育的核心目的，还系统地梳理了美国创业教育的相关政策框架，他的研究为理解创业教育在政策层面的支持和实践中的影响提供了宝贵的视角。知名创业教育学家Shepherde的研究进一步指出，教育在降低创业者及创业团队因管理不善而引发的创业失败风险方面发挥着关键作用[74]。这一发现强调了创业教育的重要性，尤其是有经验的创业者或受过系统创业教育的准创业者，是提升新创企业存活率方面的关键因素。管理学大师彼得·德鲁克在《创新与企业家精神》一书中，深刻阐述了一个观点："创新与企业家精神并非天生特质或偶然灵感的产物，而是一种可以通过教育和培训有意识培养的能力[2]。"这一论断为高校加强企业家精神教育，即创业教育，提供了有力的理论支撑。它强调了培养社会所需创新人才的重要性，并将此作为创业教育的核心目标和最终成果的检测基准。为了更具体地理解创业教育目标的设置对创业活动的影响，Gerald E.H.等（1988）创业教育领域的专家学者进行了深入调查。他们对创业教育目标设定的重要性进行了细致的排序，并展示了相关结果，见表3-2[75]。这一研究不仅丰富了对创业教育目标设置的理解，还为创业教育实践提供了有力的指导。综上所述，创业教育与创业活动之间的紧密联系已成为国外创业教育研究的重要成果之一。通过深入研究和有效实践，发现创业认知在创业教育中始终占据核心地位，是其不可或缺的首要目标。这一认知不仅关乎创业者个体的成功，更对整个创业生态系统的健康发展具有深远影响。创业认知不仅涵盖了创业的基本概念、原理和方法，更包括从市场洞察、创新思维到风险管理等多个方面，是创业者在面对复杂多变的商业环境时做出明智决策的关键。因此本书认为，对于高校创业教育而言，培养大学生的创业认知至关重要，它直接决定了大学生在未来的创业实践中的决策质量和应对复杂情境的能力。通过创业教育，旨在全面提升创业者的认知深度与广度，使他们能够在实践中灵活应对各种挑战。同时，创业认知的提升也是推动创业教育领域不断创新和发展的重要驱动力，针对创业认知进行深入研究和实践探索以获得更加有效的教学方法，为培养更多优秀的创业者提供有力支持。

表3-2　创业教育目标重要性的排名

创业教育目标	重要性排名
增加对新创事业创始与鼓励过程的认知与了解	1
增加学生对创业生涯职业选择的了解	2
发展与管理功能相互关系的了解	3
发展对创业者特殊才能的评价	4
了解新创公司在经济中所扮演的角色	5

国外创业教育的重要成果之二是提出了基于实践的创业教育，即通过实际的创业案例和经验来进行教学与研究的一种方法。国外许多大学和机构开设了以实践为主的创业教育课程，邀请成功创业者或行业专家来分享自己的创业故事和经验，激发学生的创业热情和灵感[76]。这种模式已经得到广泛的认可和应用。基于此，随着创业教育的不断发展，国内越来越多的高校也开始注重实践教学。通过与企业合作、举办创业比赛、实习实训等方式，学生们有机会将课堂知识运用到实际中，提高他们的创业能力，培养他们的创新意识和团队合作精神，为将来的创业之路奠定坚实的基础。同时，创业教育研究也开始借鉴国外的实践教学经验，探索出适合中国国情的实践教学模式。

此外，创业生态系统研究是国际创业教育领域中的重要内容之一。该领域的研究聚焦于创业活动所处的环境及其对创业者和企业的影响。研究成果涉及对不同地区和不同产业的创业生态系统的比较分析，揭示了不同生态系统的优势和劣势，为创业者选择创业地点和发展方向提供了依据。同时，研究也致力于探索创业政策、创业资源及创业文化等因素对创业者意愿及创业成功率的影响，通过对创业生态系统的深入研究，学者们为创业教育提出了一系列政策建议和实践经验。未来，随着创业生态系统研究的继续深入，新兴领域和创新形式，如数字经济、共享经济等将成为研究的新焦点。同时，随着科技的发展和全球化的加深，国际创业生态系统研究也将变得更加重要。相信在国内外学者的共同努力下，创业生态系统研究会为创业者和创业教育的发展带来更多的启示与机遇[77]。

（二）国际创业教育研究的特点

近年来，随着全球创业热潮的持续升温，越来越多的国家和地区开始重视大学生创业教育，希望通过培养创新创业人才来推动经济发展和社会进步。因此，国际创业教育的研究动态也日益受到学术界和政策制定者的关注。

在过去的几年里，国际创业教育研究展现出鲜明的特点。一方面，各国高校纷纷加强创业教育的课程设置，内容从创业理论到实习实践都有涉及，致力于为学生提供全方位的创业知识和技能。同时，跨学科创新创业教育逐渐成为主流，强调培养既具备技术素养又具备商业思维的复合型人才。另一方面，国际比较逐渐成为创业教育研究的重要方向。学者们开始关注不同国家和地区在创业教育政策、制度及实践等方面的差异与共性，旨在探索适合本国国情的创业教育模式，提高创业教育的针对性和实效性[78]。首先，国际创业教育研究还在不断拓展研究范围，将创业教育的对象从大学生扩展到更广泛的群体，包括青少年、妇女等，以期构建多元化与差异化的创业教育模式。其次，国际创业教育研究还在经济全球化和科技创新密切相关的新趋势下不断创新。在互联网、人工智能等新兴技术的快速发展的背景下，创业教育也在不断调整课程内容与教学方法，以适应新时代创业者的需求[76]。

综上所述，国际创业教育研究正在呈现多样化、国际化和前瞻性的发展态势。随着全球创业教育的不断深入和拓展，相信国际创业教育研究的未来将会更加丰富多彩，为全球创业教育的发展注入新的活力。

三、国内外创业研究重要理论与模型梳理

在创业教育领域，重要的理论与模型对大学生创业教育的研究起着至关重要的作用。对这些理论和模型的梳理不仅可以帮助深入理解创业教育的本质，也可以为实践提供宝贵的指导。在国内外创业教育的研究中，许多学者对这些重要的理论与模型进行了深入的探讨和总结。

第一，在深入探讨创业教育的核心理论与模型时，必须触及其根本——创业精神的本质。创业精神，作为创业教育的灵魂，不仅涵盖了创新和冒险的勇气，更蕴含了自我驱动和自我效能感的深层内涵。因此，构建和完善创业教育的理论体系与模型框架，必须紧密围绕如何有效培养与激发学生的创业精神这一核心目标。这不仅在理论层面具有深远意义，更在实践领域具有指导性和操作性的价值[77]。通过系统性和针对性的创业教育，可以帮助学生塑造积极的创业心态，提升他们的创新能力和风险意识，从而在未来的职业生涯中更好地应对挑战，实现个人价值和社会贡献的双重提升。

第二，创业理论与模型中不可或缺的部分涉及创业过程的核心组件，如商业模式、市场洞察及团队建设等，这些要素在创业者的成功之路上起着决定性的作用[72]。其中，"PMF理论"，即Product/Market Fit，由马克·安德森于2007年提出。这一理论强调了创业公司在发展初期必须迅速找到产品和市场的契合点。它强调了团队、产品与市场三者之间的紧密关系，并指出创业成功的核心在于研发出既满足市场需求又具备竞争优势的产品。这一理论为创业者提供了明确的指导方向，即在追求创新的同时，务必紧密关注市场动态与消费者反馈，确保产品能够精准对接市场需求[71]。因此，在创业教育体系的构建中，理论与模型应将这些关键要素的培养与训练置于至关重要的位置。例如，商业模式的教育可以通过实践案例分析以及模型解构的方式进行，以便于学生能够深入理解和熟练掌握这一至关重要的创业要素。此

种教学方法在增强学生理论素养的同时，更能培养他们的实践能力和创新思维，为未来的创业之路奠定扎实的基础[79]。

第三，基于创业者与创业环境互动的创业机会研究框架。这一框架以马克思主义认识论为基础，融合了管理学、经济学、心理学和社会学等多学科的理论。它强调创业者、创业环境以及两者之间的互动密切相关[71]。对创业者与环境之间交互作用的深入研究，能更好地理解创业机会的本质、起源和发展过程，从而为创业者提供更多的指导和支持。

第四，创业学习与创业者的认知。一方面，在创业学习的过程中，Wickham（1998）提出的基于学习过程的创业模型强调创业是一个不断学习的过程。他主张创业型组织本质上是一个以学习为核心的组织架构。在这一架构中，创业者通过持续不断地学习并灵活适应市场来推动企业稳步前行[70]。同时，张红（2016）认为创业学习是创业者取得并重组创业知识的过程。她进一步将创业学习分解为个体学习和行动学习，强调了创业者在实践中的学习和成长[80]。另一方面，在创业研究理论的发展过程中，特质学派与行为过程学派的分歧同样值得特别关注，前者认为创业是少数人先天禀赋，而后者认为创业是有内在规律且可以被认识的[10]。这两种学派的观点各有千秋，为创业学习与创业者的认知提供了不同的视角和思考方式。

此外，创业教育作为培养未来企业家的关键环节，其核心任务在于激发个体的创新与创造力。由此可见，在构建创业教育的理论框架和实用模型时，必须充分融入创新与创造力的研究成果，以确保教育内容与创业实际需求紧密相连。创新与创造力不仅是创业者取得成功的基石，更是他们在复杂多变的市场环境中脱颖而出的关键[71]。因此，在创业教育的实施过程中，必须系统地设计培养方案，以引导学生发掘自身的创新潜能，提升创造力。众多国内外学者在创新与创造力的教育领域进行了深入探究，提出了诸多具有指导意义的理论模型和实践策略，如最具代表性的"创新过程模型"、"创造力成分模型"以及"情境—个体—过程模型"等[70]，这些理论模型试图从不同角度揭示创新与创造力的发生机制，不仅为改进和完善创业教育模式提供了宝贵的借鉴，也进一步丰富了创业教育的理论体系。此外，学者们还提出了许多实践策略以更有效地培养学生的创新与创造力，如创设有利于创新的教学环境、注重培养学生的批判性思维、提供多元化的学习资源和实践机会、建立激励性的评价体系等[70, 76]。通过深入吸收这些学术精髓，能够更精准地构建创业教育课程体系，并孕育更多富有创新思维和创造力的杰出创业者，进而为社会经济的稳健发展注入源源不断的创新动力。

综上所述，深入研究和梳理大学生创业教育的重要理论与模型，对揭示创业教育的核心内涵以及指导创业实践具有重要意义。在今后的研究中，还需要加强对这些重要理论与模型的深入挖掘和总结，以推动创业教育领域的发展和进步。

四、跨国合作与创业教育

近年来，跨国合作在创业教育领域的应用逐渐普及，这种合作模式不仅汇聚了多元化的资源优势，还为创业教育注入了新的活力，并为其提供了前所未有的广阔发展空间。跨国合作模式打破了地域和文化的限制，推动了知识与资源在全球范围内的自由流通。这种合作机制使创业教育能够广泛吸纳世界各地的先进理念与实践智慧，从而不断丰富其内涵与外延。通过跨国合作，创业教育能够培养出具有国际视野和创新精神的创业人才，为全球经济的持续发展做出重要贡献[70]。因此，跨国合作在创业教育中占据着举足轻重的地位，值得进一步深入研究和挖掘其潜在价值。

（一）跨国合作在创业教育中的重要性

跨国合作给创业教育带来了丰富的资源优势，这些优势不仅为创业教育注入了新的活力，也为其提供了更广阔的发展空间。具体来说，跨国合作在创业教育中的资源优势主要体现在以下五个方面：

（1）拓展国际化视野。跨国合作能够帮助师生突破地域限制，领略不同国家的创业文化与教育理念。在与国外高校或企业的合作过程中，学生可以更深入地了解国际市场的运作机制、商业模式的创新以及创业环境的差异[70]。这种国际化视野的拓宽不仅有利于提升学生的全球认知，还能有效增强他们的跨文化沟通能力，从而为未来创业活动搭建更为宽广的平台。

（2）共享优质教育资源。跨国合作往往意味着包括师资力量、课程设置以及教学方法等在内的教育资源共享。通过与国外高水平大学或企业的合作，创业教育能够有效地吸纳国际前沿的教育理念与教学方法，从而显著提高教育的整体质量与效果。同时，也可以借鉴国外创业教育的成功经验，结合本国实际情况进行改进与创新[70]。这种资源共享有助于推动创业教育的国际化进程，提高教育的整体质量和核心竞争力。

（3）提供创新创业实践的机会。跨国合作为学生提供了更多参与创新创业实践的机会。通过与国外企业或研究机构的合作，学生可以参与到国际级的创新项目中，接触前沿的科技成果和创新思维。同时，借助国外先进的创业孵化器和加速器等资源，学生能够为自身的创业项目争取到更多有力支持[77]。这些实践机会有助于培养学生的创新精神和创业能力，提高他们的创业成功率。

（4）培养跨文化交流与合作能力。跨国合作强调不同文化背景下的交流与合作。在创业教育领域，培养跨文化交流与合作能力显得尤为重要。通过与国外合作伙伴的深入交流和合作，学生能够掌握在不同文化背景中高效沟通与协作的技巧，这对他们未来的创业活动至关重要[70]。同时，也可以增强学生的国际竞争力，为他们在国际舞台上取得成功打下坚实基础。

（5）提升国际认证与品牌建设。跨国合作有助于提升创业教育的国际认证与品牌建设。与国外知名大学或机构的合作可以提高教育质量，获得更多的国际认可。同时，也可以借助国外合作伙伴的品牌影响力，提升本土创业教育的知名度和影响力。这种品牌建设和国际认证的提升有助于吸引更多的优秀学生和教师加入创业教育领域，推动其持续健康发展[70]。

综上所述，跨国合作是推动创业教育国际化发展的重要策略。通过跨国合作，不仅能汲取国外创业教育领域的先进经验，还能进一步拓展国际化课程体系的构建与教学模式的创新，进而提升中国创业教育的国际影响力与竞争力。同时，跨国合作还可以促进学生的国际化视野与跨文化交流能力的提升，帮助他们更好地适应全球化背景下的创业环境。

（二）跨国创业教育项目典型案例

在全球经济一体化趋势日益加强的当下，跨国合作在创业教育领域的地位越发重要。在此背景下，众多跨国创业教育项目在全球范围内蓬勃兴起，不仅促进了不同文化之间的交流与融合，更为创业者提供了广阔的舞台和丰富的资源。

1.美国麻省理工学院（MIT）与欧洲多所高校合作开展的创业项目

美国麻省理工学院（MIT）与欧洲多所高校合作开展的创业项目是一个典型的跨国创业教育成功案例。2006年开始至今，该项目通过整合欧美地区的优质教育资源，构建了一个多元化的创业教育平台。在这一平台上，学生得以深入地接触并学习不同国家的创业理念与实践经验，从而全面把握不同文化背景下的创业环境和发展态势。这种跨文化的学习交流，不仅极大地拓宽了学生的视野，更为他们适应全球化背景下的创业需求提供了有力支撑。除跨文化教育外，该项目还注重实践导向的教育模式。鼓励学生参与跨国创业实践，合作开展创新项目，培养他们的创新能力与团队协作精神[70]。这种实践导向的教育模式有助于学生在未来的创业道路上更好地应对挑战和抓住机遇。同时，在与欧洲多所高校的紧密合作中，学生还能够建立起广泛的国际人脉网络，为未来的创业合作与发展奠定坚实基础。

此外，该项目还关注创业教育的可持续发展。在培养学生创业能力的同时，也注重培养他们的社会责任感和环保意识。通过引导学生关注社会问题，积极参与公益事业，培养他们的创业精神和道德观念[70]。这种教育理念旨在培养出既具有创新能力又具备社会责任感的优秀创业人才。值得一提的是，该项目还为学生提供了丰富的创业资源支持。无论是资金支持、技术转移还是法律咨询等方面，学生都能得到全面的帮助与支持。这些资源为学生的创业之路奠定了坚实基础，使他们能够更加自信地迈向创新与发展的新征程。

综上所述，美国麻省理工学院与欧洲多所高校合作开展的创业项目是一个典型的跨国创业教育成功案例。这一项目通过整合优质教育资源、提供跨文化教育体验、实践导向的教育模式以及关注可持续发展等方面，为学生提供了全面而深入的创业教育。这一成功案例不仅为其他高校提供了有益的借鉴和启示，也为全球创业教育的发展注入了新的活力与动力。相信在未来，随着跨国教育合作的不断深入与发展，将看到更多优秀的创业人才脱颖而出，为全球的创新与发展做出重要贡献。

2. 中国与新加坡合作的"中新创新创业基地"项目

2015年11月，"中新创新创业基地"项目正式启动，这是中国与新加坡政府共同推动的一项跨国创业教育合作项目。该项目将两国的创业资源整合起来，为创业者提供了一个国际化的创业平台。在这个平台上，创业者可以接触不同国家的市场需求、技术资源以及人才储备等优势，从而更加精准地把握市场机遇，推动创新项目的落地实施[70]。

在资源整合方面，"中新创新创业基地"项目充分利用了两国在创业领域的优势资源。中国作为世界上最大的发展中国家，拥有庞大的市场规模、丰富的人才储备以及先进的技术能力。而新加坡作为亚洲四小龙之一，拥有先进的科技研发能力和国际化的商业环境。该项目有效集成这些资源为创业者构建了一个全面、高效的创业生态圈，使他们能够更好地把握市场机遇，实现项目的落地实施。

在平台作用方面，"中新创新创业基地"为创业者提供了国际化的交流机会。创业者可以在这个平台上接触到不同国家的市场需求、技术资源以及人才储备等优势，极大地拓宽了他们的视野和思维方式。这种国际化的交流有助于培养创业者的全球意识和跨文化沟通能力，帮助他们更好地适应全球化的商业环境[70]。

在技术交流和创新合作方面，"中新创新创业基地"项目为两国的高校、科研机构以及企业搭建了深度合作的桥梁。这个平台使他们可以共同研发新技术与新产品，推动两国创业生态系统的发展。这种合作模式不仅有助于提升两国的科技水平和国际竞争力，还能促进创新资源的共享与优势互补，实现互利共赢。

除资源整合、平台作用以及技术交流之外，"中新创新创业基地"项目的社会意义也是不容忽视的。该项目有力地推动了中新两国间的文化交流与民众友谊的深化，增强了双方的相互理解与信任[70]。两国人民在合作项目实施过程中可以更好地认识彼此在创业创新领域的潜力与优势，从而激发更多的合作机会。

在全球化的时代背景下，"中新创新创业基地"项目已超越单纯的跨国创业教育合作范畴，升华成为促进两国经济、科技与文化交融的重要桥梁。借由这一桥梁，中国与新加坡能够携手应对全球挑战，共同推动创新创业的蓬勃发展，实现双方的互利共赢，并为全球创业教育领域的创新与发展贡献更多力量。

五、面向未来的创业教育创新

（一）新时代背景下高等教育需求

在新时代背景下，整体教育需求呈现新的特点和趋势，需要同时满足国家、行业、学科和学生多个维度的要求。随着经济的飞速发展和社会结构的深刻变革，人才培养的目标也越发多元化和个性化。教育不再仅是传授知识和技能，更需要关注学生的全面发展和创新能力的培养。因此，大学生创业教育也成为当前教育改革和创新的重要方向。在以往的研究中，国内外学者对大学生创业教育进行了深入的探索与实践，系统地梳理了教育框架、实施路径及成效评估，为教育创新提供了宝贵的参考。同时，他们也对当前创业教育面临的挑战和问题进行了细致分析，提出了诸多前瞻性和实践性强的建议。然而，尽管这些研究提供了丰富的理论支撑和实践指导，但仍有一些关键问题亟待解决：第一，尽管大学生创业教育的重要性已得到广泛认同，但其在实践中的普及程度和质量呈现显著的差异。这既源于教育资源分配的不均衡，也与教育理念和方法的滞后有关。因此，如何进一步推广和优化大学生创业教育，以更好地满足大学生的创业需求并推动社会创业生态的发展，成为一个亟待深入探究的课题。第二，现有的研究虽然对大学生创业教育的成果进行了一定的评价，但这些评价大多局限于创业成功率、企业增长率等短期的、量化的指标。而对于创业教育的长期影响，如创业者的心理素质、创业认知、团队协作能力以及创新思维等深层次素质的提升，则缺乏深入系统的研究[77]。因此，构建更加全面长远的评价体系以更准确地反映创业教育的实际效果，成为一个重要的研究方向。第三，大学生创业教育在科技的飞速发展和社会的快速变革的背景下也面临新的挑战。如何在创业教育中融入新兴技术和行业趋势等元素以适应未来社会的发展需求？如何培养学生的跨文化交流能力和全球视野等素养以应对日益激烈的国际竞争？这些问题都需要在未来的研究中加以关注。

针对上述问题，本书认为未来的研究可以从以下四个方面进行深入探讨：一是创业教育模式的创新。鉴于当前社会的创业氛围与大学生的实际需求，应积极探索更具时代特色的创业教育模式。例如，可以融入"互联网+"思维，打造线上线下融合的创业教育平台；同时，通过深化校企合作、推进产教融合等机制，为大学生提供更为丰富多元的实践机会和资源[78]，从而提升大学生的创业实践能力。二是创业教育评价体系的完善[77]。不仅要关注短期内的创业成果，更应着重评估学生的创业素质、能力以及社会贡献等方面。在此过程中，可借鉴国际先进的评价理念和方法，构建更为科学、全面的评价体系，以更准确地反映学生的创业能力和成长潜力。三是创业教育与专业教育的融合。创业教育不应仅限于传授创业知识和技能，更应与专业教育相结合，培养学生的综合素质和创新能力[77]。具体而言，可以在专业课程中融入创业思维和方法论，让大学生在专业学习的过程中也能培养出创业意识和能力。四是创业教育的国际化发展。随着全球化的推进，培养具备全球视野和跨文化交流能力的创业者已成为创业教育的重要目标[72]。因此，应加强与国际先进创业教育机构的交流与合作，引进国际化的教育资源和理念，提升中国创业教育的国际化水平。

总之，在新时代背景下，教育需求日益凸显其多维度、多元化与个性化的特征。作为教育创新的关键一环，大学生创业教育更应聚焦于学生创新能力的培育以及与市场需求的紧密对接。这样才能更好地满足社会发展对人才的需求，实现教育的最终目标。

（二）创新教学方法与技术应用

在面向未来的教育创新中，创新教学方法和技术应用是至关重要的一部分。随着科技的不断进步和社会的快速发展，教育也需要不断更新和改革，以适应新时代的需求。在大学生创业教育领域，创新教学方法和技术应用的探索与实践，将对学生的创业能力和素养培养产生积极的影响[78]。

教学方法的革新对于教育领域而言具有重要意义。传统的灌输式教学方式往往容易限制学生的思维，而创新性的教学方法则能够有效激发学生的创造力。因此，创新教学方法在大学生创业教育中的应用非常重要，如案例教学法，可以通过分析真实的创业案例，让大学生深入了解创业过程中的成功与失败，培养他们的创业思维和实践认知能力。同时，通过小组讨论和角色扮演等形式，让大学生在互动中学习和成长[79]。此外，跨学科教学法也是一种值得推广的教学方法，它能够通过整合不同学科的知识资源，让大学生在跨学科的学习中拓宽视野，激发创新思维。这种教学方法不仅有助于提升大学生的综合素质，还能为他们的创业之路增添更多可能性。

同时，技术应用在创业教育中也扮演着重要的角色。随着信息技术的迅猛进步，如数字化、网络化、智能化等前沿技术为教育领域的创新带来了前所未有的机遇。比如，借助大数据和人工智能的先进算法，教师可以深入分析大学生的学习行为模式，进而为他们量身定制更为精准的学习资源和个性化指导。与此同时，虚拟现实、增强现实等技术的引入，为学生构建了一个更加真实的创业实践环境，让他们在模拟场景中得以锻炼。此外，在技术应用方面，利用信息化技术和大数据分析手段，可以更好地为学生提供个性化学习支持，满足不同学生的个性化需求，推动教育的差异化发展。

另外，创新教学方法与技术应用的推进需与创业教育目标深度融合[78]。创业教育的宗旨并不仅限于传授创业技能与知识，更在于激发学生的创新精神，锤炼他们的团队协作能力，以及提升解决实际问题的能力。因此，在探索和实践创新教学方法与技术应用时，必须以这些核心目标的达成为导向，确保大学生在习得创业技能的同时，能够培育出更为全面的个体胜任素养，从而更好地适应未来创业发展的需要。

需要强调的是，创新教学方法和技术应用并非孤立存在，而是需要与教育理念、课程内容以及师资力量等多个维度相互融合、协同推进。只有在这样的综合框架下，才能真正实现大学生创业教育的全面创新和发展。

综上所述，创新教学方法和技术在大学生创业教育中扮演着至关重要的角色。面对新时代所带来的种种挑战与机遇，应坚持不懈地探索和实践，将创新的理念深入贯彻教育教学的每一个环节，以培养出更多具备创新精神与实践能力的优秀创业人才。同时，也需要保持开放的心态，积极借鉴和吸收国内外先进的教育理念与技术成果，为大学生创业教育注入新的活力和动力。

展望未来，随着科技的不断进步和社会需求的不断变化，大学生创业教育领域的创新教学方法和技术应用也将面临更多的挑战与机遇。因此，需要持续关注和研究这些变化，不断优化调整教育策略与方法，为学生提供更加优质、高效且个性化的创业教育服务。

（三）高校创业教育发展战略建议

在面向未来的教育创新中，创业教育发展战略建议是至关重要的。随着社会经济的不断发展，培育大学生的创业精神和创新能力已成为现代高校教育不可或缺的一环。鉴于此，本节将围绕创业教育的发展提出若干建议，旨在为未来教育领域的革新提供有益的借鉴与参考。

第一，应将创业教育明确置于高校教育核心课程体系的重要位置。目前，尽管不少高校已设置了创业教育相关课程，但这些课程往往以选修形式存在，缺乏必要的重视与资源整合。因此，为了有效激发大学生的创业热情并提升他们的创新能力，有必要将创业教育纳入必修课程范畴。此举不仅有助于提升学生的综合素质及就业竞争力，更能为社会的创新创业活动输送更多的优秀人才。同时，需认识到创业教育并非孤立于其他学科，而是应与其他学科实现有机融合。在教授专业知识的过程中，应融入创业的理念与方法，使学生在掌握专业知识的同时，亦能领悟到创业的精髓[77]。例如，商科类专业，可以引入创业管理的相关知识和案例，让学生在掌握商业知识的同时，了解创业的风险和机遇。

第二，高校应当深化与社会的互动，进一步拓宽学生的创业资源获取渠道和实践平台。创业教育的成功并不仅依赖于高校内部的单方面努力，更需要社会各界的广泛支持与积极参与。因此，高校应积极寻求与各类企业、政府部门以及行业协会等建立合作关系，以便为学生提供多样的创业资源和优质平台。具体而言，可以邀请成功的企业家或投资人等来校举办讲座或担任导师，为学生提供创业指导与帮助；同时，也可以与企业合作开展顶岗实习、专业实训等项目，为学生提供更多的实践学习机会[77]。

第三，创业教育应当重视创业心理素质的强化与创业精神的培养。创业之路充满挑战与不确定性，要求创业者必须具备强大的心理素质，勇于直面失败、挫折与压力。因此，高校在创业教育中应重视对学生心理素质的培养[79]。为达成这一目标，高校可以通过组织心理辅导、创业模拟训练和案例分析等方式实现，让学生在实践中学会如何调整心态应对挑战。此外，创业不是简单地去创建一个企业，创业精神对创业成功十分重要，高校应当注重激发学生的创业精神与冒险精神，培养学生的团队合作与领导才能，让学生在实践中磨炼创业能力。

第四，创业教育应当注重培养学生的综合素质和道德品质。创业不仅是一项经济活动，更是一种社会活动。而创业者不仅要追求经济效益，还要关注社会效益，承担起应有的历史使命和社会责任。因此，在培养学生的创业精神和创新能力的同时，应当注重创业教育中对大学生思政教育和责任意识的培养[72]，如开设创业道德、社会责任等课程，引导他们树立正确的价值观，关注社会问题，积极参与公益事业，实现经济效益和社会效益的双赢。

六、全国教育科学规划课题支持下的创业教育研究项目：回顾、总结与展望

自1978年改革开放政策实施后，创业活动在中国迅速发展并日趋活跃，社办企业、乡镇企业、集体企业和私营企业等相继涌现并蓬勃发展。这一重大政策决策不仅激发了全社会的创新活力，也为中国经济和社会发展注入了强大的动力。中国不少学者在研究区域经济社会发展中关注到了创业，如吴晓、覃永晖2010年在《求索》上发表了《论区域经济发展与创新创业型人才培养的关系》，系统地分析了区域经济发展与创业精神之间的内在联系，他们提出创业精神是推动区域经济发展的重要动力，而区域经济的发展状况又反过来影响创业精神的培育和发展[81]。这一观点为深入理解区域经济发展提供了全新的视角。刘光宇、杨德龙在《中国社会科学》2009年第6期中发表了《区域经济协调发展与创业环境建设》一文，从区域经济协调发展的重要性出发，指出了创业环境建设在推动区域经济协调发展中的关键作用；邓锋、张翼在《管理世界》2014年第9期发表的《创新驱动发展：区域经济转型与创业活跃》一文中指出创新是推动区域经济发展的重要力量，对于实

现区域经济转型和推动创业活跃具有重要作用。自21世纪初开始，不少管理学者开始关注企业家与经济增长的问题[10]，如清华大学教授张玉利2016年出版了《企业家精神与中国经济增长》一书，主要探讨了企业家精神在中国经济发展中的作用和影响，为政府制定相关政策和制度提供了参考与借鉴[82]；北京大学国家发展研究院教授张维迎2018年出版了《企业家与中国经济的未来》一书，主要阐述了企业家精神在经济中的重要作用，他认为企业家是经济发展的主要驱动力，他们的创业活动能够推动经济的繁荣[2]，同时书中还详细分析了中国企业家面临的挑战与机遇，探讨了如何培育企业家精神和优化商业环境，以促进中国经济的长期发展。

随着中国改革开放的不断深化，创业环境持续优化，创业热潮持续升温，吸引了越来越多的有志之士投身创业大潮。表3-3总结了中国创业发展的重要阶段与特点。改革开放之初，创业活动主要聚焦于个体经济和私营经济领域。随着政策环境的逐步宽松和市场准入门槛的降低，众多企业如雨后春笋般涌现，它们不仅创造了大量就业机会，还有力地推动了国家经济的蓬勃发展。同时，这些企业的成功范例为后来的创业者提供了宝贵的经验借鉴与启示。在创业活动迅速发展的同时，中国政府也出台了一系列扶持创业的政策和措施，包括为创业者提供贷款支持、税收减免、场地租赁等优惠政策，为创业企业提供技术支持、人才引进、市场开拓等服务。这些政策和措施的实施，有效地降低了创业的难度和门槛，显著地提升了创业成功的概率，进而在全社会范围内进一步点燃了创业的热情与活力[10]。

到了21世纪初，信息技术的普及和广泛应用在中国掀起了新一轮创业热潮，在此之后，创业者开始将目光投向包括大数据、人工智能、区块链、生态和可持续发展等在内的新兴技术，使创业活动更具有创新性和前瞻性。与此同时，中国的高等教育也迎来了快速发展期。高校纷纷开设创业理论教育和创业实践培训课程，不仅帮助学生了解了创业的基本理论和实践经验，也培养了学生的创新意识和创业精神。许多大学生在毕业后选择创业，成为中国创业大军的一支重要力量[72]。

表3-3 中国创业发展的历程回顾

阶段	特征	代表企业
创业 1.0 20 世纪 80 年代	满足用户粗放式消费需求	美的、TCL、联想等
创业 2.0 20 世纪 90 年代	用户需求从粗放式向精细化消费转变	汇源、比亚迪、苏宁等
创业 3.0 1998—2005 年	迎合用户更精细化的需求	腾讯、京东、阿里巴巴、百度
创业 4.0 2005—2012 年	细心体会用户日趋极致和多样化的需求	小米、爱奇艺等
创业 5.0 2012 年以来	探索和创新不同的商业模式和服务	蚂蚁金服、字节跳动、摩拜单车

同时，从管理角度来科学引导和发展创业的相关学术研究也与时俱进。随着创业时代的浪潮席卷而来，中国学术界也紧随其后，积极投身于创业研究之中。国内学者通过学术会议、专项研究等多种形式，为推动中国创业研究的发展贡献力量。其中，清华大学张玉利教授于2003年9月在南开大学发起的"首届创业学暨企业家精神教育研讨会"，不仅标志着中国创业研究学术热潮的开启，更为后续的研究奠定了坚实的基础。随后，2005年9月，蔡莉教授在吉林大学主持召开了"创新与创业国际学术会议"，这一盛会将国内外创业研究领域的专家、学者汇聚一堂，共同探讨创新与创业的最新理论和实践。此次会议不仅促进了国内外创业研究的交流与合作，也为中国创业研究注入了新的活力。此后，以清华大学、吉林大学、中山大学、浙江大学等为代表的高校纷纷成立创业教育研究中心，这些中心不仅致力于创业教育的广泛传播与实践，还为中国创业研究的学术发展提供了强有力支撑。这些高校通过组建专业化研究团队、开展创新科研项目、举办学术研讨会等多种方式，持续推动创业研究的深入探索与发展，并积极借鉴国际先进理念与成果，为中国创业教育和研究领域做出了卓越的学术贡献与实践探索，有效促进了中国创业教育的蓬勃发展[10]。

2008年，国家自然科学基金委员会管理科学部在工商管理学科增设

"创业与中小企业"（后更名为创业管理）二级学科代码[10]，并正式作为独立学科融入中国管理科学领域。这一变革不仅标志着国内创业研究在学术界获得了更高的地位和认同，也反映了高等教育对创业领域日益增长的重视和投入。更为重要的是，这一举措成为国内创业研究与高等教育紧密结合的里程碑事件，为中国管理科学领域注入了新的活力和研究视角。通过设立独立的"创业管理"学科，不仅为创业领域的学术研究提供了更为专业和系统的平台，而且有助于培养更多具备创业精神和能力的专业人才，为中国经济的持续发展和创新提供源源不断的动力。这一变革也进一步推动了管理科学领域的多元化发展，拓宽了学术研究的广度和深度[10]。在国家自然科学基金和国家社会科学基金的鼎力支持与积极推动下，中国创业教育研究领域已取得了显著的进展与长足的发展。这些基金不仅为创业教育研究提供了必要的经费保障，更推动了该领域的研究深度和广度[10]。本节特以国家社会科学基金专项支持下的全国教育科学规划课题为分析对象，回顾以往国内创业教育的发展历程和成果，展望未来创业教育研究的新挑战和新机遇，结合新形势发展格局和"供给侧改革"视角下高等教育人才培养改革需求背景，旨在为未来国内创业教育研究提出有益的启示。

（一）全国教育科学规划课题支持下的创业教育研究项目的总体概况

在全国教育科学规划领导小组办公室的官方网站（https://onsgep.moe.edu.cn/edoas2/website7/index.jsp）用"创业教育"关键词进行索引，可以查询到2006—2023年全国教育科学规划课题资助了各类项目合计59项，其中，国家重点项目2项，国家一般项目13项，国家青年项目7项；教育部重点项目26项，教育部青年项目10项，教育部专项项目1项。资助总经费达495万元，平均资助强度为8.39万元/项。

图3-1展现了2006—2023年全国教育科学规划课题资助项目的具体变动趋势。虽然国家自然科学基金委2008年增设了"创业管理"二级学科代

码，但是关于"创业教育"的专项研究，全国教育科学规划领导办公室最早在2006年就资助了第一项国家一般项目（资助金额为20万元），足以说明全国教育科学规划领导办公室和学术界对创业教育的重视。2008—2017年，创业教育研究课题年资助数量从1项增长到10项，资助总数从1项增长到40项，最多的两年（分别是2015年和2017年）资助了10项，项目资助规模增长迅速，平均每年增长约4项，同时呈现每3～4年形成增长周期的波峰形趋势。2009—2011年是第一轮增长期，从1项/年增长到6项/年；2014—2015年是第二轮增长期，从1项/年增长到10项/年；2016—2017年是第三轮增长期，从4项/年增长到10项/年。

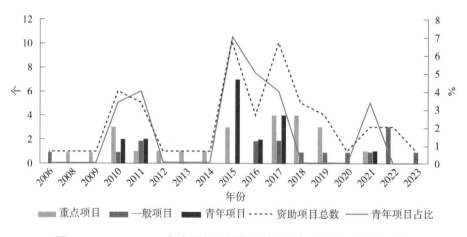

图3-1　2006—2023年全国教育科学规划课题资助的项目数量与结构

此外，在全国教育科学规划课题适度向青年项目倾斜的总体资助方针指引下，2010—2017年，全国教育科学规划课题资助的国家青年和教育部青年项目呈现缓慢增长和一定倾斜的态势。总体上看，各级青年项目数量从2010年的2项（首次突破0）增长到2015年的7项（历年最多），平均每年增长约1项，青年项目受资助量在资助总量的平均占比约为7%。但从资助的绝对数量来看，2006—2009年、2012—2014年、2018—2020年和2022—2023年合计有11年青年项目资助量为0，2021年青年项目资助数量最低（1项），2015年青年项目资助数量最高（7项）；从资助占比上看，2015年青年项目占比最高，为7%，2010年和2021年青年项目占比最低（剔除占比为0的年份），为3.33%。

表3-4展现了2006—2023年全国教育科学规划课题资助项目所属高校分布图。从资助的整体数量上看，2006—2023年，全国56所高校分别获批了国家重点项目、国家一般项目、国家青年项目、教育部重点项目、教育部青年项目和教育部专项项目这六类项目的资助，共计58项，平均每个高校获得项目资助数为1项。其中，分属这56所高校中的浙江大学和济南大学获得过2项的资助项目，占比约为3%。从受资助高校所属的地理位置上看，基本集中分布在华东的综合类及理工科大学（合计占比约60%）和高职院校，且在北京市和浙江省这两个区域比较集中。

连续获得基金项目资助意味着研究的关注度和研究的连续性，浙江大学分别在2006年和2015年获得了国家一般项目和国家重点项目的资助，资助累计金额为全国高校最高，合计80万元。浙江大学研究学者的研究内容从最早聚焦"美、英、中高校创业教育比较研究"到后来的"经济转型升级中的创新创业教育研究"，显示了他们从创业教育理论的溯源研究到实践应用的创新思考、探索，更代表了中国创业教育研究学者们基于本国发展实践的一系列研究成果。同时，济南大学研究学者的研究内容从一开始的"大学生创业教育社会支持体系研究"到后来的"高校创新创业教育协同共生范式研究"，显示了他们在创业教育生态体系发展的思考和创新探索，也启发了其他区域的高校学者们对相关研究内容的进一步探究。

表3-4　2006—2023年全国教育科学规划课题资助项目所属高校分布

年度	课题名称	课题类别	工作单位
2006	美、英、中高校创业教育比较研究	国家一般	浙江大学
2008	新农村建设中农民职业技能与创业教育机制研究	教育部重点	江西师范大学
2009	基于国际比较时域的高校创业教育模式研究	教育部重点	东北财经大学
2010	创业教育与提高高校人才培养质量的相关研究	国家一般	上海市教育委员会
	创业教育提升大学生创业倾向的模式及其内在机理研究	国家青年基金	首都经济贸易大学

年度	课题名称	课题类别	工作单位
2010	创业教育与大学生创业能力的对接研究	教育部重点	同济大学
	创业教育分类指导有效模式研究	教育部重点	中国青年政治学院
	创业教育提升大学生就业竞争力的实证研究	教育部重点	浙江机电职业技术学院
	基于创业教育理念下的金融教学改革研究	教育部青年专项	吉林大学
2011	大学生创业教育社会支持体系研究	国家一般	济南大学
	以大学生创业教育为突破点改革高校人才培养模式问题研究	国家一般	河北大学
	大学生创业教育及保障支持体系研究	国家青年	四川大学
	新生代农民工职业技能培训和创业教育模式研究	国家青年	南昌航空大学
	中国大学创新创业教育现状调查及方案设计	教育部重点	东北财经大学
2012	高校创新创业教育及其组织管理模式研究	教育部重点	广州大学
2013	美国社区学院创业教育的实践路径及合作伙伴体系研究	教育部重点	浙江水利水电学院
2014	高校创业教育生态体系构建研究	教育部重点	复旦大学
2015	经济转型升级中的创新创业教育研究	国家重大	浙江大学
	农村产业再造机理下返乡农民工创业教育研究	国家青年	曲阜师范大学
	农民工返乡创业教育支撑体系及绩效研究	国家青年	西南石油大学
	高校创业教育教师的创业能力提升机制研究	国家青年	温州医科大学
	高校创新创业教育范式陷阱及其突破路径研究	教育部重点	曲阜师范大学
	社会嵌入视角下大学生社会创业教育研究	教育部重点	浙江传媒学院
	欧洲高校创业教育与专业教育的融合模式研究	教育部青年	东北师范大学
	经济转型升级中区域职业院校的创新创业教育研究——以广东省为例	教育部青年	广州城建职业学院
	创新创业教育背景下高校教师转型决策机制、动态仿真及引导策略研究——基于成本收益的视角	教育部青年	浙江财经大学
	创业教育的演进机制及其对大学生创业影响的跟踪研究	教育部青年	中南财经政法大学
2016	高等职业院校大学生创新创业教育体系的内容与评价研究	国家一般	北京财贸职业学院
	我国大学生创业人才成长规律及其对创业教育的启示研究	国家一般	江西师范大学

年度	课题名称	课题类别	工作单位
2016	创业领导力视角下大学生创业教育有效性研究：基于"2015 年大学生创业英雄 100 强"群体的追踪	国家青年	沈阳工程学院
	供给侧改革视角下高校创新创业教育体系优化研究	教育部青年	天津城建大学
2017	创新创业教育的评价体系和监测研究	国家重点	温州医科大学
	高校创新创业教育生态系统建设问题研究	国家一般	东北师范大学
	创业教育对大学生创业品质的影响机制及培养策略	国家一般	东南大学
	高校创新创业教育资源整合问题研究	教育部重点	东北师范大学
	应用型本科院校创新创业教育课程体系构建研究	教育部重点	山东协和学院
	转型发展高校创新创业教育的层次维度及其监测评价研究	教育部重点	辽宁科技大学
	我国职业技能型高校创新创业教育生态系统研究	教育部青年	湖南机电职业技术学院
	互联网＋时代背景下大学创业教育资源共享体系研究	教育部青年	杭州师范大学
	构建高校创新创业教育生态系统的研究	教育部青年	广西大学
	大数据环境下大学生创新创业教育平台的分析研究	教育部青年	太原师范学院
2018	高校公益创业教育的资源整合机制研究	国家一般	温州医科大学
	基于过程方法的高校创新创业教育质量评价研究	教育部重点	天津科技大学
	中韩高校创业教育比较研究	教育部重点	东北师范大学
	应用型本科高校创业教育教师的创业意愿、触发行为及政策优化研究	教育部重点	武汉东湖学院
	地方高校大学生创业教育模式研究	教育部重点	泰山医学院
2019	基于认知导向的大学生创业教育改革与实践研究	国家一般	武汉纺织大学
	大陆高职与台湾技职院校创业教育非课程生态系统的比较研究	教育部重点	泉州师范学院
	"双一流"高校创新创业教育课程体系研究	教育部重点	武汉大学
	高校创业教育生态系统构建问题研究	教育部重点	吉林师范大学
2020	乡村振兴背景下高校促进农民创业教育的路径及机制研究	国家一般	宁波大学
2021	应用型高校创新创业教育生态系统建构及评价研究	国家一般	山东协和学院
	新转设民办高校创新创业教育实施路径研究	教育部青年	重庆财经学院
	粤港澳高校创新创业教育协同发展研究	教育部专项重点	中国教育科学研究院

年度	课题名称	课题类别	工作单位
2022	高校创新创业教育协同共生范式研究	教育部重点	济南大学
	新时代我国高校创新创业教育的质量评价与提升路径研究	教育部重点	安徽工业大学
	共同富裕背景下新型职业农民创业教育模式与支持体系研究	教育部重点	浙江工业职业技术学院
2023	应用型大学创新创业教育的学科渗透模式研究	国家一般	盐城工学院

本节收集了2006—2023年全国教育科学规划课题资助项目的名称主题词，利用Rostcm6软件进行词云统计。发现词云中出现频率较高的关键词分别为"创业教育""教育""高校""创新创业""大学生"，其次为"机制""体系""模式""发展""应用型"。文本数据词云统计如图3-3所示。

图3-2　2006—2023年全国教育科学规划课题资助项目名称词云

从总体上看，全国教育科学规划课题资助在推动国内高校创业教育研究方面起到了关键作用，在客观上表现为资助项目规模、资助总经费、重点或一般项目的数量等方面。2006—2023年，59项项目的研究主要关注了高校创业教育生态体系建设、教育模式、课程体系改革、教育质量评价、高职创业教育转型、乡村振兴背景下农民工职业技能培训和创业教育模式等。上述相关研究体现了中国创业教育研究者基于中国创业教育实践的独特性，特别是在全国教育科学规划领导办公室的大力支持下，国内创业研究主题和问题在对比与吸收国际前沿研究基础上不断进行理论和实践创新，不断缩小与国际研究之间的差距，并进行了适合中国新形势下的高校创业教育的思考和探索，在研究过程中融合中国经济社会发展实践呈现鲜明的区域特色和本校特色，研究水平显著提升。

　　此外，图3-3展现了2006—2023年全国教育科学规划课题资助项目主持人的职称结构分布。2006—2009年，高级职称主持人的数量呈现明显下降的态势，2009年占比为0。虽然后续2020年高级职称主持人的数量占比达到历史最高，但是整体占比的增长趋势均低于中级职称主持人。同时，中级职称主持人的占比从2008年开始逐年递增，到2015年有多达9个中级职称主持人获得项目资助，并在2022年达到历史最高的占比300%。在创业教育研究领域，主持人的职称结构正从高级职称向中级职称转变，并凸显以中级职称为主导的资助格局，这在很大程度上反映了全国教育科学规划课题向创业教育研究青年学者的倾斜力度。这样的倾斜力度能显著促进青年人才的成长，并激发他们投身创业教育发展建设的信心和决心，一大批高校青年学者逐渐成长为所在高校创业教育领域和创业学科的学术骨干与学科带头人。

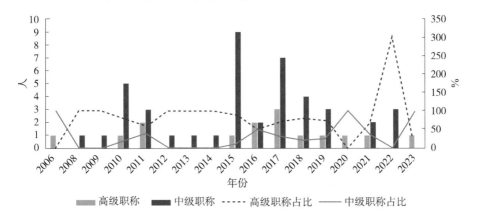

图3-3　2006—2023年全国教育科学规划课题资助项目主持人的职称结构分布

（二）新时代全国教育科学规划课题支持下的国内创业教育研究展望

新时代的到来，在创新驱动发展战略深入推进、国际国内双循环双促进的新发展格局等国家重大战略背景之下，加之信息技术、数字技术、人工智能等前沿技术的广泛普及及深入应用，中国的创业活动必将被注入强大的动力，使其在经济社会的高质量发展中扮演着越发重要的角色[10]。因此，中国的创业教育研究也将更加积极响应新时代需求、国家重大战略要求，融合学科前沿发展、聚焦创新研究方向和主题，在立足新起点、把握新时代机遇上迈向全新的高度与阶段。在宏观和中观层面上，各级教育规划管理部门将通过一系列举措在以下方面不断支持和推动创业教育研究的深度与广度，为培养更多具有创新精神和实践能力的创业人才贡献力量。

一是推动研究内容的深化与拓展。在新时代背景下，创业教育研究的内容将进一步深化和拓展。首先，研究将更加注重对创业教育理论体系的构建与完善，探讨创业教育的核心要素、教育理念、教育目标等，为创业教育的实践提供理论支撑[71]。其次，研究将更加注重对创业教育实践的探索与创新，关注创业教育在高校、中小学等各个教育阶段的实施情况，分析创业教育在培养学生创新精神、创业能力等方面的实际效果[72]，为创业教育的改革与发展提供实践参考。

二是支持研究方法的科学化与创新。随着教育科学的不断发展，创业教育研究方法也在不断创新和完善。在未来，研究将更加注重运用定量与定性相结合的研究方法，通过问卷调查、深度访谈、案例研究等多种方式，收集和分析创业教育的相关数据，揭示创业教育的内在规律和特点。同时，研究还将更加注重运用跨学科的研究方法，借鉴其他学科的理论和方法，为创业教育研究提供新的视角和思路[77]。

三是促进研究视野的国际化与本土化。在全球化的背景下，创业教育研究需要具有国际视野和本土化特色[70]。一方面，研究将更加注重对国际创业教育经验的借鉴与吸收，关注国际创业教育的发展趋势和前沿动态，为中国创业教育的发展提供国际参考。另一方面，研究将更加注重对本土创业教育资源的挖掘与利用，关注中国创业教育的历史传统和文化特色，探索适合中国国情的创业教育发展路径。

四是推进政策支持与产学研合作的加强。在全国教育科学规划课题的支持下，政府对创业教育的政策支持力度将进一步加大。可以预见的是，政府将出台更多有利于创业教育发展的政策措施，如资金扶持、税收优惠等，为创业教育的研究和实践提供有力保障。同时，产学研合作也将成为推动创业教育研究发展的重要力量。高校、科研机构、企业等各方将加强合作，共同推动创业教育的理论与实践创新，形成良性互动的发展格局[78]。

第四章

创业认知教育与大学生创业行为：
创业认知的驱动作用

【章节概要】

近年来，随着全球经济结构调整和大数据、智能化等信息化技术的飞跃发展，创新创业已成为社会各界关注的热点。越来越多的大学生加入创新创业大军，不仅有利于国家创新战略的推动，也有效地缓解了多年来毕业生的就业问题，因此创业也被定义为"高质量的就业"。而创业是一种有准备的计划行为，形成准确的创业认知并做好创业准备是创业成功的前提和关键。因此，作为创业教育的主体之一，高校如何更好地帮助大学生做好创业准备是当下高等教育讨论的焦点问题之一。本章基于"知情意行"计划行为理论和双认知加工理论，在"大众创业，万众创新"的背景下，从高校创业教育的改革视角出发，研究创业认知、创业意愿、高校创业教育认可感知与创业行为之间的关系。基于全国400多所高校的786份有效问卷数据，采用层级线性回归模型对假设进行检验，本章发现大学生创业认知正向影响其创业行为，创业意愿中介了二者之间的正向关系，高校创业教育认可感知加强了创业意愿和创业行为之间的正向关系。研究结果为大学生创业认知教育的研究提供了新的视角和框架，同时对高校创业教育的改革实践有一定的现实意义。

一、创业认知教育的背景

近年来，随着全球经济格局的调整、我国经济结构的进一步转型、大数据和智能化等信息化技术的飞速发展以及国家创业政策的改革，社会各阶层越来越多的人加入创业大军。"全球创业观察中国报告"显示，中国的创业活跃性已跃居世界前列，但创业质量不高，成功率比较低，高学历水平的创业者较少，并且这部分人群依然偏向于低技术行业。一项关注创业的大样本调查显示，64.9%的在校大学生有创业想法，而其中创业成功的人还不到20%，较大比例的创业项目依然亏损[83]。因此，空有热情而创业认知不足（对创业理论、方向、目标、风险、实施过程及持续性评价等的准确认知）是不足以实现创业成功的。个人创业能力的培养与提升对其成功创业及社会价值增长是至关重要的（Audretsch，2007）。因此，世界主要国家把创业者认知和发展能力培养与开发摆在优先位置[84]。

目前，中国大部分高校有意识地设置了"创业管理""创业就业指导"等课程来指引大学生的创新创业。以湖北省武汉市为例，有96%的高校开设了《创业管理学》课程，而且各级政府部门在"大众创业、万众创新"的引导下出台了一系列的优惠政策，但激励效果并不理想，如武汉市人社局创业指导中心数据显示，2016—2020年各类高校毕业生中，有创业意向的接近12%，真正自己创业的比例只有2%，与西方发达国家的情况形成鲜明对比，后者的毕业生自己创业的比例为20%~30%[85]。近年来，面对逐渐复杂的就业形势、成功创业者的示范和辐射效应以及一系列大学生创新创业优惠政策的推行，使大量青年学生投入创业大军。那么，什么样的大学生才会选择去创业？哪些因素会影响和促成大学生创业意愿？高校创业教育应该如何改革和创新来推动大学生创业意愿与创业行为的良性促成和可持续性发展，进而帮助大学生的创新创业成功走出学校、步入社会、参与市场、实现真正意义上的创业，仍是学术界、高校及相关部门关注的热点。

二、研究目标设计

（一）创业认知和创业行为

21世纪初，国外学者指出了创业认知对创业行为的影响作用。Mitchell等（2002）明确指出，创业认知是指企业家评估机会、评估创业的成长、判断并做出决策时所使用的知识结构[86]。Rab G.等（2005）在研究创业的过程中也发现创业认知对创业决策具有显著的影响作用。因此，国内目前很多高校专门设置《创业管理学》课程进行创业教育：主要为大学生创业者提供创业相关的理论知识，并通过创新创业竞赛、社会实践、企业实习、项目模拟等多样化的教育模式，帮助大学生创业者积累创业理论知识和实践经历，这对于大学生创业认知的提升是十分重要的[72]。因此，本章的第一个目的是探究创业认知对创业行为的影响。

（二）创业认知和创业意愿

国内外多数研究证明，创业意愿在个体实施创业行为的整个过程中起着重要作用[87]，"知情意行"作为心理学经典理论常常运用到大学生的德育实践工作中。而创业是一种典型的计划性行为，作为外生因素，高校创业教育一直在思考是否可以通过教授创业知识来丰富大学生对创业的自我认知，进而激发创业意愿，鼓励创业行为[88]。管理学泰斗彼得·德鲁克指出，创业能力完全可以经由系统的学习加以认知与掌握。当前，诸多研究亦显示创业教育在激发个体创业热情以及提升创业技能方面发挥着不容小觑的积极作用。国外学者Souitaris等（2007）基于实证调研，研究了创业教育对大学生创业态度[89]、创业意愿（Fayolle，Gailly and Kickul，2006）以及创业效能感（Peterman，2009）[90-91]等因素的正向影响。同时，中国学者李萍等（2010）认为，创业教育对学生创业意愿和创业动机的形成起到积极作用。向辉和雷家骕（2014）通过问卷调查，创业教育既能直接影响创业意愿，也能以创业态度为中间机制对创业意愿产生影响[92-93]。由此可见，高校创业教育实际上进行的是有关创业相关知识的认知教育，以期通过系统认知教育激发大学生的创业意愿，进而激发大学生的创业行为。因此，本章的另一个目的在于探究创业认知是否也遵循了"知情意行"这一心理学规律，即创业认知与创业意愿是否有正相关性。

（三）创业教育认可感知和创业意愿、创业行为

尽管创业意愿在大学生个体的创业全过程中扮演着重要的角色，但从影响创业意愿的前置因素来看，其不仅是由从高校创业教育中获取的创业认

知决定的，还有可能受个体主观态度、主观规范和感知行为控制的影响[94]。近年来，有研究发现创业教育对大学生创业能力影响作用不大，甚至会对创业意愿及其前因变量产生负面影响。例如，Oosterbeek等（2010）研究发现创业教育对创业倾向形成消极作用[95]。李萍等（2010）的研究发现，在创新能力、承担风险的能力、对成功的渴望三个方面，是否接受过创业教育的影响并无显著性差异，这与国外研究结论存在相似性[92]。总的来看，多年来学术界对创业意愿、创业认知、创业能力、创业教育和创业行为之间的联系展开了较多研究，但具体是怎样的正向或负向联系一直存在争议。作为高校教育的新板块，本章认为创业教育所采用的模式及相应的教育质量能对大学生创业认知能力产生影响，高校可以通过不断改善创业教育的学习模式及提升创业教育认可感知，使具有创业意愿的大学生的创业认知水平得以提升，进而有效开展创业行为，获得创业成功，即创业意愿、创业教育是大学生创业行为的内在和外在因素，而从创业教育中所获取的创业认知是激发创业意愿和实践创业行为的重要驱动要素。因此，本章的第三个目的是引入高校创业教育认可感知作为调节变量，探索其在当下全民创业热潮情境下是否会在大学生创业认知对其创业意愿、创业行为的影响过程中发挥效应。

三、研究测量设计

（一）研究假设

1.创业认知与创业行为

《大辞海·心理卷》将"认知"定义为个体认识和理解事物的心理过程，它也是一个人认识客观事物和获得知识的活动。同时，"行为"是指有机体对所处情境的所有反应的总和。生理心理学侧重于从激素和神经学角度研究身体行为的生理机制。认知心理学着重研究身体处理信息的心理机制[96]。综上所述，结合三元交互决定论，我们可以认为认知与行为之间存在天然的联系，即个体的特定行为实际上是外部环境、个体认知以及个体行为本身三者之间复杂交互的结果。这种三元交互机制不仅表现为三者各自对个体行为的直接影响，更体现在它们之间的相互关联和相互作用上。这种交互作用进而更深层次地揭示了个体的行为模式。因此，不能仅从单一维度去理解和解释个体的行为，而应全面考虑三元交互系统的综合影响。

创业认知作为创业能力的一种具体展现，源于创业学者对传统社会认知理论的深入探究与拓展。通过不断发展和完善创业认知理论，我们能够更深入地理解创业能力的内涵与外延，为创业行为实践提供更为坚实的理论支撑。对于创业行为而言，国内外学者对其定义一直没有达成共识，主要分为两类不同的观点：一是广义的角度，启动、生存、成长和发展新企业的整个过程就是创业行为；二是狭义的视角，创业行为只被看作一个过程，在这个过程中，创业者感知到了一个商业机会，整合了创业资源，并最终创造了一个企业[97]。综上所述，基于本书研究的主要对象，我们可以总结出大学生的创业行为，是指大学生个体或团体在其创业认知的基础上，为创立新企业提供创新产品或服务。综上所述，本章认为创业认知可以通过以下途径积极影响大学生个体的创业行为。

首先，创业认知是大学生创业教育的重要组成部分。与缺乏创业认知的个体相比，具备创业认知的个体在拥有相关知识后能够充分发挥其优势，并会站在长远的角度掌控创业情境，他们会以长远的眼光看待企业的状况，不断通过自身能力克服阻力与困难，直到取得成功完成目标，从而为主动实施创业行为和积极应对创业过程中的不确定性因素提供了动机基础[96]。

其次，创业是一种创新性的开拓行为，将创新思维转化为切实的创业成果，是一项既复杂又充满挑战的任务。需要创业者拥有系统、全面、深度的知识储备。较高的创业认知意味着更多的创业相关知识和信息储备，当个体获取知识和信息的储备与渠道越来越多，就能进一步加深对创业本身和自我认知的理解；同时，主动的创业认知可以为创业者赢得更多的学习和实践机会，丰富创业认知的多样化知识，做出更有利于创业的选择和决策，为提高创业成功率奠定知识和能力储备，从而更能激发个体的创业行为[98]。因而提出如下假设：

H1：创业认知与创业行为正相关。

2.创业意愿的中介作用

"知情意行"计划行为理论认为，创业者的创业意识水平和态度决定了他们在创业前的准备情况以及能否产生创业意愿。创业意愿是指创业者对创业想法充分理解和肯定后而付诸实际行动。高水平的创业意识指导着创业者的注意力和行为都集中在一个特定的目标上，并强化了这样的想法：创业的最初灵感只有通过企业家的意志才能实现。相反，低水平的创业认知会使潜在的创业者面对创业可能出现的诸多不确定性、未知的风险等产生迷茫、焦虑、自我否定，甚至是恐惧，从情感态度上倾向于否定和放弃创业，从而自我阻止甚至终止创业意愿的形成。追求高水平创业认知的创业者往往表现出高责任感、强亲和力的个体特征以及积极外向、努力表现的情感倾向，这些特征与倾向更能激发创业意愿和热情[99]。因此，提出假设：

H2：创业认知与创业意愿正相关。

依据"知情意行"计划行为理论，创业意愿实质上是创业者在创业历程中所体现的一种主观心理倾向。情感因素构成了创业者投身创业活动的心理基础，一旦创业者感知到创业的时机已然成熟，他们便会基于个人的认知体验、情感倾向等心理要素，将内在的创业意愿外化为实际行动。这一过程凸显了心理因素在创业行为转化中的关键作用，确保了创业活动的顺利进行。同时，对于创业者而言，创业意愿构成了其行动的核心驱动力，它不仅为初创企业注入了强大的精神力量，更激发了创业者对创业活动的坚定信念。通过投身于创业实践，创业者渴望实现自我价值，并期望以此证明自己的能力和追求。因此，创业意愿的存在，不仅为创业者提供了内在的动力支持，还赋予他们对创业成功的信心和期待。当创业者选择创业时，自身所具备的条件、掌握的资源、对创业的认知以及对风险的识别能力都对创业者产生了影响。当企业家开启创业活动时，在整个创业活动的过程中，他们能够明智地选择和使用各类有益资源。在创业意愿方面，自我认知和创业环境是不断变化的，这对其创业意愿会有影响或是引导，后续能帮助创业者实现其创业目标[100]。因此，提出以下假设：

H3：创业意愿与创业行为正相关。

成就目标理论为深入理解创业认知、创业行为与创业意愿之间的内在联系提供了新的理论框架。拥有高水平创业知识的企业家能够处理一系列信息，并在面对高度复杂和不确定的创业挑战时将其与某种程度的逻辑思维相结合，做出创业机会的快速判断，明确创业意愿的有效产生，从而形成对其有利的创业资源以及创业条件。一方面，他们在运用已掌握的创业认知分析创业机会、资源整合与挑战应对过程中，能够快速从目前有限或大部分无用的信息当中提取有效信息，进而对创业过程形成更加清晰的新认知，从而在"再认知"的基础上提炼创新点，再次提高自己的创业意愿，而增加的创业意愿往往也促进了创业行为[101]。另一方面，创业者学会对创业资源的有效整合和合理利用后，更容易获得自身成就感和满足感，从而进一步增加自我的创业意愿，创业意愿的增加也再次促进了个体的进阶化的创业行为[102]。

因此，结合H1及H2的论述提出以下假设：

H4：创业意愿中介了创业认知与创业行为之间的关系。

3. 高校创业教育认可感知的调节作用

创业教育的最早提出可以追溯到1947年由哈佛商学院Myles Mace教授开设的第一堂创业教育课程，此举标志着创业教育正式进入高等教育的体系中。而后创业教育在全球迅速发展，1995年联合国教科文组织全面发展创业教育的整体概念，即创业教育有两个组成部分：寻找工作和创造工作。从那以后，国内外教育学界和专家都对创业教育给予了极大的关注和思考，创业教育也开始逐渐在国内外高校中探索性地普及和发展[96]。

基于前人研究成果的思考和借鉴，创业教育可以定义为以在校大学生个体或团体为教育对象，形成以高校为主，以政府、社会、行业、企业、家庭为辅的教育主体，通过有计划、有步骤地指导受教育者进行有目的的自我创造性工作的系统化教育，包括基础教育、高等教育和继续教育。教育工作者拥有一套与就业、创业有关的知识、能力和品格，从而使他们能够自由地规划自己的事业。成熟时能够实现自我创业，为自身和他人创造机会，能够为我国经济发展做出自己的贡献的探索性创新思想和创业技能[96]。在高校学生中开展创业教育，既有很强的实践价值，也有一定的理论指导作用。同时，也可以进一步加深教育的本质和规律。创业教育是在社会、经济、文化等领域中培养学生的创造性思维，能满足实际需要，开发新的发展空间。近几年，我国以创业促进就业已经成为社会经济发展的一个重要目标。

基于计划行为理论的大量研究表明，创业教育在提升个体创业意愿方面发挥着显著作用。首先，创业教育通过传授基础创业知识激发大学生个体的创业意识，深化创业认知，进而激起创业意愿；其次，通过实践进行教育，如创新创业竞赛、社会实践体验、商业项目模拟等，能够提高大学生个体或团体的创业实操技能和个人成就感，进一步促使大学生对创业过程进行再认知，进而再次明确和强化自我的创业意愿[87]。基于创业教育的可教性理论（Drucker，1985），国内外学者指出创业教育能提升个体的创业行为。同时，根据相关研究，高校创业教育的质量和满意度可能会对大学生创业认知能力产生积极或负面的影响，只有不断提升高校创业教育的认可感知，才能促进具有创业意愿的大学生的创业认知水平的提升，有效激发正向创业意愿，从而促使其有效地开展创业行为，获取创业成功[103]。因此，本章认为高校创业教育认可感知会调节创业认知和创业意愿之间的关系，并提出以下假设：

H5a：创业教育认可感知会加强创业认知与创业意愿之间的正向关系，高校创业教育认可感知越高，创业认知与创业意愿的正向关系越强。

H5b：创业教育认可感知会加强创业认知与创业行为之间的正向关系，高校创业教育认可感知越高，创业认知与创业行为的正向关系越强。

本章的理论框架如下图4-1所示。

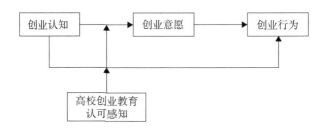

图4-1　本章的理论框架

（二）研究设计

1.研究样本

本章调查问卷全部由在校本科大学生填写，一共向全国各地近400多所高校发放1200份调查问卷，回收1088份，回收率为90.67%。删除填写选项前后矛盾与不完整的问卷302份，最后保留有效问卷786份。在786份调查问卷中，男性占比36.01%，女性占比63.99%，平均年龄20岁，大一至大四人数占比分别为30.66%、35.62%、21.25%、12.47%。高校所在区域占比分别为华南14.76%、西南8.78%、华北9.54%、东北3.44%、华东11.32%、华中48.47%、西北29%。专业种类从高到低为管理学、经济学、工学、理学、其他、文学、教育学、艺术学、法学、哲学和历史学。目前，创业状态为非创业者占95.93%，创业者占4.07%。家庭成员有创业经历的占比为32.06%，没有的占比为67.94%。未参加过创业比赛的占67.18%，参加过创业比赛的占25.7%，多次参加创业比赛的占7.12%。

2.变量测量

本章量表均采用已得到充分验证的国内外文献的成熟量表，并遵循李克特五点量表法予以测量，即5=十分同意，4=同意，3=不确定，2=不同意，1=十分不同意。

创业认知的测量则采用Mitchell等（2002）[20]开发的量表，一共有10个题目，如"我具备创业相关的人际和财富网络"，量表的Cronbach alpha系数为0.873。

创业行为的测量改编自余福茂与曾鸣（2010）[104]，宁德鹏（2017）[96]开发的量表，一共有5个题目，典型题目包括"我愿意花时间和精力为创业做准备""我已经搭建了创业所需的人际网络"等能直接反映创业效果的题目，量表的Cronbach alpha系数为0.877。

创业意愿的测量采用Linan等（2009）[105]开发的量表，一共有5个题目，如"我下决心要在未来创建一家公司"等，量表的Cronbach alpha系数为0.939。

高校创业教育的认可感知测量采用李静薇[106]开发的量表，一共有9个题目，如"我主动选修关于创业教育的课程并参加创业讲座"等，量表的Cronbach alpha系数为0.837。

本章将性别、年级、主修专业与学校所在区域列为控制变量。

四、数据分析与结果

（一）同源方差检验

本节采用Harman的单因子检测方法，在不旋转时得到的第一个主要成分所占的负荷为38.341%，小于40%，表明本章的通用方法的偏差现象所造成的影响在可接受的范围内。

（二）验证性因子分析

本节使用AMOS21.0软件来检验变量之间的区分效度，结果如表4-1所示。可知四因子模型相对于其他模型来说具有更好的模型拟合度：RMSEA为0.11；χ^2/df为10.99；其余检验指标TLI为0.88，CFI为0.91。结果表明本章变量之间的区别效度良好。

表4-1　CFA区分效度检验

模型	TLI	CFI	RMSEA	χ^2	df	p	χ^2/df	模型比较检验	
								χ^2差异	df差异
四因子模型 0（基准模型）	0.88	0.91	0.11	747.07	68	0	10.99		
三因子模型 1-xm	0.85	0.88	0.13	972.98	71	0	13.70	225.90***	3
三因子模型 2-my	0.81	0.85	0.14	1 207.96	71	0	17.01	460.88***	3
二因子模型 1-xy-mw	0.84	0.87	0.13	1 103.35	73	0	15.20	356.28***	5
二因子模型 2-xw-my	0.81	0.85	0.14	1 238.75	73	0	17.00	491.68***	5
单因子模型 6	0.7924	0.8312	0.1503	1 386.5882	74	0	18.7377	639.5137**	6

注：x、m、y、w分别指自变量、中介变量、因变量和调节变量，xw指将自变量与调节变量合成一个因子；xw、my指将x和w、m和y合成两个因子；*** $p < 0.001$（双尾检验）** $p < 0.05$。表4-1中p值均较为显著，表示问卷量表的效度处于显著可接受的范围。四因子模型：创业认知、创业意愿、创业行为、高校创业教育的认可感知。三因子模型：创业认知+创业意愿、创业行为、高校创业教育的认可感知。二因子模型：创业认知+创业意愿+创业行为、高校创业教育的认可感知。单因子模型：创业认知+创业意愿+创业行为+高校创业教育的认可感知。

（三）信度检验

本节借助的工具为SPSS24.0，对数据进行分析，如表4-2所示。0.70~0.80范围之间的信度系数是可以接受的，信度系数值在0.80以上是比较好的量表或问卷。数据显示，本章的四个变量的信度系数均大于0.8，信度系数良好。因此可以进行下一步相关性分析。

表4-2　信度结果表

变量	题号	Cronbach's a	题目数量（个）
创业认知	1～10	0.873	10
创业意愿	11～15	0.939	5
高校创业教育认可感知	21～31	0.837	11
创业行为	16～20	0.877	5

（四）变量的相关性分析

由表4-3、表4-4可知，创业认知与创业行为的相关系数为0.651，且是在0.01的显著性水平上。初步验证了H1，即创业认知与创业行为呈显著正相关关系。创业认知与创业意愿在0.01的显著性水平上的相关系数为0.585。初步验证了H2，即创业认知与创业意愿呈显著正相关关系。创业意愿与创业行为的相关系数为0.737，也在0.01的显著性水平上。初步验证了H3，即创业意愿与创业行为呈显著正相关关系。

表4-3　描述统计

	平均值	标准差	个案数
性别	1.64	0.480	786
年级	2.16	0.997	786
学校所在区域	4.48	1.983	786
主修专业类别	6.93	3.015	786
创业认知	2.827 1	0.634 16	786
创业意愿	2.885 5	0.949 27	786
高校创业教育的认可感知	3.017 3	0.692 38	786
创业行为	2.558 5	0.788 81	786

表4-4　相关系数

		性别	年级	学校所在区域	主修专业类别	创业认知	创业意愿	高校创业教育的认可感知	创业行为
性别	皮尔逊相关性	1	-0.117**	0.144**	-0.116**	-0.182**	-0.248**	-0.173**	-0.203**
	显著性（双尾）		0.001	0.000	0.001	0.000	0.000	0.000	0.000
	个案数	786	786	786	786	786	786	786	786
年级	皮尔逊相关性	-0.117**	1	-0.170**	-0.048	-0.015	-0.027	0.020	0.019
	显著性（双尾）	0.001		0.000	0.178	0.680	0.442	0.577	0.597
	个案数	786	786	786	786	786	786	786	786
学校所在区域	皮尔逊相关性	0.144**	-0.170**	1	0.022	-0.047	-0.063	-0.133**	-0.064
	显著性（双尾）	0.000	0.000		0.534	0.185	0.075	0.000	0.073
	个案数	786	786	786	786	786	786	786	786

续　表

		性别	年级	学校所在区域	主修专业类别	创业认知	创业意愿	高校创业教育的认可感知	创业行为
主修专业类别	皮尔逊相关性	-0.116**	-0.048	0.022	1	0.041	0.083*	0.012	0.037
	显著性（双尾）	0.001	0.178	0.534		0.255	0.019	0.747	0.298
	个案数	786	786	786	786	786	786	786	786
创业认知	皮尔逊相关性	-0.182**	-0.015	-0.047	0.041	1	0.585**	0.566**	0.651**
	显著性（双尾）	0.000	0.680	0.185	0.255		0.000	0.000	0.000
	个案数	786	786	786	786	786	786	786	786
创业意愿	皮尔逊相关性	-0.248**	-0.027	-0.063	0.083*	0.585**	1	0.533**	0.737**
	显著性（双尾）	0.000	0.442	0.075	0.019	0.000		0.000	0.000
	个案数	786	786	786	786	786	786	786	786
高校创业业教育的认可感知	皮尔逊相关性	-0.173**	0.020	-0.133**	0.012	0.566**	0.533**	1	0.617**
	显著性（双尾）	0.000	0.577	0.000	0.747	0.000	0.000		0.000
	个案数	786	786	786	786	786	786	786	786
创业行为	皮尔逊相关性	-0.203**	0.019	-0.064	0.037	0.651**	0.737**	0.617**	1
	显著性（双尾）	0.000	0.597	0.073	0.298	0.000	0.000	0.000	
	个案数	786	786	786	786	786	786	786	786

注：** 在 0.01 级别（双尾），相关性显著。

* 在 0.05 级别（双尾），相关性显著。

（五）假设检验

本节运用层级线性回归模型进行了检验分析，所得检验结果已详细列示于表4-5之中。

表4-5　假设检验结果

变量类别		创业行为	创业行为	创业行为	创业行为	创业意愿	创业意愿
		M1	**M2**	**M3**	**M4**	**M5**	**M6**
控制变量	性别	−0.083***	−0.005	−0.283***	−0.057**	−0.083***	−0.005
	年级	0.015	0.036	0.015	0.016	0.015	0.036
	所在地	−0.019	−0.006	−0.019	0.011	−0.019	−0.006
	主修专业	0.003	−0.020	0.003	0.009	0.003	−0.020
自变量	创业认知	0.635***	0.333***	0.635***	0.263***	0.635***	0.333***
中介变量	创业意愿		0.543***	0.543***			
调节变量	创业教育认可感知				0.189**		
交互相	创业认知*创业教育认可感知				0.312**	0.067	
参数	Observations	786	786	786	786	786	786
	R−squared	0.432	0.618	0.432	0.522	0.366	0.421
	Adj_r^2	0.428	0.616	0.428	0.517	0.362	0.416
	F 值	118.455	381.592	118.455	73.337	90.089	37.089

注：t-statistics in parentheses。

*** $p<0.01$，** $p<0.05$，* $p<0.1$。

首先检验创业认知对创业行为的直接效应，具体操作是先将控制变量放进回归模型，接着放入创业认知。统计检验结果表明，创业认知对创业行为具有显著的正向影响（M1，$\beta=0.635$，$p<0.01$），即H1得到支持。

其次检验创业意愿的中介效应。由表4-5可知，创业认知和创业意愿显著正相关（M5，$\beta=0.635$，$p<0.01$），创业意愿与创业行为显著正相关（M2，$\beta=0.543$，$p<0.001$），H2和H3得到验证。接着将创业认知与创业意愿同时放入回归模型，创业意愿与创业行为依然显著正相关（M3，$\beta=0.543$，$p<0.001$）；同时，在加入创业意愿这一变量后，创业认知对创业行为的影响作用由原来的0.635降低为0.333（M2，$\beta=0.333$，$p<0.01$），由此可知，创业意愿在创业认知与创业行为之间扮演着部分中介的作用，因此H4得到验证。

　　最后检验高校创业教育认可感知在创业认知与创业意愿、创业行为之间的调节效应。在分析之前，需要对自变量和调节变量进行中心化处理，再将表中M1作为控制变量放入第一层，创业认知放入第二层，结果变量为创业行为。M1的结果表明创业行为能够被创业认知显著正向影响，H1进一步得到验证。接着将M5作为控制变量放入第一层，将创业认知变量放入第二层，将创业认知、高校创业教育认可感知以及调节效应项放入第三层。由结果可知，创业认知和创业教育认可感知在创业意愿之间交互作用是不显著的（M5，$\beta=0.067$，$p>0.05$），说明高校创业教育认可感知在创业认知与创业意愿二者关系中未起到调节作用。因此，H5a未得到验证。结果和本章的理论预期不一致，即创业教育认可感知不一定能加强创业认知和创业意愿的正向关系。基于计划行为理论的实证研究表明，创业教育可以通过传授基础创业知识，开展实践教学，提高创业认知，加强创业意愿；但是学生的创业意愿并不是仅由创业教育决定的，不同个体在性别、家庭、教育、专业等背景特征的差异化也会对创业意愿产生影响。此外，基于创业事件模型的实证研究也表明，由于对创业意愿相关的前因变量，如主观规范、合意性和可行性感知的预测能力比较弱且实际操作中难以精确测量[87]，因此，在复杂的现实情况下，个人对创业教育的认可感知并不总是达到适当的水平，创业教育对创业认知和创业意愿的具体差异也需要进一步探索。

　　依照上述方法检验高校创业教育认可感知对创业认知和创业行为关系的调节作用。表中将M1作为控制变量放入第一层，创业认知放入第二层，结果变量为创业行为。结果表明，创业行为能够被创业认知显著正向预测，H1进一步得到验证。最后将M2作为控制变量放入第一层，创业认知变量放入第二层，创业认知、高校创业教育认可感知以及调节效应项放入第三层。由结果可知，二者的交互项对创业行为的影响也是显著的（M4，$\beta=0.312$，$p<0.05$）。因此可得出，高校创业教育认可感知在创业认知与创业行为二者关系中扮演着正向调节作用，H5b得到了验证，即大学生对高校创业教育认可感知的程度越高，就越能促进大学生将创业认知转化为实际的创业行为。

五、主要结论与建议

（一）主要结论

本章基于"知情意行"计划行为理论和双认知加工理论，在"大众创业、万众创新"的背景下，从高校创业教育的改革视角研究了大学生创业认知、大学生创业意愿、高校创业教育认可感知与大学生创业行为之间的关系，结果表明：（1）大学生的创业认知能显著影响其创业行为；（2）大学生的创业认知能够显著影响其创业意愿；（3）大学生的创业意愿和创业行为表现出显著的正相关关系；（4）大学生的创业意愿部分中介了其创业认知和创业行为之间的正相关关系；（5）尽管高校创业教育的认可感知并未在大学生创业认知与创业意愿之间展现出显著的正向调节作用，但是在大学生创业意愿转化为实际创业行为的过程中，这种认可感知发挥了显著的正向调节效应，即高质量的创业认知教育可以激发大学生进一步的创业行为。因此，如何进行现有高校创业认知教育的改革和创新以激发大学生创业意愿—创业行为的积极正向影响为高校创业教育改革所要关注的重点。

（二）理论贡献

首先，突破以往创业教育研究聚焦于普遍的大学生创业行为的局限，更加关注创业认知教育对大学生个体人格和特质对其感知行为控制的变化影响。本章基于个体"知—情—意—行"的计划行为逻辑，研究了创业认知与其创业行为的关系，回应了Fayolle、Peterman和Kennedy以及张秀娥等学者的前期研究结论：创业教育可能对大学生创业积极性影响作用不大，个别情况下会对创业意愿及其前因变量没有影响甚至产生负面消极影响。

其次，结合中国近年来"大众创业、万众创新"的新趋势，从高校创业教育改革的具体内容和模式的视角进行研究，将高校创业教育认可感知整合到大学生创业认知与其创业行为的研究框架中，对既往基于计划行为理论、自我效能理论或创业事件模型理论做了补充和整合，即通过揭示创业认知发挥作用的边界条件，拓宽了大学生创业行为的研究视角。既往的理论和实证研究表明，如果一个高校提供了创业认知和实践支持，大学生选择创业的可能性会大幅增加，然而，这些研究忽略了创业教育受众者——大学生自身的个体特征、创业可行性的感知、合适性的认知以及对现有创业教育的认可度。本章结果表明，大学生的创业行为受自我创业认知和个体的创业意愿及高校创业教育认可感知的综合影响，论证了高校创业教育认可感知是大学生创业认知对其创业行为发生积极效应的重要边界条件。

最后，本章发现创业意愿作为个体行为前要素中介了大学生的创业认知和其创业行为的关系。一方面，大学生的创业认知对其创业意愿具有显著的促进作用，能够有效激发其自我效能。同时，随着创业意愿的增强，大学生的创业行为也得到了进一步推动。另一方面，需要特别注意的是，大学生的创业意愿并不全为高校创业认知教育所决定，对于创业，个体的刻板印象、固有态度、主观规范、感知行为也会影响个体的创业意愿[87]，即高校创业教育认可感知不一定会对大学生个体的创业意愿起完全显著的正向作用，接受了高校创业教育的大学生个体的创业意愿也有可能出现降低。

（三）研究启示

在高校创业教育中，创业认知、创业意愿和创业行为有着天然的联系，创业知识和经验的不断积累可以逐渐转化为创业实践能力。但是，创业意愿具有内生性和外生性，包括独立、挑战、成就、权利、财富、兴趣、习惯、效能、家庭、教育和社会认可等各方面的认知对个体产生差异化的影响[87]。同时，影响创业认知的因素也比较复杂，高校创业教育仅是影响创业认知的一个因素，可能存在其他因素的影响，使高校创业教育的认可感知不一定能进一步加强创业认知与创业意愿二者的正向关系；但是，高认可度的高校创业教育感知能显著促进大学生的创业行为。因此，如何进行现有高校创业教育模式的改革和创新来激发大学生创业认知对创业意愿—创业行为的积极正向影响是下一步研究的重点。

（四）研究局限性

本章采用大学生个体自我评估来测量学生对创业认知和高校创业教育认可度，尽管常规心理逻辑中普遍认为"自己是最了解自己的"[92]，但实际中仍不可避免地存在社会称许性偏误和共同方法偏误的问题。为了提升评估的可靠性，未来研究可考虑采用自评与他评相结合的综合评估方法，以期获得更全面和准确的评估结果。

创业认知研究涵盖了诸多变量与维度，本章仅聚焦于创业准备认知和创业能力认知两个层面，以探讨它们对创业意愿和创业行为的影响。这种局限可能使研究结论不够全面。作为重要的前置因素，高校创业教育在提升创业认知对创业意愿和创业行为的积极作用方面，仍有待深入挖掘。未来研究需进一步拓展维度，全面分析创业认知的多元构成及其对创业意愿和行为的综合影响，从而更好地理解创业过程并优化创业教育实践。同时，对于潜在创业者的创业认知的培养和追踪本章还欠缺。

第五章

大学生创业者背景特征、科技创新导向创业与经营绩效

【章节概要】

以智能化作为主导的第四次工业革命已经全力展开，随着各种快速涌现的技术，正在引领各个领域实现创新突破和跃进式发展。当前，全球范围内科技创新与创业的目光正集中在新药研发、未来计算、人造生命、人工智能以及基因组编辑与大脑—意识—人工智能融合五大核心领域。在这些领域的深度挖掘中，已经发现了多达50个前沿交叉研究领域，这些领域融合了多个学科的知识与技术，为未来的科技发展和创新提供了广阔的空间与无限的可能。科技创新作为这次转型的核心驱动力，其重要性明显且不可或缺。准确捕捉全球科技发展的趋向，并在领先领域快速布局，对抢占创新竞争的制高点极为关键。在这场变革的大背景下，越来越多的大学生加入创新创业热潮之中，他们的初创企业也是以科技创新导向为风向标的。这种类型的企业作为经济社会发展不可或缺的一部分，对社会经济的贡献不容小觑，而作为企业决策与发展方向制定的灵魂人物，大学生创业者对社会经济的发展有着间接促进作用。本章在国泰安数据库选取2017—2019年科技创新导向的67家高新技术企业上市公司作为研究对象，得出以下结论：大学生创业者年龄、学历背景与专业背景对科技创新导向有显著影响；科技创新导向中转化能力、管理能力以及成长能力对企业经营绩效有显著影响，同时对大学生创业背景特征及企业经营绩效之间具有调节作用。这一研究结论一方面有助于丰富科技创新的理论，发展大学生创业相关研究，另一方面对大学生创新创业活动具有借鉴与指导意义。

一、科技创新导向与公司创业的理论分析

科学技术是第一生产力，在促进国家经济发展、推动社会进步和维护国家安全中发挥着不可或缺的作用，当今的国际竞争主要体现为科技创新能力的竞争[107]。当今世界正经历百年未有之大变局，全球政治、经济格局加速重构与演变，科技创新是百年未有大变局的关键变量[108]。创新对于每个国家、每个民族来说都是其持续发展的动力源泉，同时也是企业保持核心竞争力的重要法宝[109]。自21世纪以来，全球的科技创新领域开创了一段前所未见的繁荣盛景和活跃氛围，新的科技风潮和产业转型正在深刻影响世界创新格局、重塑世界经济结构[110]。全球创新风潮以惊人的速率、深度和规模对每个国家的经济增长和民众的福祉产生决定性的效果[107]。

近年来，随着社会经济的快速发展，企业间竞争程度日益加深，许多企业为了确保自己在市场竞争中有一席之位，不遗余力地去填补市场空白甚至去创造新的消费需求，在这个过程中，这些公司逐步以科技创新为引力，构造了新的竞争优势，科技创新导向成为21世纪经济发展的内生动力，对社会经济发展、行业变革以及企业可持续发展都有着非常重要的影响[111]。在当前全球化背景下，创新对于各国的发展而言具有不可或缺的关键作用，其重要性具体表现在，创新不仅能为国家筑起抵御经济风险的坚实屏障，更是推动国家经济持续健康发展的核心动力[112]。同时，国家"十四五"规划明确指出，中国正由数量扩张阶段迈向质量提升的新阶段，要实现高水平发展目标，必须着重从"效率提升"与"和谐发展"两个维度着手，在提升效率的过程中，科技发展的重要性尤为凸显，进一步涵盖数字中国建设和科技创新两大关键领域。中国需始终将创新置于发展的核心地位，以此助推科技强国建设目标的快速实现。

（一）熊彼特创新理论

目前，学术界公认的首位对"创新"概念进行明确概括的学者是熊彼特

（1912），他的理论为后来的创新研究奠定了坚实的基础。熊彼特创新理论的核心在于构建新颖的生产条件和要素组合，并将其引入生产函数中，以此推动经济增长和产业发展。这一理论不仅深化了对创新本质的理解，也为后续的创新研究提供了重要的理论框架。在熊彼特创新理论的影响下，创新概念逐渐呈现多样化的特征，并分化为科技创新和制度创新两大方向。其中，科技创新逐渐成为创新研究的主导概念，其在现代经济发展中的地位日益凸显。科技创新的杰出体现之一便是柯布道格拉斯生产函数的应用，这一函数由 Griliches（1979，1990）[113-114] 和 Jaffe（1989）[115] 等学者构建并发展。通过这一函数，能够更准确地量化科技创新对经济增长的贡献，进而揭示科技创新在经济发展中的重要作用。此外，Hitt M. A.、Hoskisson 和 Kim（1997）等学者的研究进一步强调了企业创新能力与经营绩效之间的紧密关系，他们指出，企业的创新能力不仅是其核心竞争力的体现，更是影响企业经营绩效的关键因素[116]。因此，注重创新、提升创新能力成为企业实现可持续发展的重要途径。同时，在科技创新的研究中，中国学者也做出了重要贡献。傅家骥（1998）[117] 等学者强调了企业在创新活动中的主体地位，认为科技创新应结合企业的实际情况和需求进行理解与推进。这种观点对指导中国科技创新实践具有重要意义。

此外，熊彼特还在其创新理论中提出将科技创新与创业活动紧密结合。他认为创业者通过运用科技创新和生产要素的"新组合"能够推动旧产业的淘汰及新产业的崛起[118]。这一观点揭示了创业活动在推动科技创新和经济发展中的重要作用。而后彼得·德鲁克则从创业者的角度对创新进行了深入剖析，他认为创业者是创造新颖、与众不同事物的主体，而创新精神则是创业者必备的素质[117]。这一观点有助于我们更好地理解创业者在推动创新中的作用和价值。

对比国外相关研究，中国虽然对科技创新的研究起步较晚，但国内学者在借鉴国外研究成果的基础上，结合国内实际情况进行了深入探讨。他们将科技创新分解为科学创新和技术创新两个方面，并在此基础上增加了符合国内生产发展需求的创新内容[119]。这些研究不仅丰富了中国科技创新的理论体系，也为指导中国科技创新实践提供了重要依据。近年来，国内学者还对科技创新的基础进行了深入探讨。他们认识到企业管理上的创新能够为科学创新和技术创新提供稳定良好的内部环境基础。这种环境基础有助于加快科技创新的步伐、增大科技创新的成果。因此，加强企业管理创新、优化企业内部环境成为推动科技创新的重要手段。在科技创新的测度方面，张亚峰（2018）等学者指出专利授权量是质量好且被广泛认可的测量指标[120]。因此，通过专利授权量来衡量科技创新水平具有一定的科学性和合理性。这也为本章选择专利授权量作为科技创新指标提供了依据。

综上所述，通过对熊彼特创新理论的回顾和梳理，可以发现创新在经济发展中的重要地位和作用。同时，随着科技创新的不断深入和发展，我们需要进一步加强对其理论基础和实践应用的探讨与研究。这将有助于更好地理解创新的本质和规律，为推动中国科技创新和经济发展提供有力的理论支撑和实践指导。

（二）科技型企业与大学生创业导向

科技型创业企业是科技型企业与创业企业两大概念的有机融合，特指那些成立年限不超过8年，正处于创业初期或成长早期阶段的企业实体。这些企业不仅拥有较高比例的科技型人才，而且其产品或服务蕴含丰富的知识和技术含量，展现出鲜明的创新特质。作为推动国家创新能力提升的重要力量，科技型创业企业的发展问题一直备受社会各界的广泛关注，并在引领中国经济由外力驱动向内生增长转变和提升国家竞争力的过程中发挥着举足轻重的作用[121]。相较于其他类型的企业，科技型创业企业因其初创、小微等特性而呈现诸多独特性，如它们更加专注于发掘和深耕利基市场，注重企业的可持续成长和长远的盈利能力。然而，由于创新性和技术含量较高，这些企业也更容易成为市场模仿的对象，面临着更为严峻的市场竞争压力[121]。尽管如此，科技驱动的创业公司凭借其先进的技术优势，在激烈的市场竞争中仍能够脱颖而出。马连福等（2016）的研究进一步指出，科技创新投入和技术创新能力的提升，对科技型创业企业的长远发展具有至关重要的意义[122]。不仅有助于企业在市场竞争中占据有利地位，更能推动企业不断突破技术瓶颈，实现产品和服务的持续创新，不仅为中国现阶段的经济增长提供了有力支撑，更为未来经济的可持续发展注入了新的活力。

大学生科技人才作为推动国家发展与民族进步的核心力量（Alharafsheh M. et al.，2021），其创新创业的意愿对科研成果的产出、企业经营绩效的提升以及科技强国的建设均具备不可忽视的重要意义[123]。在推动科技创新创业的过程中，大学生群体扮演着至关重要的角色，是实现"大众创业、万众创新"国家战略的重要支柱[124]。此外，背景特征对大学生创新创业企业的成长也起着举足轻重的作用。深入研究大学生创业者背景特征、科技创新导向与企业经营绩效之间的内在联系，将有助于更好地推动科技创新的深入发展。同时，明确这三者之间的相互作用，不仅有助于大学生创业者及职工明确科技创新导向，更能在战略选择中做出明智的决策，进而创造出卓越的经营绩效，为经济社会的可持续发展贡献力量。

近年来，科技创新导向作为当代公司创业的研究新热点，其理论及实证探究尚处于不断探索的阶段。尽管众多文献已探讨了科技创新导向与企业经营绩效之间的关系，但鲜有研究将大学生创业者背景特征作为关键变量纳入其中进行综合分析。国内外学者已普遍认同，创新投入对提升企业创新能力和绩效具有积极效应[125]。然而，过往的科技创新研究多聚焦于创新投入层面[126]，而对科技创新形成机制的深入探讨相对匮乏。同样，在经营绩效研究领域，Franco等（2019）指出多数研究侧重于管理者背景特征对企业绩效的影响[127]，对大学生创业者背景特征的内在作用机制尚待深入剖析。

本章致力于深入剖析科技创新导向的理论内核，并探讨其在企业可持续发展中的动态作用机制。在明确科技创新及科技创新导向相关理论的基础上，以中国高新技术上市公司为研究样本，旨在验证大学生创业者背景特征、科技创新导向与企业经营绩效之间的关联。具体而言，本章试图解答以下问题：具备何种背景特征的大学生创业者更有可能成为科技创新的引领者？大学生创业者的背景特征是否有助于提升经营绩效？以及经营绩效是否受到以开发能力、转化能力、管理能力及成长能力为核心的科技创新导向的正向推动？

二、实证研究的理论基础与假设

（一）理论基础

1.高阶梯队理论

高阶梯队理论最初由 Hambrick 和 Mason 于1984年提出，其初衷在于纠正战略决策理论中过度强调企业高层管理者完全理性的观点。因为管理者在面临复杂多变的企业内外环境时，难以全面掌控和准确预测所有信息，因而往往依赖个人经验和主观认知来分析与判断问题，进而做出决策。所以该理论强调了管理者的心理特质，如认知水平、价值取向等因素，在企业战略决策与选择过程中发挥着举足轻重的作用。同时，高阶梯队理论进一步指出，管理者的经验和认知差异可以通过一系列人口统计学特征来反映和区分，如年龄、性别、教育背景、任期长短、专业技能及工作经历等。

综上所述，高阶梯队理论总体上包含两大核心观点：一是即便面临相同的组织环境和战略信息，不同高管在决策制定和信息解读方面仍会表现出显著的差异；二是这些差异主要源于高管个人的价值观、过往经历、认知结构以及独特个性。相较于传统理论，高阶梯队理论的优势在于它突破了"理性人"的假设，将更为贴近现实的假设引入高管研究范畴。它承认企业高管在信息获取和处理能力上的局限性，并强调高管在偏好、专长等方面的个体差异。因此，在相同的环境下，不同高管往往会做出各具特色的决策。这一观点在国内外众多研究中得到了验证，积累了丰富的实证支持。

在高阶梯队理论的框架下，企业高层扮演着决策与管理成果的核心角色。

前期决策准备、信息收集与整合等关键环节，均由高层人员主导完成[129]。在这些高层人员中，企业家无疑占据领导与主导地位。对于大学生的创业企业而言，大学生创业者同样扮演着至关重要的角色。他们的思维对创业企业的战略决策具有显著的支配作用，企业经营绩效的优劣在很大程度上可归因于大学生创业者的贡献。不同的大学生创业者拥有不同的背景特征，如年龄、性别、专业领域、学历等，这些差异塑造了他们独特的知识结构和经营理念。在决策过程中，他们倾向于分享自己偏好的发展方向，对符合自身理念的项目给予积极支持，并在企业中推广自己的管理思想。因此，即使面对相同的经营环境，不同的大学生创业者也会因理念与策略的差异而呈现不同的经营绩效[130]。这种差异不仅体现了创业者个人的特质，也反映了高阶梯队理论在大学生创业企业中的实际应用。

2.社会认知理论

首先，社会认知理论以人类活动由个人行为、个人认知和其他个人特性、个人的环境背景三大元素共同作用决定为其核心观点。这三大元素间的互动并非总会同时进行，其影响程度也会有所差异。此外，他们对彼此的影响也不会即刻显现。随着时间的演进，个体因素间的双向作用逐渐显现，凸显出人与环境之间深刻的相互影响。基于这一理论视角，人不仅是环境的塑造者，也是环境作用的产物。Bandura（1989）指出，环境不仅触发行为后果，而行为本身也具备塑造环境的能力，这称为"交互决定论"[131]。在其后续的理论构建中，Bandura（1990，1997）[132-133]进一步将个体的心理与认知过程作为第三个核心要素纳入考虑，由此形成了一个由环境、行为以及个体心理与认知过程共同构成的综合性分析框架，用以揭示人类活动的多元决定因素。同时，社会认知理论在组织管理领域具有显著的相关性，具体体现在以下三个方面：一是它阐释了人们如何通过模仿与学习，不断发展在认知、社会以及行为层面的胜任力；二是它揭示了人们如何构建自身能力的信念体系，进而有效利用其掌握的知识与技能；三是它探讨了人们如何通过设定目标系统来激发和调节个体动机，推动个人成长与发展。这些观点不仅深化了对组织与个体互动关系的理解，也为组织管理实践提供了有力的理论支撑和行动指导。

其次，根据社会认知理论，人们在所处的环境中并非仅是旁观者，而是积极参与并塑造自身经历的能动者。人格能动性的关键特性主要体现在意向性、前瞻性、自我反应与自我反思四个方面。个体通过观察他人的行为，能够实现间接学习，这一观点已为Bandura（1997）[133]、Wood和Bandura（1989）[134]等所证实。观察学习这一过程涉及注意、留存、复现和动机四个核心环节，这些环节共同构成了个体从外界获取信息并转化为自身行为模式的重要路径[132]。

最后，社会认知理论同样突出了个体的自我导向与自我激励能力。人们倾向于自我引导，通过设定内部绩效标准，监控自身行为，并自我奖励以维持持续的努力和目标的达成。社会认知理论着重研究人们如何掌控自己的生活，并强调个体在自我成长、调整与更新过程中扮演着积极的变革推动者角色。具体到大学生创业者的情境，他们的自我效能感对其个体的动机与绩效水平具有显著影响。这种自我效能感促使他们积极运用自身资源、权力、影响力及专业技能，不仅提升个人行为效能，也促进集体绩效的整体提升[135]。

（二）研究假设

1.大学生创业者背景特征与科技创新导向

在大学生创业企业中，科技创新导向作为一种显著的行为态势，其核心在于创业者的行动与决策。这些企业的管理活动往往由大学生创业者主导，因此他们成为推动科技创新导向的关键因素。而大学生创业者的背景特征，Franco M.和 Prata M.指出对其行为产生会深远影响[136]。此外，还有研究显示，拥有技术专业背景的大学生创业者倾向于加大研发投入力度[137]。同时，具备相关专业知识的大学生创业者更可能率先涉足专业领域市场，从而获得先动优势[138]。此外，部分大学生创业者因个人特质及经历，积极承担社会责任，进而引领企业转型，助力经济高质量发展[139]。这些背景特征对大学生创业者行为的影响，在既往研究中得到了广泛探讨。因此，本章提出以下假设：

H1：大学生创业者性别对科技创新导向有显著影响。

H2：大学生创业者年龄对科技创新导向有显著影响。

H3：大学生创业者学历对科技创新导向有显著影响。

H4：大学生创业者专业背景对科技创新导向有显著影响。

2.大学生创业者背景特征与经营绩效

通常来说，大学生创业者既是企业的所有者也是企业的经营者，即便作为经营者，其背后也有所有者对他的支持，因此，大学生创业者的态度在很大程度上代表了企业所有者，其所做的决策在大学生创业企业内地位超然，有很大的权威性[140]。而大学生创业者在战略决策过程中，是根据其掌握的信息与资源，结合自身知识结构及经营理念且多方面考量，最后才定下决策方案的[141]。值得一提的是，即便大学生创业者所处的经营环境是一样的，包括掌握相同的信息与资源，不同的大学生创业者最后做出的决策往往并不一样，从而影响经营绩效[142]。这背后与大学生创业者自身对环境的思考与资源信息的整合思维有关，而这些思考与思维方式，往往又与大学生创业者的背景特征有关，因此说大学生创业者的背景特征与企业经营绩效有着莫大的关系[143]。大学生创业者背景特征或多或少地为大学生创业者决策过程提供一定的依据及知识基础，如管理类背景大学生创业者在决策中更喜欢兼顾大局，完善制度，而技术理工类背景思考更多的是决策中技术的可实现性[130]。因此，本章认为大学生创业者背景特征很容易对企业的经营绩效产生影响，本章提出以下假设：

H5：大学生创业者性别对企业经营绩效有显著影响。

H6：大学生创业者年龄对企业经营绩效有显著影响。

H7：大学生创业者学历对企业经营绩效有显著影响。

H8：大学生创业者专业背景对企业经营绩效有显著影响。

3.科技创新导向与企业经营绩效

当前，关于科技创新导向与经营绩效关系的研究文献颇为丰富。Shen Huayu等学者指出，科技创新导向主要涵盖开发能力、转化能力、成长能力及管理能力四个维度，众多学者普遍认为这四个维度对经营绩效具有正向的推动作用[144]。例如，企业的知识产权积累、研发投入强度、可持续发展战略以及成本控制能力，均被证实对经营绩效具有显著的正向效应[126, 145]。随着时代的进步，经济发展模式正朝着高质量方向转变，社会普遍强调科技作为第一生产力、创新作为第一动力的重要性[146]。这一转变将科技创新的战略地位提升到前所未有的高度。在当前经济转型升级的大背景下，科技创新成为企业生存与发展的关键所在。一系列实证研究也进一步验证了科技创新导向与经营绩效之间存在内在的紧密联系。因此，科技创新导向对企业经营绩效的积极影响不容忽视，其在推动企业持续成长和提升市场竞争力方面发挥着举足轻重的作用。本章据此提出以下假设：

H9：开发能力对企业经营绩效有显著影响。

H10：转化能力对企业经营绩效有显著影响。

H11：成长能力对企业经营绩效有显著影响。

H12：管理能力对企业经营绩效有显著影响。

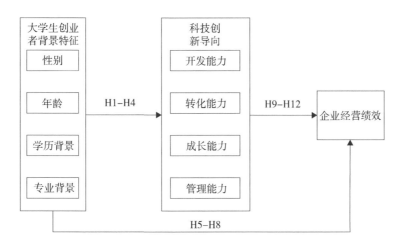

图5-1　研究思路

三、实证研究数据、变量测量及模型设计

（一）样本选择及数据来源

本章主要研究的是大学生创业者背景特征、科技创新导向与企业经营绩效的关系，考虑科技创新导向企业有其在技术创新、研发投入等方面的独特性，这里将借鉴一些已有研究的做法，运用高新技术企业的数据作为研究对象。一方面，为了保持数据方面的丰富及便利性，本章将所调研的企业限定为中国上市企业；另一方面，由于疫情对企业财务数据影响比较大，本章将研究时间跨度定为疫情前3年，使得研究结果在本土上有一定的借鉴参考性，在客观及真实性方面也有一定的保障。本章选取东方财富网和国泰安数据库统计数据，依据年龄和学历将大学生创业者的范围划分为18～30岁且学历在高中以上的创业者，符合此条件的高新技术企业上市公司共有67家，本章选择这67家公司作为研究对象，考察时间跨度为2017—2019年（3年一般是初创企业的重要观察期间），从而使样本数扩充至201个，研究其各年度指标情况。

本章所需的大学生创业者背景特征数据、企业经营绩效指标数据均来自东方财富网和国泰安数据库，并通过公司2017—2019年年度报告、新浪财经网、百度搜索工具对大学生创业者背景特征及经营绩效不完整情况进行补充。此外，科技创新导向是企业的一种行动态势，无法用单一的年报数据表示，因此采用的是内容分析法，首先通读公司相关数据，然后对相关指标进行分类计算，最后讨论分析，保证指标的规范及客观性。本章所有变量数据首先通过Excel2010进行录入与整理，其次用Stata17.0进行相关统计分析。模型要考察的大学生创业者背景特征统计学信息、企业经营绩效在公司年报中均有体现。而对于科技创新导向的四个维度，均可以通过国泰安数据库直接获取，确保结果客观可信。

（二）变量解释

1.企业经营绩效（Y）

企业经营绩效指的是企业经过一段时间的经营活动之后产生的财务及经营成果。其通常可以表述企业一段时间内运营能力、资产水平及后续发展能力。以往研究选取上市公司营业收入、加权净资产收益率、总资产收益率来表示企业盈利的能力，由于大学生科技型创业企业风险较大，总资产收益率排除了杠杆的影响，比其他两个指标稳定性更强，因此本章采用总资产收益率（Y）来评价经营绩效。

2.大学生创业者背景特征（X）

因为研究中并不能全面收集大学生创业者背景所有信息，大学生创业者背景特征方面研究成果已经有多年发展，其中人口统计学信息被证明是可以反映大学生创业者背景特征的[147]，因此在研究领域颇受推崇。本章采用的是以性别（$X1$）、年龄（$X2$）、学历背景（$X3$）、专业背景（$X4$）四个指标来衡量大学生创业者的背景特征，认为这四个指标在一定程度上影响了大学生创业者的知识积累及判断，从而影响大学生创业者进行相关战略决策，所有数据来源于年报及其他互联网信息。

其中，年龄采用绝对数值法记录；在性别上给予赋值，男性为1，女性为0；在专业背景方面，按照相关研究结果对专业进行划分，分为5大类，理工（1）、医药（2）、经管（3）、文法（4）、其他（5），这五大类基本涵盖了所有专业。在学历方面，分别为博士（5）、硕士（4）、本科（3）、大专（2）、高中及以下（1）五个类别。以上做法在相关研究中均得到实施，比较成熟。

3.科技创新导向（M）

2016年，中国对高新技术企业的认定标准进行了明确界定，并在《高新技术企业认定管理办法》中予以规范化。根据国家高新技术企业的评分标准[148]，企业科技创新能力主要从知识产权、科技成果转化能力、技术创新组织管理水平、企业成长性四个核心指标进行综合评价。这四个核心指标进而被划分为开发能力（$M1$）、转化能力（$M2$）、成长能力（$M3$）以及管理能力（$M4$）四个维度。在开发能力（$M1$）方面，主要考察企业主营产品是否具备独立知识产权，如有效专利、版权（含软件著作权、动漫作品音像版权等）及集成电路布图设计等I类、II类知识产权。这一指标能够有效反映企业在创新过程中的科技开发率及创新效率，进而评估企业科技创新项目的质量。转化能力（$M2$）则通过研发投入占营业收入的比例来衡量。企业的科技创新行为与成果之间存在密切联系。研发支出占企业收益的比例作为一个直观指标，能够体现公司对研发新科技产品的重视程度以及科技创新及其应用的实力。这有助于企业判断是否需要增加新产品研发投入，并据此调整未来的创新资金分配和商业策略。成长能力（$M3$）主要通过可持续增长率指标来评价。该指标不仅反映了企业的成长状况和发展能力，还体现了科技创新对企业发展能力的推动作用。在管理能力（$M4$）方面，采用成本费用利润率作为评价指标。这一指标反映了企业每付出一元成本费用所获得的利润水平，体现了经营耗费所带来的经营成果。成本费用利润率越高，意味着企业的经济效益越好，从而在一定程度上反映了企业科技创新绩效对成本的影响。通过这四个维度的综合考量，能够更全面地评价企业的科技创新能力，并为企业的创新发展提供有力支持。

4.控制变量（C）

考虑企业规模及年限会影响大学生创业者的管理活动及绩效，因此本章控制变量选取雇员人数（C_1）、企业年限（C_2）这两个指标，以此来测度企业规模与发展阶段。

（三）研究模型设计

本章认为大学生创业者背景特征（X）会使大学生创业者产生不同的知识结构及经营理念，若大学生创业者有相关创业知识或技术背景，那么其在进行决策时会对科技创新导向（M）的偏好比较明显。因此，大学生创业者背景对科技创新导向有显著影响，本章设计模型（1）：

$$\text{M1}: M = F(C, X) = [(C_1, C_2), (X_1, X_2, X_3, X_4)] \tag{1}$$

大学生创业者是企业的灵魂人物，对企业的经营决策及发展方向有着很大的话语权，因此企业经营绩效（Y）在一定程度上能够反映出大学生创业者背景特征（X），而大学生创业者背景特征又会作用于企业经营绩效。因此，本章认为大学生创业者背景特征对企业经营绩效有显著影响，以此为基础设计模型（2）：

$$\text{M2}: F = F(C, X) = [(C_1, C_2), (X_1, X_2, X_3, X_4)] \tag{2}$$

本章认为若企业执行科技创新导向（M），则其在开发能力、投入、产出与实现方面会投入比较多的精力及资源，从而使其在这四个方面得到发展，进而产生经营绩效（Y）。因此，本章认为科技创新导向对企业经营绩效有正向的促进作用，依据上述得出模型（3）：

$$\text{M3}: Y = F(C, M) = [(C_1, C_2), (M_1, M_2, M_3, M_4)] \tag{3}$$

大学生创业者背景特征（X）与科技创新导向（M）都能够导致经营绩效（Y）的变化。通过梳理已有研究，可以发现三者之间是存在某种关联的

[149]。本章假设科技创新导向在大学生创业者背景特征与企业经营绩效间作为调节变量，这里借鉴温忠麟（2005）的做法，先建立函数模型（4）：

M4：$Y = \alpha X + \beta M + cXM + \varepsilon$　　　　　　　　　　　　（4）

分三步对模型进行检验：

第一步做Y对M和X的回归，得到测定系数R_1^2；

第二步做Y对M、X与MX的回归，得到测定系数R_2^2；

第三步比较R_2^2与R_1^2的大小，若R_2^2高于R_1^2，则存在调节效应；反之，不存在调节效应。c值是MX的系数，反映的是调节效应的强弱。根据M、X有不同维度的指标，本模型又可以分成多个子模型。

四、实证检验与统计结果

（一）描述性统计

本节运用Stata17.0对201个数据进行描述性统计，以初步了解各个变量，结果如表5-1所示。

表5-1　变量描述性统计

变量	样本量	平均值	标准偏差	最小值	最大值
性别	201	0.587 065	0.493 590 8	0	1
年龄	201	26.845 77	1.622 065	19	29
学历背景	201	3.049 751	0.497 506 2	2	4
专业背景	201	2.731 343	1.003 724	1	5
总资产收益率	201	0.006 446	0.189 376 1	−1.856 059	0.273 351
开发能力	201	0.805 970 1	0.396 439 4	0	1
转化能力	201	4.965 124	5.074 91	0.1	37.54
成长能力	201	0.031 930 1	0.195 117 1	−0.963 207	1.216 354
管理能力	201	0.056 133 7	0.524 339 4	−5.139 875	1.728 769
企业年限	201	9.253 731	6.736 49	1	28
员工人数	201	3 794.831	8 021.422	126	71 244

表5-1是对所有变量进行描述性统计的结果，由表可以看出，大学生创业者在性别上男性偏多，平均年龄在27岁左右，表明即便市场比较认可年龄所带来的经验优势，但出色的年轻人依旧可以脱颖而出。在学历与专业背景方面，大学生创业者大多是本科及硕士学历，其专业大多为理工专业及经管类专业，表明他们对于学历的追求与重视，而理工专业与科技创新有一定的相关性，说明大多数大学生创业者还是在践行着学以致用的理念，而经管专业背景为大学生创业提供了良好的财务知识与背景，用所学知识为企业创造经济价值。企业的员工人数与企业年限都有比较大的跨度性，说明所选取的样本在一定程度上展现了随机性，使研究有一定的可信度。

（二）样本相关分析

上述描述性统计为我们展现了变量的基本情况及分布特征，接下来本节采用Pearson相关系数分析各变量之间的相关度，对大学生创业者背景特征、科技创新导向、企业经营绩效之间的相关关系进行初步检验。所得结果如表5-2所示。

表5-2　大学生创业者背景特征、科技创新导向与企业经营绩效的相关性

	$X1$	$X2$	$X3$	$X4$	$M1$	$M2$	$M3$	$M4$
开发能力	−0.003	0.015	0.049	0.095	1			
转化能力	−0.041	−0.053	0.131*	0.066	0.159**	1		
成长能力	0.053	−0.037	−0.001	0.196***	0.016	−0.191***	1	
管理能力	0.125	0.092*	−0.012	−0.087	0.015	−0.393***	0.591***	1
ROA	0.084	−0.102	−0.065	−0.092	0.125	0.227***	0.793***	0.638***

注：***、**、*分别代表在1%、5%、10%的水平下显著。

如表5-2所示，大学生创业者背景与科技创新导向的相关性分析表明，以下相关性显著：年龄与管理能力、学历背景与转化能力、专业背景与成长能力。因此，初步确认了H2-H4，假设H1未通过检验，可以剔除。同样，H10-H12被初步确认，但H5-H8不受支持。年龄与管理能力呈显著正

相关，学历背景与转化能力呈显著正相关，专业背景与成长能力呈显著正相关。结果表明，随着教育水平的增长，大学生创业者将更加重视科技创新，大多数不同教育水平的大学生创业者注重在科技创新的投入。由于经验的积累，获取信息和资源的优势使大学生创业者在企业管理能力方面更具优势。不同年龄的大学生创业者对科技创新有一定的重视程度。此外，科技创新的投入与产出积极促进了资产回报。

（三）回归分析与假设检验

基于前文相关性分析，接下来进行回归分析。在大学生创业者背景特征与科技创新导向的回归上，剔除了性别这个不相关变量，剩下年龄、学历背景、专业背景与科技创新导向进行回归分析。

表5-3　大学生创业者背景特征对科技创新导向的回归

	开发能力	转化能力	成长能力	管理能力
年龄	0.005 6	−0.1	−0.111 6	$0.056\ 3^{*}$
学历（大专）	−0.04	0.7^{**}	−0.1	−0.1
学历（本科）	0.01	0.8^{**}	−0.01	−0.01
学历（硕士）	−0.01	4.5^{**}	0.1	0.4
专业（理工）	0.159	0.035	0.749^{***}	0.089
专业（经管）	0.134	0.028	0.509^{***}	0.054
专业（文法）	0.038	0.013	0.157^{***}	0.012
专业（其他）	0.089	0.022	0.209^{***}	0.045
企业年限	$0.008\ 3^{*}$	0.1	0.015	0.096
员工人数	0.167^{**}	−0.05	−0.004	0.005
R^2	0.050	0.035	0.065	0.044
$A-R^2$	0.025	0.010	0.041	0.012
F 值	2.03^{**}	1.41^{*}	2.7^{**}	1.79^{**}

注：***、**、*分别代表在1%、5%、10%的水平下显著。

如表5-3所示，保留了年龄、学历背景和专业背景的大学生创业者背景特征与科技创新导向的回归都是显著的。其中，年龄对管理能力有正向的促进作用，假设H2得到部分检验，学历背景对转化能力与实现具有显著的正向作用，假设H3得到检验，说明学历水平越高的大学生创业者更加重视科技创新引领企业成长。而专业背景对科技创新导向四个维度中的成长能力具有正向的促进作用，假设H4得到了检验，表明理工背景及经管背景的大学生创业者在科技创新导向的偏好，专业背景对科技创新导向有显著的正向影响。

表5-4　大学生创业者背景特征对企业经营绩效的回归

	总资产收益率
性别	0.017 6
年龄	−0.013 6
学历（大专）	−0.125
学历（本科）	0.016
学历（硕士）	0.19
专业（理工）	0.014
专业（经管）	0.025
专业（文法）	−0.012
专业（其他）	0.015
企业年限	−0.003 2
员工人数	0.024
R^2	0.043 2
$A-R^2$	0.013 6
F 值	1.46

注：***、**、*分别代表在1%、5%、10%的水平下显著。

表5-4是对假设H5—H8的检验，由上表可知，大学生创业者背景特征对企业经营绩效没有显著影响。由于大学生创业者是一个特殊的群体，他们前期经营管理累积经验较少，创业期不长，样本选取的期间段有限，且初创企业在创业初期的财务绩效表现一般不太突出，大多数财务目标是追求盈亏

平衡，所以表5-4会出现这样的结果。因此，在全球创新创业热潮中，大学生创业者需要理性判断和充足准备，不能空有创业热情而缺乏创业认知和经营能力，即没有对创业理论、方向、目标、风险、实施过程及持续性评价等的学习和积累，是不足以实现创业成功的。个人创业能力的培养与提升对其成功创业及社会价值增长是至关重要的。因此，要鼓励大学生创业，中国高校就需要把大学生创业者的能力培养与开发放在首要位置。

表5-5　科技创新导向对企业经营绩效的回归

	总资产收益率
开发能力	0.06
转化能力	0.000 7[***]
成长能力	0.62[***]
管理能力	0.09[***]
企业年限	−0.000 8
员工人数	0.059
R^2	0.686 6
$A–R^2$	0.676 9
F 值	70.84

注：[***]、[**]、[*]分别代表在1%、5%、10%的水平下显著。

表5-5是对假设H10、H11、H12的检验，科技创新导向四个维度中转化能力、成长能力及管理能力对经营绩效的回归均是显著的，且这三个维度一定程度上可以代表科技创新导向，因此科技创新导向对经营绩效有显著影响。这三个维度均对企业经营绩效有正向促进作用，说明大学生创业者虽然背景特征对其经营绩效的影响不显著，但他们创业方向的选择和行业的定位对其创业成功是有积极意义的。

使用股本回报率（*ROE*）来代替*ROA*来进行稳健测试。如表5-6所示，检验结果与之前结果一致。如表5-7所示，H10—H12得到确认。

表5-6　大学生创业者背景特征对企业经营绩效的回归

	净资产收益率
性别	0.038 1
年龄	−0.072 6
学历（大专）	0.124
学历（本科）	0.365
学历（硕士）	0.321
专业（理工）	0.257
专业（经管）	0.210
专业（文法）	0.145
专业（其他）	0.197
企业年限	−0.011 5
员工人数	0.005 6
R^2	0.019 2
$A-R^2$	−0.011 1
F 值	0.63

注：***、**、*分别代表在1%、5%、10%的水平下显著。

表5-7　科技创新导向对企业经营绩效的回归

	净资产收益率
开发能力	0.76
转化能力	0.01**
成长能力	6.06***
管理能力	0.6**
企业年限	0.003 6
员工人数	0.001 2
R^2	0.300 5
$A-R^2$	0.278 9
F 值	13.89

注：***、**、*分别代表在1%、5%、10%的水平下显著。

五、结论与讨论

（一）研究结论

近年来，中国已经迈入高质量发展的崭新时期，高质量的核心驱动力正是科技创新。在这一进程中，企业作为经济体系的中坚力量，扮演着引领经济结构升级和科技创新的先锋角色。企业科技自主创新能力的不断提升及其与产业的深度融合，为产业发展的转型升级注入了新的活力，更进一步优化了国家的创新生态体系。国家大力倡导的"大众创业、万众创新"理念，极大地激发了广大人民群众的创业热情，使科技创新创业活动在全民范围内如火如荼地展开，为国家的高质量发展注入了源源不断的创新动力。

在市场经济体系中，企业扮演着至关重要的角色，而企业家作为企业内部的决策核心，其话语权重大。企业家在做出决策时，其背景特征往往起到关键性的作用[150]。在新时代的企业家群体中，大学生创业者构成了一个不可忽视的主体，他们在决策过程中更倾向于选择科技创新创业方向[151]，这种偏好不仅反映了他们的创新思维和创业精神，更有助于推动企业开展科技创新活动，推动市场经济的持续发展[150]。因此，深入研究大学生创业者的决策偏好和背景特征，对理解企业创新动力和市场经济发展具有重要意义。

本章选取国泰安数据库大学生创业企业中高新技术板块67家上市企业作为研究对象，通过文献查阅了解相关研究动态及相关概念本质内涵，在科技创新导向相关理论、高阶梯队理论、社会认知理论、委托代理理论的基础上，收集67家企业的大学生创业者背景特征数据、科技创新导向及经营绩效数据，进行相关统计分析与案例分析，最后得出如下结论：

（1）大学生创业者年龄对科技创新导向有显著影响，其中大学生创业者年龄对管理能力即成本管控有正向作用。年龄越大，在资源与信息的获取方面有常年的积累优势，在产品成本把控、市场的扩张与占有方面更具优势[152]。而大学生创业者的性别对科技创新导向无显著影响，无论是男性大学生创业者还是女性大学生创业者均重视企业的科技创新，因此对科技创新导向的影响不显著。

（2）大学生创业者学历背景对科技创新中转化能力及成长能力均有正向影响。高学历者往往具备深厚的专业知识基础、严谨的逻辑思维，并倾向于采用线性思维方式[153]。相对而言，学历较低者则更可能依赖感性认识，借助直觉和经验，展现出发散思维的特点[154]。同时，高学历的创业者通常具备较强的学习能力，能够快速吸收新知识，进而完善其创新方案，对科技创新的重视程度也更高，投入更多资源，提升产出效率[155]。此外，大学生创业者的专业背景对成长能力同样具有正向的促进作用，特别是那些拥有理工科或经济管理类背景的大学生，他们更倾向于积极鼓励创新，推动科技创新的发展[156-157]。

（3）在科技创新导向下，转化能力、管理能力以及成长能力均展现了对企业经营绩效的显著影响。具体而言，转化能力、管理能力与成长能力不仅对企业经营绩效具有积极推动作用，而且它们的正向效应表明，加强对科技创新的投入，并提升科技创新的产出效益与效率，将有效促进企业经营绩效的稳步提升[158]。这一发现为大学生创业者在实践中优化资源配置、提升创新能力提供了重要的理论依据和实践指导。

（二）管理启示

首先，本章数据表明，科技创新导向对企业财务绩效有正向影响，因此大学生创业者采用与高质量发展相契合的企业发展理念有利于企业的成长，这一结论为大学生的创业思路和行业定位提供了新的战略选择。

其次，系统阐述企业开展科技创新活动的必要性和可行性是本章更为重要的实践意义。目前，多数企业将科技创新视为与盈利价值相矛盾的活动，企业更愿意将自身的科技创新行为视为一种有盈利回报的投资[159]；在这种思维模式下，任何不能带来显著股东回报的行动往往难以获得董事会的支持与批准[160]。这种短视的经营理念不仅限制了企业的长远发展，也给政府的社会管理带来了诸多挑战[161]。本章对科技创新的内涵及其形成机制进行系统阐述，有助于企业深化对科技创新的认知和理解，从而使其主动承担社会功能成为可能，并实现经济效益与社会效益的双赢。

（三）研究局限与展望

科技创新创业的研究在中国仍是一个比较重要的课题，对一些测定的量表没有达成统一的共识，上市公司披露信息许多项目没有强制性规定，研究范围也比较有限，因此本章研究在一定程度上有一些局限性，具体如下：

（1）样本选择问题。本章选取的是高新技术行业67家上市企业作为研究对象，鉴于行业的特性，大学生创业者通常在本科及本科之前的教育阶段更偏向于技术理工类专业，而后续的研究和职业发展阶段则逐渐转向工商管理类。但由于这些企业本身就属于高新技术领域，它们天然具备在科技创新导向上的显著优势。然而，正是这一行业特性在样本选择上带来了一定的局限性。因此，在深入剖析这一群体时，需要充分考虑这些潜在的局限性因素。

（2）指标选择问题。在对科技创新导向指标进行设计、赋值时，是以公司披露的信息为基础的，这种方法不可避免地带有一定的主观性，可能对评价结果的客观性造成影响。同时，在经营绩效指标的选取上，主要依赖于上市公司在特定阶段披露的财务数据。这种数据虽然具有一定的参考价值，但由于其历史性质，可能无法全面反映公司的当前经营状况和未来发展趋势，因此存在一定的历史局限性。

（3）相关结论问题。本章所得结论与其他研究存在不一致之处，主要源于当前对于科技创新导向及其经营绩效的评估，学界尚未形成全面且统一的共识。各研究在理解科技创新导向与经营绩效之间的关系时，持有不同的观点和侧重点，导致研究结论存在差异。此外，目前的研究样本仍有待进一步扩充，以更全面、深入地探讨这一问题。

综上所述，本章所得结论尚存一定的局限性，有待在后续研究中进一步深化和拓展。具体而言，扩大研究对象的行业范围、优化指标体系的选取以及采用问卷调查的方式对科技创新导向相关指标进行更为细致的统计分析，将是未来研究进一步完善的主要方向。

第六章

长期导向、大学生创业者教育经历与公司创业

【章节概要】

　　企业长期导向对公司创业具有至关重要的意义，本章使用国泰安CSMAR 数据库中2009—2022年创业板上市公司的数据，从微观公司创业角度深入探 讨了长期导向所带来的经济效应。研究结果显示，长期导向显著促进了公司 创业。进一步的分析显示，大学生作为特殊的创业者群体，他们的教育经历 对长期导向与创业之间的关系具有显著的调节作用。本章拓展了长期导向的 经济效应，同时也为大学生创业的影响因素研究提供了新的理论框架和实证 依据。

一、研究背景及理论基础

　　在过去的半个世纪里，公司创业或企业内部创业的话题在创业研究中日 益突出，公司创业是一个多维构念，需要一系列的战略举措，包括创新、公 司创业和战略更新。自20世纪60年代末一篇关于公司创业的文章首次发表 以来，大量研究表明，公司创业在创造可持续竞争优势方面不可或缺。这 一举措导致企业积极进行变革和更新，以在不断变化的竞争环境中迎接新 的挑战。公司创业的积极影响自然促使研究者调查它的起因[2]。Peterson 和 Berger（1971）关注个体主动性在促进公司创业中的作用[162]。然而，后续研 究的关注焦点更多体现在确定任务环境、企业战略和结构，以及外部和内部 资源等因素如何作用于公司创业[2]。相比之下，创新人才作为激发公司创业 最活跃的因素在早期研究中鲜少提及。而在过去的10年里，公司创业的研 究重点已经重新回到考察在位企业内部的个体（如高管团队成员）在促进公 司创业方面所扮演的角色[157]。

　　虽然关于公司创业起因的研究已颇有见地，但现有文献中仍然存在三个缺口。首先，现有研究主要集中在西方发达国家情境下的企业如何开展公司创业活动。新兴市场中的公司创业活动较少受到关注。特别是对于中国等新兴国家独特的民族文化如何激发或阻碍在位企业的公司创业活动的机理知之甚少。其次，以往研究主要通过比较企业特征及其组织环境来解释公司创业行为。这种关注焦点导致企业内部关键行动者的作用未得到充分研究[2]。Zahra等（2013）在回顾公司创业研究的进展时声称，未来对这一课题的研究需要充分调查个体是如何做出创业决策的[163]，同样地，Corbett等（2013）认为公司创业建立在特定个体的知识、技巧和能力之上[164]。因此，如果想要更好地理解公司创业成功开展的内部过程和机制，需重点关注个体行动者的角色。最后，现有研究主要基于特定的理论视角，如资源基础观、代理理论和资源依赖理论来考察公司创业的前因。随着近年来研究的重点逐渐转向领导个体或TMT成员，新的理论视角，如高阶梯队理论、认知理论和代理理论也随之引入[2, 157]。然而，如果研究者想要对公司创业的起因有新的认识，他们可能需要从更多样化的理论视角来看待公司创业。

为弥合上述缺口，本章打算将研究重点放在特定的创业者身上，因为这些个体是中国民营企业中的关键人物。在Timmons模型的基础上，本章探讨长期导向（也是中国文化的一个组成部分）对创业活动的促进作用，以及创业者的教育经历所起到的调节效应。本章认为企业长期导向对公司创业具有至关重要的意义。在当今竞争激烈的市场环境中，创业公司要想脱颖而出并取得长足发展，必须具备长期导向的思维和行动方式[165]。长期导向的公司能够更好地应对市场变化和不确定性，制定科学合理的战略规划，注重品牌建设和人才培养，积极履行社会责任，从而实现可持续发展[166]。同时，长期导向也有助于公司形成稳健的经营风格和风险控制机制，确保企业的稳定发展。因此，对于创业者而言，树立长期导向的观念并付诸实践，是推动公司不断发展和壮大的关键[167]。

本章使用了国泰安CSMAR数据库中2009—2022年创业板上市公司的数据。研究发现，长期导向与公司创业存在正相关关系。此外，创业者的高等教育经历或经管类专业经历对长期导向与公司创业之间的关系起到正向调节作用。然而，具有海外学习经历的创业者在获取关键资源方面稍有欠缺，将会减弱长期导向对公司创业的积极影响。这些发现在很大程度上证实了Timmons 模型的原理，说明 Timmons 模型同样适用于企业层面的创业研究。此外，本章从创业者的时间导向出发，探究公司创业活动的前因，提出具有长期导向的企业更有可能发现机会，培养具有创业精神的员工，这将共同促进公司创业活动的开展，为公司创业领域的研究做出了具体且重要的贡献。本章依据长期导向的含义为实践者和企业提供了新的洞察。最后，通过展示不同类型的教育经历如何影响长期导向与公司创业之间的关系，为创业生涯经历的研究做出了贡献。

二、理论分析与研究假设

（一）研究的理论基础：Timmons 模型

创业过程模型中比较经典的就是 Timmons 创业过程模型，Timmons 创业过程模型由美国创业研究和教育领域的领袖人物杰弗里·蒂蒙斯（Jeffry A. Timmons）于 1989 年提出[168]。该模型的基本理念是，创业成就的取得依赖于商业机遇、创业者团队以及可用资源三大关键要素之间的相互作用与平衡，它们共同构成了一个类似于倒三角形的框架。根据 Timmons 的创业过程模型，创业活动的成功实施依赖于对商机、创始团队和所需外部资源三个关键要素进行恰当的组合与协调，并且需要伴随创业企业的发展而持续性地进行动态均衡。在创业的起始阶段，商业机遇是推动力，为了确保创业计划的成功执行，组建的创业团队将最大限度地发挥其资源优势。识别商机和建立创业团队对创业的早期阶段至关重要；只有在创业企业开始运营后，才会出现扩大团队规模的必要性[168]。

基于 Timmons 创业过程模型观点，创业资源是公司创立成功并实现巨大利润的重要基石。创业者通过掌握和支配公司内外资源建立公司体系，并在公司发展过程中不断对资源进行整合和利用。从创业资源角度出发，创业资源是公司竞争优势的重要支撑。创业资源通常展现出其独特性、不可复制性以及稀缺性等特点，这些独有的特性构成了其他企业难以完全复制的优势，从而为创业企业带来竞争上的优势[2]。通常情况下，创业资源涵盖了技术、人才、资金和信息等方面。本章的理论模型如图6-1所示。

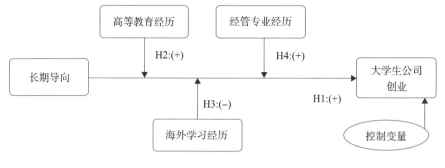

图6-1　理论模型

（二）长期导向与公司创业

有关长期导向的概念，学者们基于不同视角给出了相关界定。例如，Eddleston等（2012）定义长期导向为组织内部存在的一种对耗费较长时间的耐心投资持支持态度的组织文化；Le Breton-Miller 和 Miller（2006）提出：长期导向是一种优先权、目标，最重要的是指在需要一个较长的时间周期（5年或更长）才可实现收益的投资[169]；Gentry 等（2016）认为企业的长期导向关注企业生存，体现在企业的主导联盟通过采取一定的战略举措来降低企业风险[170]。大部分学者将长期导向作为一种单维构念看待，而Lumpkin 和 Brigham（2011）指出，长期导向其实是一个多维构念，并将长期导向分为三个维度：未来性（futurity）、持续性（continuity）和韧性（perseverance）。未来性指企业对未来关心的程度，具有未来性的企业相信计划与考量未来是有价值的。持续性旨在将过去和未来连接起来，具有持续性的企业相信过去能对未来产生影响，而韧性则主要强调目前的行动如何影响未来[171]。

　　本章认为，具有长期导向的企业更倾向于公司创业活动，原因有二。第一，长期导向作为组织文化的一个因素，塑造着企业的战略选择和管理实践。具有长期导向的企业或创业者更倾向于着眼未来的长远收益，而不是短期利润。这使企业更加注重对未来发展具有重要意义的"战略资源"的建设（如研发能力、专利申请和人力资源等），在这些关键的战略资源中，人力资源往往被认为是企业最活跃的因素。因此，长期导向的企业或创业者往往在人力资本上投入巨资，并特别注重为企业内部潜在的人才营造良好的环境，最终形成一个能够利用未来机会的潜在创业者资源"池"[172]。正如Kuratko等（2005）所指出的，高层管理支持、自主性、薪酬、时间可用性和灵活的组织边界是内部创业者良好环境的五个关键因素[173]。此外，Engelen等（2018）证实，企业支持项目，如为员工提供时间、预算和建议能够培育从事创新与创业活动的人才。现有文献表明，创业人才作为创业的一个重要因素，能够促进创业活动的开展[174]。

　　第二，长期导向的企业或创业团队往往会发现更多的创业机会。正如Lumpkin等（2010）所言，长期导向的企业倾向于优先考虑那些需要时间才能实现的、具有长远影响和价值的决策与行动[175]。因此，长期导向的企业或创业团队具有更高的不确定性容忍度，更愿意从事创新和冒险行为[176]。Michael等（2005）提出公司创业可以使企业充分利用其现有的竞争优势，并探索未来高度不确定的机会。因此，长期导向的企业更有可能利用高度不确定的"明天的机会"来寻求创业[177]。此外，与短期导向的企业回避具有长期回报或高度不确定性的创业机会相比，长期导向的企业往往更善于接受、抓住和利用这些机会[178]。换句话说，与短期导向相比，长期导向的企业拥有更广泛的"机会集"并追求更多的创业机会。由于创业的本质是发现和利用机会，长期导向的企业比短期导向的竞争对手更有可能从事公司创业活动。

　　长期导向与公司创业之间的联系也可以通过Shane关于创业活动的理解来解释。创业是赚钱的机会和创业人才两个因素的结合。在此基础上，创业机会与创业者之间的互动被认为是创业研究的关键。正如本章之前所讨论的，具有长期导向的企业拥有许多创业人才。此外，它们还有更广泛的创业机会[179]。因此，创业活动更有可能在这些长期导向的企业中发生。

现有文献其他研究情境中的经验证据似乎也支持长期导向和公司创业之间的关系。例如，Eddleston等（2012）在管家理论的基础上提出，长期导向的家族企业往往具有更高的创业精神，能够有效地促进公司创业[180]。Lumpkin等（2010）通过案例研究，将家族企业的长期导向与创业导向的五个维度（创新性、先动性、风险承担性、竞争侵略性和自主性）联系起来[175]。基于此，本章提出以下假设：

H1：企业的长期导向与大学生公司创业正相关。

（三）长期导向、大学生创业者高等教育经历与公司创业

高等教育经历对长期导向与公司创业的调节作用主要体现在以下几个方面：首先，高等教育提供了一个广阔的平台，使创业者能够接触更广泛的知识和领域，从而拓宽视野，增强创新能力。这种能力在创业过程中尤为重要，能够帮助创业者发现并抓住更多的商业机会。其次，培养长期规划和战略思维：高等教育注重培养长期规划和战略思维能力，这有助于创业者在创业过程中制定科学合理的长期目标和规划，从而实现可持续发展。同时，高等教育注重培养社会责任感和可持续发展意识，这促使创业者在经营过程中关注社会责任和环保等方面，从而实现企业的长期发展[181]。最后，提供资源和网络支持：高等教育机构通常拥有丰富的资源和网络，能够为创业者提供各种形式的支持和帮助，从而降低创业的门槛和风险。综上所述，高等教育经历通过拓宽视野、提升创新能力、培养长期规划和战略思维、增强团队建设和协作能力、增强社会责任感和可持续发展意识以及提供资源和网络支持等方面，对长期导向与公司创业产生调节作用[182]。因此，对于创业者而言，接受高等教育是一个宝贵的经历，能够为其未来的创业之路奠定坚实的基础。基于此，本章提出以下假设：

H2：当企业家拥有高等教育经历时，企业的长期导向与大学生公司创业正向关系得到增强。

（四）长期导向、大学生创业者海外学习经历与公司创业

由于经济的快速发展，许多中国学生选择出国留学，在发达国家攻读或研修高等教育学位，他们中的一些人会在完成学业后回到中国，并在中国积极从事创业活动[183]。与其他两种经历不同的是，本章认为大学生创业者的海外学习经历将会减弱长期导向与其公司创业之间的正向关系。长期在国外工作或学习的创业者往往会花费更多的时间和精力建立他们的海外资源网络与人脉网络，这些可能不利于他们获得国内的相关资源，如社会关系和政治连带[184]。然而，正如本章前面所讨论的，这些社会关系有助于获得相关创业资源，而这些资源在中国以"关系为基"的社会文化中至关重要[2]。当中国大学生"海归"们在一段时期内适应了基于明确规则和政策的海外经济体制、人文文化和经商方式后，他们可能很难利用自己有限的资源与诸如政府、职能部门或相关管理机构这样的重要利益相关者建立联系。同时，基于Timmons模型，资源整合是创业过程中不可或缺的因素[168]。大学生创业者的海外学习经历可能会导致回国创业的企业资源利用效率下降，因此本章预计，具有海外学习经历的大学生创业者可能会减弱企业长期导向与公司创业之间的关系。基于此，本章提出以下假设：

H3：当企业家拥有海外经历时，企业的长期导向与大学生公司创业正向关系得到削弱。

（五）长期导向、高校经管专业经历与公司创业

经管类专业课程涵盖了财务管理、市场营销、战略管理、组织行为学等多个方面，这些知识和技能对于创业者来说是至关重要的。通过学习，大学生创业者能够更好地掌握企业运营和管理的基本原理与方法，为创业过程中的决策和行动提供专业支持。同时，经管类专业注重培养学生的战略规划和

决策能力，使创业者能够更好地制定长期目标和规划，并在创业过程中做出科学合理的决策。这种能力有助于企业实现可持续发展，并在竞争激烈的市场中脱颖而出。并且经管类专业教育注重培养对风险的敏感性和风险管理能力。首先，通过学习财务、投资等方面的知识，创业者能够更好地评估和应对创业过程中的各种风险，确保企业的稳定发展。其次，可以拓展行业视野和人脉资源：经管类专业大学生通过课程学习和实践项目，能够接触到更多的行业知识和人脉资源。这有助于创业者了解市场动态和行业趋势，同时积累人脉资源，为创业过程中的合作和融资等提供支持[185]。综上所述，经管类专业背景经历为大学生创业者提供了专业知识和技能的支持，增强了战略规划和决策能力，培养了风险意识和风险管理能力[186]，拓展了行业视野和人脉资源，并激发了创新思维和创业精神。这些方面的调节作用有助于大学生创业者更好地应对创业过程中的挑战和机遇，推动企业的长期发展。基于此，本章提出以下假设：

H4：当企业家拥有高校经管专业经历时，企业的长期导向与大学生公司创业正向关系得到增强。

三、研究数据和变量测量

（一）样本选择与数据来源

本章使用国泰安 CSMAR 数据库中 2009—2022 年创业板上市公司的数据。本章对样本进行了如下筛选：剔除金融、保险和房地产行业样本；剔除 ST 和 PT 上市公司样本；剔除资产负债率大于 1 的样本；剔除关键变量缺失或异常的样本。最后得到了 1 125 家公司 6 624 个样本，同时对所有连续变量都进行了缩尾处理。

（二）变量定义与模型设定

1.变量定义

（1）解释变量：长期导向（*Lto*）。

在目前已有的文献当中，大部分研究在测量企业长期导向时所用到的方法包括两种，分别是一手量表和二手数据。一手量表虽然能够将原本抽象的长期导向具体化，但是学者的主观意识很可能影响量表的客观性，而且量表的设计篇幅有限，很难保证选用的指标能够充分并直观地反映出长期导向的含义。因此，本章参照 Miller 等（2006）和 Block（2009）的做法，以企业的研发投入和员工培训投入来衡量长期导向[187-188]。

（2）被解释变量：公司创业（*Ce*）。

对于公司创业而言，通常采用量表来进行测量，而本章使用二手数据，无法进行量表进行测量，便根据 Lyngsie 和 Foss（2017）的做法[189]，将公司创业（*Ce*）以再投资总额这个代理变量来衡量。再投资包括用于扩大原产品生产规模、新产品研发、技术创新和技术变革以及并购活动的投资。这些再投资涵盖了企业的创新、战略更新和公司创业活动。

（3）调节变量：创业者教育经历。

高等教育经历（*Hee*）。这一变量表示创业者是否接受过本科及以上的教育，本章使用虚拟变量，1表示接受过，0表示没有。

海外学习经历（*Oe*）。这一变量表示创业者是否拥有海外研习经历，如果创业者拥有海外教育经历，则该变量为1，否则为0。

经管类专业经历（*Eme*）。这一变量表示创业者是否拥有经管类专业背景经历，本章使用虚拟变量，1表示拥有，0表示没有。

（4）控制变量（*Controls*）。

在控制变量的选择上，考虑企业层面财务和治理特征对公司创业的可能影响，本章控制了与大学生创业相关的财务指标、公司治理指标。具体指标及其定义参见表6-1。

表6-1 变量定义

	变量名称	变量符号	变量定义
被解释变量	公司创业	*Ce*	再投资总额 +1 取自然对数
解释变量	长期导向	*Lto*	研发投入和员工培训投入 +1 取自然对数
调节变量	高等教育经历	*Hee*	1 表示接受过高等教育，0 表示没有
	海外学习经历	*Oe*	1 表示有海外学习经历，0 表示没有
	经管类专业经历	*Eme*	1 表示有经管类专业背景经历，0 表示没有
控制变量	独立董事比例	*Indep*	独立董事人数与董事会总人数之比
	创业者持股	*CEOHoldR*	CEO 持股比例
	董事会规模	*Board*	董事会总人数
	公司规模	*Size*	总资产的自然对数
	资产负债率	*Lev*	年末总负债 / 年末总资产
	发展潜力	*Growth*	企业营业收入增长率
	固定资产占比	*Fixed*	固定资产净额与总资产比值
	总资产净利润率	*Roa*	总资产净利润率
	企业价值	*TobinQ*	企业托宾 Q 值
	企业年限	*ListAge*	当前年份 – 上市年份

2.模型设定

本章主要研究长期导向对大学生进行公司创业的影响，为验证假说，构建如下实证模型（1）。其中，下标 *i* 代表企业，*t* 代表年份，*Controls*$_{it}$ 为控制变量；λ_i 和 γ_t 分别表示 *i* 企业的个体固定效应、*t* 期的年份固定效应；μ_{it} 为 *i* 企业 *t* 期的随机误差项。

$$Ce_{it} = \beta_0 + \beta_1 \times Lto_{it} + \beta_i \times Controls_{it} + \lambda_i + \gamma_t + \mu_{it} \tag{1}$$

四、统计分析及结果

（一）描述性统计

表6-2报告了主要变量的描述性统计。其中，大学生创业（*Ce*）的均

值为 19.538，最大值（最小值）为 22.834（14.987），长期导向（*Lto*）均值为 17.748，最小值为 15.173，而最大值为 20.399，由此可以发现，我国创业板上市公司的公司创业和长期导向存在较大的差异。此外，高等教育经历（*Hee*）的均值为 0.844，说明创业板上市公司的创业者绝大多数拥有本科及以上水平的高等教育经历，而海外学习经历（*Oe*）以及经管类专业背景经历（*Eme*）的均值较小，说明拥有海外学习经历及经管类专业经历的创业者占一小部分。独立董事的比例（*Indep*）平均为 0.383，但在某些企业中，这一比例可高达 0.571。创业者持股比例（*CEOHoldR*）平均为 0.108，最高可达 0.558。企业价值（*TobinQ*）及企业规模（*Size*）的均值分别为 2.346 和 21.470。营业收入增长率（*Growth*）平均值为 0.200。固定资产（*Fixed*）平均占总资产的 0.154，总资产净利润率（*Roa*）平均为 0.040，控制变量描述性统计结果与已有文献基本保持一致。

表6-2　主要样本的描述性统计

变量	样本量	均值	标准差	最小值	最大值
Ce	6 624	19.538	1.498	14.987	22.834
Lto	6 624	17.748	1.020	15.173	20.399
Hee	6 624	0.844	0.363	0.000	1.000
Oe	6 624	0.132	0.339	0.000	1.000
Eme	6 624	0.179	0.383	0.000	1.000
Size	6 624	21.470	0.843	19.620	23.880
Lev	6 624	0.332	0.186	0.040	0.886
Roa	6 624	0.040	0.081	−0.334	0.226
Fixed	6 624	0.154	0.113	0.003	0.512
Growth	6 624	0.200	0.388	−0.593	1.935
Board	6 624	2.053	0.190	1.609	2.485
Indep	6 624	0.383	0.533	0.333	0.571
TobinQ	6 624	2.346	1.334	1.036	8.476
ListAge	6 624	1.559	0.645	0.000	2.565
CEOHoldR	6 624	0.108	0.142	0.000	0.558

（二）相关性分析

表6-3 相关性分析

	Ce	*Lto*	*Hee*	*Oe*	*Eme*
Ce	1				
Lto	0.567***	1			
Hee	0.005 00	0.047***	1		
Oe	0.040***	0.064***	0.127***	1	
Eme	0.001 00	0.008 00	0.158***	−0.021*	1

表6-3汇报了主要变量的相关性分析。如表6-3所示，长期导向（*Lto*）与公司创业（*Ce*）存在显著的正相关关系，表明长期导向显著促进了大学生公司创业，假设H1得到了初步验证。

（三）基准回归结果

长期导向与大学生公司创业之间关系的检验结果如表6-4所示。表中（1）列和（2）列报告了在加入控制变量前后的回归结果，*Lto*的估计系数分别为0.627和0.131，均在1%的水平上显著。检验结果表明，长期导向与大学生公司创业之间显著正相关，假设H1得到了进一步验证。

表6-4 长期导向对大学生公司创业的影响

变量	（1） *Ce*	（2） *Ce*
Lto	0.627*** （12.02）	0.131** （2.55）
Size		0.937*** （12.67）
Lev		−1.648*** （−7.95）
Roa		0.187 （0.68）

续　表

变量	（1）	（2）
	Ce	*Ce*
Fixed		−1.283***
		（−4.55）
Growth		0.221***
		（5.57）
Board		0.108
		（0.56）
Indep		−0.002
		（−0.35）
TobinQ		0.001
		（0.04）
ListAge		−0.110
		（−1.14）
CEOHoldR		0.006***
		（2.85）
Constant	7.885***	−3.040**
	（9.34）	（−2.10）
Year	Yes	Yes
Firm	Yes	Yes
Observations	6 624	6 624
Number of code	1 125	1 125
R−squared	0.226	0.326
r^2_a	0.225	0.324
F	56.43	57.67

注：括号内为公司层面聚类稳健标准误，*、**、***分别表示10%、5%、1%的水平上显著，下同。

（四）稳健性检验

在统一各变量量纲，更换变量测度方式，改变样本区间，更改固定效应等一系列稳健性检验后，长期导向（*Lto*）与公司创业（*Ce*）依然存在显著的正相关关系，结果稳健。

（五）进一步分析

正如本章前面所提到的，Timmons（2004）认为资源是促进创业的三个关键因素之一[168]。虽然创业人才与机会的结合可能导致创业活动的发生，但资源作为创业过程中不可或缺的因素，可以作为一种催化剂，将个体与机会更好地整合在一起，加速创业活动。在一个强调关系或社会联系的社会中，创业者严重依赖他们的个人关系来获取资源。在这样的背景下，创业者的教育经历可能在整合外部资源方面发挥着至关重要的作用。这是因为创业者的教育经历在一定程度上代表了他们过去构建的社会网络，从而在很大程度上决定了他们能够获得的外部资源。在某种意义上，创业者的教育经历作为一种重要的因素，能够调节长期导向与公司创业之间的关系。

表6-5所展示的结果与预期一致，长期导向对公司创业的显著促进作用在有高等教育经历组更为显著。

表6-5 长期导向、大学生创业者高等教育经历与公司创业

变量	（1）有高等教育经历	（2）无高等教育经历
Lto	0.107*	0.207
	（1.95）	（1.45）
Size	0.952***	1.027***
	（11.85）	（5.09）
Lev	−1.604***	−1.456***
	（−7.16）	（−2.96）
Roa	0.217	−0.498
	（0.71）	（−0.61）
Fixed	−1.148***	−1.255*
	（−3.59）	（−1.73）
Growth	0.212***	0.264***
	（4.58）	（2.63）
Board	−0.003	1.277***
	（−0.01）	（2.71）
Indep	−0.004	0.023
	（−0.63）	（1.34）

续　表

变量	（1） 有高等教育经历	（2） 无高等教育经历
TobinQ	0.003 （0.16）	−0.036 （−0.76）
ListAge	−0.106 （−0.99）	0.138 （0.50）
CEOHoldR	0.009*** （3.19）	−0.003 （−0.42）
Constant	−2.666 （−1.63）	−9.162** （−2.50）
Year	Yes	Yes
Firm	Yes	Yes
Observations	5 593	1 031
R−squared	0.328	0.325
Number of code	996	307
r^2_a	0.326	0.310
F	49.10	12.26

同时，如表6-6所示，长期导向对大学生公司创业的显著促进作用在无海外学习经历的组更为显著。根据前文的文献调查和实证分析结果，分析出现这样的结果可能由于以下原因：一是文化差异与市场理解，海外学习可能使大学生创业者更加熟悉国外市场和文化，而对本土市场的理解和适应能力减弱。这种文化差异可能导致大学生创业者在本土创业时无法准确把握市场需求和趋势，影响长期导向与公司创业之间的联系。二是资源分散化，海外学习经历可能会分散大学生创业者的资源和精力，他们可能更多地关注国际市场或者在国际范围内寻找就业或创业机会，而忽视了在本土市场上的长期导向和公司创业。三是网络关系与支持体系，海外学习可能会打断大学生创业者与本土创业生态系统的联系，使他们失去了本土的合作伙伴关系、家庭支持、资源获取途径和社会网络体系，从而影响长期导向和公司创业之间的紧密联系。四是认知偏差，海外学习经历可能会导致大学生创业者对本土市

场的认知偏差，使他们在制定战略、业务决策和市场定位时出现偏差或者不足，从而影响长期导向与公司创业之间的联系和实现。为解决上述问题，大学生创业者可以通过加强对本土市场的了解和适应、建立本土的合作伙伴关系和支持网络、与本土创业生态系统密切合作等方式来强化长期导向与公司创业之间的联系[2]。

表6-6　长期导向、海外学习经历与大学生公司创业

变量	（1）	（2）
	有海外学习经历	无海外学习经历
Lto	−0.105 （−0.64）	0.159*** （2.90）
Size	1.028*** （4.58）	0.920*** （11.22）
Lev	−0.254 （−0.50）	−1.767*** （−7.90）
Roa	0.400 （0.49）	0.197 （0.68）
Fixed	−0.730 （−1.09）	−1.475*** （−4.81）
Growth	0.233* （1.89）	0.205*** （4.93）
Board	0.215 （0.33）	0.087 （0.42）
Indep	−0.024 （−1.21）	0.000 （0.05）
TobinQ	0.067** （2.16）	−0.005 （−0.25）
ListAge	−0.269 （−1.13）	−0.006 （−0.05）
CEOHoldR	0.005 （0.42）	0.007** （2.53）
Constant	−0.951 （−0.22）	−3.067* （−1.91）
Year	Yes	Yes

续　表

变量	（1）有海外学习经历	（2）无海外学习经历
Firm	Yes	Yes
Observations	876	5 748
R-squared	0.326	0.322
Number of code	243	1 039
r^2_a	0.308	0.319
F	10.94	48.65

如表6-7所示，长期导向对公司创业的显著促进作用在有经管类专业经历组表现得更为显著。

表6-7　长期导向、高校经管专业经历与大学生公司创业

变量	（1）有经管专业经历	（2）无经管专业经历
Lto	0.147** （2.57）	0.009 （0.07）
Size	1.189*** （7.10）	0.904*** （11.04）
Lev	−1.699*** （−3.38）	−1.625*** （−7.08）
Roa	0.228 （0.43）	0.204 （0.61）
Fixed	−1.315* （−1.69）	−1.388*** （−4.45）
Growth	0.034 （0.39）	0.265*** （6.11）
Board	0.210 （0.47）	−0.039 （−0.18）
Indep	0.005 （0.41）	−0.006 （−0.90）
TobinQ	0.018 （0.41）	−0.007 （−0.34）

续　表

变量	（1）	（2）
	有经管专业经历	无经管专业经历
ListAge	−0.063 （−0.30）	−0.072 （−0.64）
CEOHoldR	0.006 （1.02）	0.004 （1.58）
Constant	−6.274* （−1.93）	−2.141 （−1.31）
Year	Yes	Yes
Firm	Yes	Yes
Observations	2 186	4 438
R−squared	0.264	0.321
Number of code	349	1 005
r^2_a	0.250	0.318
F	12.50	45.37

五、研究结论与启示

（一）研究结论

本章基于长期导向视角，以2009—2022年创业板上市公司中6 624个企业观测值为样本，运用多维固定效应回归分析方法，检验了长期导向对大学生公司创业的影响及创业者教育经历的调节作用。通过分析得出以下结论：企业的长期导向与大学生公司创业之间存在正相关关系，并且创业者教育经历在长期导向与大学生公司创业的关系中起到调节作用，高等学历背景和管理专业经验加强了大学生创业者长期视野与公司创业活动之间的联系，而创业者的海外学习经历起到负向调节作用。

（二）理论意义

本章的理论贡献在于：第一，这些发现有助于大学生公司创业活动的前因后果研究，并增进对大学生公司创业活动在新兴市场背景中如何有效开展的理解。本章基于创业者的时间梯度，提出并验证了大学生创业者长期导向对公司创业行为的积极效应。此外，本章还揭示了大学生创业者先前的教育经历在塑造长期导向与公司创业之间的关系中所起的调节作用。这是最早将创业者的认知与背景结合起来，考察大学生创业者对公司创业决策的共同影响的研究之一。第二，本章的研究结果丰富了长期导向的研究。虽然长期导向对公司创业的影响一直是创业和家族企业文献中的一个热门话题，但实际验证凤毛麟角。Eddleston等（2012）的研究指出，长期导向作为组织文化的一个重要因素，在很大程度上促进了公司创业[190]。Zahra等（2004）认为，长期导向的公司倾向于使用战略控制手段，而短期导向的公司则倾向于实施财务控制。他们发现，使用战略控制的企业更有可能像创业者一样行事[191]。依据Breton-Miller和Miller（2006）的长期导向操作化方法[169]，本章关于长期导向和大学生公司创业之间关系的发现与先前的研究结果一致。因此，本章通过对国家和组织文化的关键维度——长期导向的后果研究，增强了长期导向与公司创业之间的关系。

（三）实践启示

本章对创业者或企业也存在管理启示。随着改革开放的深入和信息技术的发展，企业的发展速度也正在放缓并面临严峻的挑战。例如，新技术不断更新、新商业模式层出不穷，以及全球化市场的不断深入，使商业环境越来越具有动态性、高度不确定性和间断性特征[192]。这种情况下，企业不能再像以往那样轻易地保持长期竞争优势，这导致企业的生命周期不断缩短。因此，如何不断振兴和建立可持续的竞争优势成为这些企业关注的焦点。通过不断探索，许多企业发现公司创业活动可以有效地激发企业活力，创造竞争优势。本章揭示了长期导向对促进公司创业活动具有的重要作用，从而使企业获得竞争优势。因此，中国企业要想实现可持续发展，就应该避免"短视"行为[193-195]。

　　尽管本章具有理论贡献与实践启示，但不可避免也存在一些局限。囿于数据限制，本章主要考虑了大学生创业者的高等教育经历、高校经管专业经历和海外学习经历。当然，其他类别的教育或培训经历也可能有助于企业获得关键资源，进而增强长期导向对大学生创业的影响。未来研究可继续探索其他类型职业经历的影响，以丰富本章的理论模型。

第七章

认知导向、创业行为与大学生创业者胜任要素

【章节概要】

认知导向作为大学生创业行为的内在驱动力，影响创业者的思维方式和决策过程。正确的认知导向有助于大学生创业者树立正确的创业观念，明确创业目标，从而在创业过程中保持清醒的头脑和坚定的信念。同时，创业行为是认知导向的具体体现，包括市场调研、资源整合、团队管理等方面。大学生创业者通过积极的创业行为，将认知导向转化为实际行动，推动创业项目的顺利开展。此外，大学生创业者素养的培养和提升，有助于他们更好地应对创业过程中的挑战与困难，提高创业项目的成功率。本章基于行为事件访谈法对来自全国不同类型高校的20名大学生创业者进行访谈，运用扎根理论的三级编码，对原认知导向下大学生创业者胜任要素研究的各级文本进行编码、归类，最终得出97个原始概念，97个副范畴，13个主范畴，6个核心范畴，构建了认知导向下大学生创业者胜任要素研究理论模型，并证明认知能力是大学生创业者胜任要素的基础，它支撑着学习能力、信息处理能力、创新思维、问题解决等其他胜任要素的发展。本章将为高校创业教育提供理论支持和实践参考，并推动创业教育的改革与创新。

一、问题的提出

在当前全球经济深度调整与互联网经济蓬勃发展的时代背景下，创业已成为推动社会进步和经济发展的重要力量。尤其是在中国，随着国家创业政策的不断改革和优化，创业大军日益壮大，创业活跃度显著提升。然而，创业质量不高、成功率偏低、高学历创业者匮乏，以及创业行业技术层次偏低等问题也逐渐浮出水面，引发了社会各界的广泛关注。面对这一现状，中国政府及教育部门高度重视，通过实施大学生创业引领计划（2014—2017）

等措施，积极引导和鼓励大学生投身创业实践。然而，尽管有大量的在校大学生怀揣创业梦想，但真正能够成功实现创业目标的不多[1]。这一现象的背后，暴露出大学生在创业过程中普遍缺乏必要的创业能力，包括对创业理论、方向、目标、风险、实施过程及持续性评价等方面的准确认知。

因此，如何有效培养和提升大学生的创业能力，帮助他们更好地将创业理论与实践相结合，成为当前高校创业教育面临的重要课题。在这一背景下，转变教育理念，重建科学、系统的创业教育目标和模式显得尤为重要。这不仅有助于大学生全面认识创业的本质和要求，还能为他们提供有针对性的创业指导与支持，从而推动他们的创新创业活动实现良性及可持续性发展。

结合前面章节关于"创业认知教育与大学生创业行为：创业认知的驱动作用"的相关研究，笔者认为，认知导向作为个体决策和行为的先导，在创业过程中扮演着至关重要的角色。首先，大学生创业者由于年龄、经验及知识结构的特殊性，其认知导向往往更加多元和复杂，这既为创业带来了无限可能，也增加了创业的不确定性与风险。因此，研究如何通过创业教育引导大学生创业者形成积极、科学的认知导向，对提高创业行为的针对性和有效性至关重要。其次，创业行为是大学生创业者将认知导向转化为具体行动的过程，是创业成功的关键所在。大学生创业者的创业行为受多种因素的影响，包括个人特质、背景特质、资源支持、政策引导等。研究这些因素如何影响创业行为，以及如何优化创业行为以提升创业效果，对指导大学生创业实践具有重要意义。最后，大学生创业者胜任素养是创业成功的重要基础，包括知识、技能、态度和价值观等多个方面[1]。通过深入分析这些要素的内在联系和相互作用，为大学生创业者提供有针对性的指导和建议，帮助他们更好地发挥自身潜力，实现创业梦想。

综上所述，认知导向、创业行为与大学生创业者胜任要素是大学生创业研究的重要议题之一。通过深入研究这些议题，可以更好地以科学的理论和方法指导大学生创业教育改革以提升创业教育效果，从而推动大学生创业行为的良性和可持续性发展，进而推动学生的创新创业成功走出学校，步入社会，参与市场，实现真正意义上的创业。

二、研究思路设计

质性研究本质上是一种循序渐进、不断深化的探索过程。在这一过程中，研究者不断深化对研究主题的理解，逐步揭示现象背后的本质和规律，从而实现知识的积累与更新。鉴于质性研究的范式与方法具有高度的多样性和复杂性，它们往往因研究议题、目标以及具体时空背景的不同而呈现显著的差异性。这种差异反映了质性研究在不同情境下的灵活性和适应性，使得研究者能够针对特定问题设计出更加贴合实际的研究方案[196]。因此，在进行质性研究时，需要充分考虑研究背景和目标，选择适合的研究范式与方法，以确保研究的准确性及有效性。在探讨大学生创业者胜任要素特征的开发时，本书遵循以下逻辑严密的研究路径：首先，深入理解研究背景，明确研究问题。其次，依据研究问题确定合适的抽样策略。再次，深入分析所研究变量间的关系，设计并发放访谈问卷以收集资料；完成资料收集后，进行细致的资料整理与分析，挖掘关键要素概念；基于这些要素，构建清晰的概念框架。最后，对所得结果进行效度检验。值得强调的是，这些研究步骤并非僵化地按固定顺序执行，也不是孤立存在的，而是相互依存、互为补充，共同推动研究的深入进行。

（一）研究方法选取

在胜任素质研究领域，众多学者致力于通过整合与提炼素质要素，进而构建具体的素质模型，为组织在选拔培训人才、实施绩效考核以及开发课程教材等方面提供有力的依据。这些方法的构建方式各具特色，呈现多元化的趋势，其中包括行为事件访谈法、关键事件访谈技术、专家协助法，以及基于专家系统的工作任务或功能分析法等[197]。本书深入对比分析了这些具体开发方法的操作过程及其优劣之处，同时充分考虑了胜任素质的核心内涵以及大学生创业者的特殊性质。在方法的选择上，主要侧重于行为事件访谈法，以此为核心手段来揭示大学生创业者胜任素质的特征要素，从而更精确地把握其内在的规律和特点。

行为事件访谈法源于David C. McClelland在关键事件法基础上所进行的深入探索与创新。此方法的核心在于通过受访者对自身工作经历中关键事件的回溯及行为描述的剖析，深入洞察其个性特质与独特的"认知模式"[197]。作为一种灵活且富有深度的行为回溯研究技术，行为事件访谈旨在引导受访者细致回顾其在职业生涯中所遭遇的关键节点及伴随的行为表现，进而揭示潜在的胜任素质与能力结构。通过这一方法，能够更加精准地把握受访者的内在特质，为后续的研究与分析提供坚实的支撑[198]。

胜任要素模型是一系列必备的胜任特征集合，它是针对个体在履行特定职业或角色职责时所展现的特质，旨在有效促进特定岗位实现卓越目标和取得优异绩效[199]。这一模型不仅明确了成功完成岗位工作所需的关键能力，而且有助于引导个体不断发展和提升自我，进而推动整个组织或团队的绩效提升与发展壮大。本书针对大学生创业者初创期的具体情境，特别选取了行为事件访谈法，以此作为构建其胜任要素模型的初步方法。该方法实质上是一种时间压缩的行动观察技术，它要求受访者详尽地描述创业过程中那些有效与无效的关键事例。通过对这些事例的编码与深入分析，可以将其细化为一系列具体行为，进而确定大学生创业者在初创期所需的核心胜任特征。大量研究已证实，行为事件访谈法是构建胜任要素模型的有效方法之一[200]。

（二）扎根理论研究思路设计

在扎根理论的研究思路设计中，首先需要切实结合研究问题，对研究对象进行目的性筛选，通过科学的研究方法收集相关的文本资料；再运用扎根理论的方法对原始文本资料进行编码，逐句分析，将资料归纳为相应的标签，再凝练为具体的概念，编号并命名；最后通过凝练的概念进一步提取研究问题相关的范畴，并探寻其各个范畴间的逻辑关系，形成切合研究主题的理论模型框架。Pandit(1996)将扎根理论的研究程序整理为以下五个阶段和九个步骤，分别为研究设计、收集资料、资料整理、资料分析、文献比较[196]。其中，在收集资料部分包含样本对象和数据收集两个步骤，而资料分析阶段又具体包含分析个案资料的三级编码、理论模型搭建、理论饱和度检验三部分。基于此，本书将在Pandit的理论基础上进行研究思路的设计，将流程分为七部分。

图7-1是本书基于扎根理论方法应用的流程设计[201]，其目的是确保在研究过程的有效性和科学性。如图7-1所示，在确定研究的核心问题后，本书扎根理论的应用流程便可分为七个步骤：第一步，样本对象，即根据研究问题目的性选择符合要求的研究样本对象，以确保整体研究的有效性与针对性。第二步，数据收集，即对研究样本对象文本进行搜取收集，并通过整理剔除与研究主题无关的内容。第三步，词频统计，即计算并统计文本中各个单词或词组出现的次数，以帮助研究者了解文本主要内容、关键词以及词汇的分布情况。第四步，范畴提炼，它是依赖三级编码（开放性编码、主轴性编码和选择性编码）技术的精细运用，即首先是开放式编码，对收集到的文本资料进行初步解析，以发现其中的核心概念和初步主题；然后是主轴性编码，将开放性编码中得出的概念和主题进行进一步的整合与归类，形成更为系统的分析框架；最后是选择性编码，通过深入剖析主轴性编码所构建的分析框架，提炼出最具代表性的核心范畴，以此为基础构建扎根理论的分析模型[202]，进而得出符合研究主题相关的各个范畴。第五步，模型搭建，即结合理论基础探究各个范畴之间的逻辑联系，构建模型框架。第六步，理论饱和度检验，通过理论饱和度检验确定模型框架是否饱和，倘若不饱和，则需要回到样本对象阶段重新确定数据样本。第七步，理论形成，构建符合理论饱和度检验要求的初步模型框架——认知导向下大学生创业者胜任要素模型。总体而言，扎根理论是一个由底层数据逐步上升至理论层面的过程。在此过程中，数据的收集与资

料分析相辅相成，需同步进行。依据研究所得的实际资料，借助持续性的比较方法以及深入的意义探寻，不断推进理论的构建与发展。

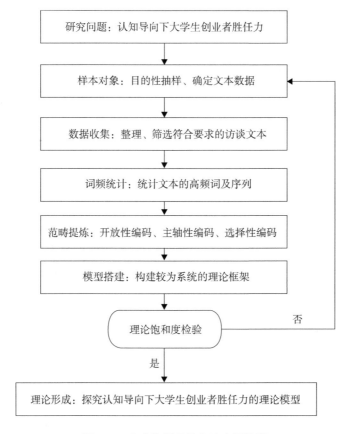

图7-1 本书扎根理论方法应用流程

三、大学生创业者胜任要素模型初构

（一）访谈设计与实施

1. 访谈提纲设计

为了更有效地引导受访者详细阐述他们在特定工作或事件中最成功或最遗憾的经历，从而深入挖掘这些经历背后的行为细节，本书精心设计了访谈提纲，采用STAR工具作为指导框架。这一工具包括情境（situation）、任务（task）、行为（action）和结果（result）四个关键维度，具体访谈提纲见附录一。通过这种结构化的方法，能够更系统地收集和分析受访者的叙述，从而更准确地理解他们在工作中的表现及其背后的原因。

表7-1　基于STAR工具的访谈提纲设计纲要[203]

情境（S）/任务（T）	行为（A）	结果（R）
面对具体情境或事件，请您讲述当时是如何认知的？ 它是一个什么样的成功或失败情境？ 您面临什么样的任务？ 要达到什么样的目标？	完成任务过程中您采取了什么应对方案？ 是哪些方面的原因，让您选择了这项应对方案？ 在完成任务的过程中，您遇到了哪些困难和问题？ 您是如何解决上述困难和问题的？	这个事件/情境中的特定任务完成的结果或效果如何？ 您认为之所以形成这样的结果或效果的主要影响因素是什么？

2. 访谈对象选择及数据收集

首先，从研究样本选择方面而言，扎根理论质性分析的基础在于是否有科学、准确的研究数据，因此，只有通过一系列科学研究方法，合理、有效地选取切合研究主题的相关数据文本，才能确保质性分析得到饱和的研究结果[201]。因此，严格、客观地筛选数据文本，整理出符合研究要求的文本资料是尤为关键的。本书采用了对全国双一流高校、普通高校、民办高校和高职高专的在读或已毕业的20名大学生创业者进行访谈（面谈或电话访谈）的方法，以获取最为真实的一手资料。访谈法是研究者通过口头谈话的方式从被研究者获取第一手资料的一种研究方法，尤其是在现场环境中进行的访谈，更能捕捉被访者的真实感受与即时反应，从而为研究工作提供丰富而深入的素材[204]。访谈法适合从较为微观的层面对研究对象进行细致的考察与分析，对特殊现象进行详细刻画和深入解剖。访谈法具有灵活性、即时性和意义解释功能，研究者可以在与被研究者进行意义互动与思想碰撞、视域交融的过程中深化对研究问题的理解与思考。访谈法主要将语言交流确定为工具手段，在与研究对象的互动交流中追溯事件发生和发展的全过程，强调从研究对象的第一人称视角了解他们的所思所想，理解他们自身的心理活动状态和对相关事件的意义建构，从而获得解释性理解[204]。

其次，数据收集是指通过科学的收集方法对真实有效的数据样本进行搜索、整理，以在后续的编码研究中获取更加准确、切合的理论结果。Strauss和Crbin（1998）认为，扎根理论只有通过对现实搜寻的真实数据资料进行分析、比较、逐级筛选才能形成饱和的理论框架模型，因此整个过程必须依赖于资料的真实性与可靠性[202]。

本书的重点在于构建认知导向下大学生创业者胜任要素的模型，使用访谈法可以为大学生创业者胜任要素的核心要素提供大量的一手材料。除此之外，本书还选取了大学生创业者胜任要素的相关文件进行编码，以获取更为全面的信息文本。

3.词频统计

词频统计是指对数据收集的文本资料进行高频词序列统计的过程，旨在分析研究主题的趋势。本书将与认知导向下大学生创业者胜任要素研究相关的文本资料导入Nvivo.12 Plus，并采用完全匹配的分析方式，在筛选"没有""一点""确实"等无实义的词组为停用词后，词频最高的关键词是"创业"，被提及1 747次，加权百分比为2.86%，其他出现频次较多的关键词还有"认知""团队""过程""学习""创新""重要""包括""失败"等。另外，在词频统计中，运行后得到关键词2 346个，其中，出现300次以上的关键词13个，加权百分比超过0.5%的关键词有13个。评论文本中排名前30的关键高频词如表7-2所示。

表7-2　评论文本中排名前30的关键高频词

排名	单词	计数	加权百分比（％）
1	创业	1 747	2.86
2	认知	841	1.38

续　表

排名	单词	计数	加权百分比（%）
3	团队	779	1.28
4	过程	722	1.18
5	问题	604	0.99
6	项目	459	0.75
7	学习	454	0.74
8	创新	396	0.65
9	重要	359	0.59
10	包括	354	0.58
11	失败	336	0.55
12	能力	326	0.53
13	市场	308	0.50
14	经验	262	0.43
15	能够	262	0.43
16	目标	261	0.43
17	经历	257	0.42
18	产品	248	0.41
19	决策	238	0.39
20	了解	224	0.37
21	判断	224	0.37
22	情况	222	0.36
23	工作	219	0.36
24	大家	215	0.35
25	解决	209	0.34
26	成员	207	0.34
27	分享	198	0.32
28	创业者	195	0.32
29	资源	194	0.32
30	知识	190	0.31

评论文本中关键高频词的词云图如图7-2所示。

图7-2　文本中关键高频词

相较于扎根理论的范畴提炼分析，词频分析只能笼统地反映文本的特征与趋势，无法形成概括性的概念与理论。基于此，需要进一步对文本进行更为清晰和明确的分析。

4.范畴提炼

范畴提炼是指在确定对象后，通过科学的研究方法对所收集的数据进行编码、提炼的具体过程。其主要是由对原始的数据文本进行自下而上的三级归类而形成的具体范畴，并通过理论饱和度的检验方式确定所构建的主范畴是否具有代表性、科学性与有效性[201]。同时，为了使整个文本的范畴提炼更加标准与规范，本书通过使用质性分析软件Nvivo12.0进行编码。

（1）开放性编码：开放性编码过程实际上是在无预先主观设定的情况下，对获取的文本资料展开细致入微的逐句分析与解读。这一过程的核心在于对原始文本内容进行深入的归类与总结，旨在保持其原始性、开放性和真实性。在此过程中，原始资料的内容逐步转化为概念化的标签，这一转变要求编者以客观的态度设定范畴标准，进而形成清晰的概念表达[201]。因此，开放性编码的本质是从标签化到范畴化的转化过程，其成果体现了对文本资料的深入剖析和精准理解。

本书的具体操作如下，首先处理相关认知导向下大学生创业者胜任要素研究的文本材料，然后对其进行标签化编码，最后将所得的标签范畴化，得到相应的概念，记为aaxx（xx=01，02，03，…），如陈蓓蕾（2008）所述，这里的概念可以是词、短语或短句，但不论以什么形式都必须准确体现内容的本质内涵[205]。例如，本书中第一个概念为"aa01团队决策分歧处理"，以此类推，得到完整的概念表。

由于选取的文本中的相关概念数量过大，本书将完整的概念原始语句、标签及概念，经过深入对比和分析原始资料，剔除一系列不具有充分参考价值的编码（如发生频率低于2次、内容重复或高度相似，以及前后含义存在矛盾的条目），随后对剩余的具有完整参考价值的编码内容进行系统性的整合与重新编号，记为nnxx（xx=01，02，03，…），以便于后续的引用和分析。例如，将首个整合后的副范畴命名为"nn01分歧处理"，以确保其在研究中的准确性和一致性。以此类推，最终得到97个相关副范畴。

表7-3　开放性编码所得范畴

原始语句	原始概念	副范畴
我在创业过程中的关键角色。首先在第一阶段创业经历中，关于需不需要去实地调查我们的客户并与他进行合作的决策，我们团队中出现比较大的分歧	aa01 团队决策分歧处理	nn01 分歧处理
我们不仅要考虑客户对我们的重要性，还要考虑我们自身所提供方案的完整度，甚至是团队成员之间的配合度	aa02 客户重要性与方案完整性	nn02 客户关系
从多个维度进行前期反思分析与调整	aa03 多维度分析调整	nn03 反思分析
在创业过程中遇到的问题以及比较典型的问题	aa04 典型问题识别	nn04 问题管理
作为团队的管理者，带领团队进行理论技术方面的梳理	aa05 理论技术梳理	nn05 团队领导
从市场方面论证现在已有的市场传播手段是怎样的	aa06 市场传播手段论证	nn06 市场分析

原始语句	原始概念	副范畴
保证团队成员思想的一致性	aa07 团队思想一致性	nn07 团队协调
在团队出现分歧的时候，非常关注团队中其他成员对该分歧的看法	aa08 团队分歧关注发展	nn08 团队发展
运用更多的方法，如多开会、多交流	aa09 会议交流方法	nn09 沟通策略
运用的学习方法以及学习的思路，首先是了解这种新技术诞生的背景	aa10 技术背景学习	nn10 学习策略
在创业过程中，当新的技术并没有被客户认可的时候	aa11 技术认可失败	nn11 市场适应
开始去反思自己的方案是不是客户所真正需要的	aa12 客户需求反思	nn12 客户导向
通过一些创业导师的指导，一些创业课程的学习	aa13 创业导师指导	nn13 创业指导
对于已有的模式进行复盘，去总结它的优点与缺点	aa14 模式复盘总结	nn14 经验总结
第一步是接纳这些新的技术、新的方式	aa15 新技术接纳	nn15 创新接纳
去评估现在已有的形式，它的未来市场空间有多大	aa16 市场空间评估	nn16 市场预测
更多地是基于直觉和经验的判断	aa17 直觉经验判断	nn17 决策直觉
关于基于信息的收集以及分析并不是非常全面的	aa18 信息收集分析	nn18 数据分析
更多的是需要一种比较灵敏的商业思维	aa19 灵敏商业思维	nn19 商业敏感度
首先是针对目前这些客户的规模以及他们对任务时间要求的长短来进行紧急任务的分配	aa20 客户规模与任务时间要求	nn20 任务分配
在判断优先级的时候，更多的是考虑长期合作的客户的需求	aa21 长期合作客户优先	nn21 关系维护
作为团队管理者，我首先做的是加大市场宣传	aa22 市场宣传加大	nn22 市场推广
更多的是从市场的角度去应对激烈的竞争	aa23 市场角度应对竞争	nn23 竞争策略
对于自身的创业认知的调整以及创业认知的改进	aa24 创业认知调整改进	nn24 认知调整
去尝试不同的技术，然而大部分技术是失败的	aa25 技术尝试与失败	nn25 技术创新
开始推出一些比较小的产品	aa26 小产品推出	nn26 产品策略
有考虑继续创业的，可能会更多地去了解好的创业者是怎么做的	aa27 了解成功创业者	nn27 创业学习
可能会去参加一些相关的专业性的培训和学习	aa28 参加专业培训	nn28 能力提升

原始语句	原始概念	副范畴
有考虑继续创业的	aa29 继续创业考虑	nn29 创业持续
对创业做了非常充分的准备	aa30 创业充分准备	nn30 计划准备
清楚自己真正想要的是什么	aa31 创业目标清晰	nn31 目标明确
更多的可能是埋头苦干、加班	aa32 埋头苦干加班	nn32 工作投入
要考虑利益交换的问题	aa33 利益交换考虑	nn33 商业关系
基础的一些理论知识，包括如何去注册公司	aa34 基础理论知识	nn34 知识基础
将来更多的是想和学校合作	aa35 学校合作意向	nn35 合作发展
想清楚自己要做什么之后，再找相关专业的人去进行一些咨询	aa36 创业咨询需求	nn36 专业咨询
我的创业经历分为两段，第一段是在大学期间……	aa37 创业经历阶段性	nn37 创业规划
我目前是工作了，也在持续创业	aa38 工作与创业并行	nn38 职业发展
创业需要有一定的理论进行指导	aa39 创业理论指导	nn39 理论指导
通过阅读相关的创业书籍去逐步地认知创业的整体框架	aa40 创业知识学习	nn40 知识获取
学校提供的创业课程对我的创业认知形成是有很大帮助的	aa41 创业教育影响	nn41 教育作用
我认为突出的点在于自身具备相关的创业知识	aa42 创业知识优势	nn42 个人优势
参加过非常多的创业相关培训	aa43 创业培训经历	nn43 经验积累
在团队中出现了比较大的分歧	aa44 团队内部分歧	nn44 分歧处理
作为团队的管理者，我综合考虑了各种因素	aa45 综合因素考量	nn45 决策过程
对于这次决策不需要实地调查	aa46 决策需求分析	nn46 决策依据
不仅考虑客户的重要性以及自身所提供方案的完整度	aa47 客户需求与方案完整性	nn47 需求阅读
运用更多的方法是多开会、多交流	aa48 会议交流策略	nn48 沟通方法
在创业过程中，当新技术并没有被客户认可的时候	aa49 技术市场适应性	nn49 市场适应
我们解决技术风险的方式是找一个学计算机专业的学长，他现在在做小程序的进一步升级和完善	aa50 创业技术应用风险	nn50 技术风险

原始语句	原始概念	副范畴
对已有的模式进行复盘，去总结它的优点与缺点	aa51 模式复盘总结	nn51 经验总结
第一步是接纳这些新的技术、新的方式	aa52 新技术接纳态度	nn52 创新态度
去评估现在已有的形式，它的未来市场空间有多大	aa53 市场潜力评估	nn53 市场分析
更多的依赖于直觉和经验的判断	aa54 直觉与经验依赖	nn54 直觉判断
关于信息的收集以及分析并不是非常全面的	aa55 信息分析不足	nn55 数据处理
更多的是需要一种比较灵敏的商业思维	aa56 商业思维灵敏度	nn56 商业敏感度
转入法学是因为计算机应用市场较小	aa57 市场规模评估	nn57 市场分析
考虑转换到律师行业来进行专业性跨度	aa58 职业转换决策	nn58 职业发展
创业项目定义为重要的业务项目	aa59 业务项目重要性	nn59 创业项目
破产重整业务板块占收入的 1/3	aa60 业务板块经济贡献	nn60 财务分析
目标市场为某市法院及政府企业	aa61 目标市场定位	nn61 市场定位
抓住法制化退出通道的机遇	aa62 市场机遇捕捉	nn62 市场机遇
律师具有创业经历	aa63 律师创业背景	nn63 个人背景
创业认知导向对成功至关重要	aa64 创业认知重要性	nn64 创业理念
创业需求比创业行为本身更重要	aa65 创业需求分析	nn65 创业动机
创业决策依赖信息对称性	aa66 信息对称性重要性	nn66 决策依据
创业经验对新领域学习有帮助	aa67 创业经验价值	nn67 经验学习
学习新知识需快速、准确、真实	aa68 学习效率要求	nn68 学习方法
为了给当代一些有学习需求的人提供一个更好的环境、更多的服务以及更全身心投入的一个环境场地	aa69 环境与服务设计	nn69 服务设计
创新是创业的基本要求	aa70 创新与创业关系	nn70 创新理念
团队合作提高劳动生产效率	aa71 团队合作效率	nn71 团队组织
创新失败经历的总结	aa72 创新失败总结	nn72 失败总结
接触新信息和专家探讨	aa73 新信息获取与专家合作	nn73 信息更新
实事求是的策略制定	aa74 实际情况分析	nn74 策略制定
创业决策中的资源投入权衡	aa75 资源投入决策	nn75 资源判断

原始语句	原始概念	副范畴
在创业过程中，需要对创业问题解决中的挑战进行积极应对	aa76 问题解决策略	nn76 策略制定
学习新领域知识的策略	aa77 新领域学习策略	nn77 学习策略
创业实践中的失败与调整	aa78 创业失败调整	nn78 创业韧性
创新思维在创业中的作用	aa79 创新思维作用	nn79 创新思维
我们在创业的过程中需要发现和利用创业机会	aa80 创业机会识别	nn80 机会发现
评估机会可行性和市场潜力	aa81 机会评估方法	nn81 市场评估
团队协作对创业成功的影响	aa82 团队协作重要性	nn82 团队协作
在创业过程中需要结合团队成员意见，并对分歧进行处理	aa83 意见分歧解决	nn83 团队沟通
个人认知成长与反思	aa84 认知成长过程	nn84 个人发展
创业失败经历的应对	aa85 失败经历应对	nn85 创业韧性
创业认知导向的正确性	aa86 认知导向重要性	nn86 创业理念
个人大学生创业者的自我认知需要加强	aa87 创业者自我认知	nn87 个人认知
创业教育对大学生的影响还是很大的	aa88 创业教育价值	nn88 教育影响
创业项目的市场运营情况需要进行初步的分析，并且需要有市场管理的能力	aa89 市场运营分析	nn89 市场管理
我创办了公司之后，产品设计以我的专业为主	aa90 产品设计与专业应用	nn90 专业应用
2019—2022 年的第一段创业经历是关于使用动漫短视频的方式去传播我国的非物质文化遗产	nn91 文化传播与创新表达	nn91 文化传播
创业失败的经历对认知的影响	aa92 失败经历认知作用	nn92 经验反思
老年人对手机的使用程度是比我们认为的一般任务都要高很多的	aa93 产品或服务接受度风险	nn93 接受度风险
当把我设计的小程序推荐给老年人后，他们通常对该行为表示怀疑	aa94 用户接受信任度风险	nn94 信任度风险
我们目前还没有正式上线，原因是缺乏资金	aa92 正式上线资金风险	nn95 财务风险
开始去反思自己的方案是不是客户所真正需要的	aa96 客户需求反思	nn96 市场定位
因为本身就具备一定的市场前景和一定的市场可行性风险	aa97 市场产品可行性风险	nn97 市场风险

（2）主轴性编码：在主轴性编码的过程中，主要聚焦于对开放性编码阶段所提炼出的副范畴进行更为细致的整合与提炼。这一过程的核心在于深入探究这些范畴之间的内在联系与逻辑关联。由于开放性编码阶段所生成的标签、概念及范畴往往具有较强的客观描述性，其间的层次结构和逻辑关系并不总是显而易见的，因此需要对这些范畴进行更为系统化的梳理与归纳，以便形成更为清晰的主范畴框架[201]。在此基础上，进一步对97个副范畴进行深入的范畴化分类，通过这一过程，成功提炼出相应的主范畴属名，并以"NNXX"（XX=01，02，03，…）的形式进行标识。例如，将首个主范畴命名为"NN01学习能力"。最终确定了13个具有代表性的主范畴。这一过程不仅增强了研究的逻辑性和条理性，也为后续的研究提供了更为坚实的基础。

表7-4　主轴性编码所得范畴

主范畴	副范畴编号
NN01 学习能力	nn10 学习策略 nn27 创业学习 nn40 创业基础 nn68 学习方法 nn34 知识基础
NN02 信息处理	nn01 决策管理 nn18 数据分析 nn55 数据处理 nn73 信息更新
NN03 创造性思维	nn15 创新接纳 nn25 技术创新 nn52 创新态度 nn70 创新理念 nn79 创新思维
NN04 设计思维	nn69 服务设计 nn12 客户导向 nn90 专业应用 nn91 文化传播
NN05 批判性思维	nn03 反思分析 nn17 决策直觉 nnn54 直觉判断 nn75 资源判断 nn96 需求反思
NN06 解决问题的能力	nn04 问题管理 nn76 策略制定 nn72 失败总结 nn77 学习策略 nn36 专业咨询
NN07 商业计划	nn13 创业指导 nn30 计划准备 nn37 过程规划 nn39 理论指导
NN08 市场分析	nn06 市场分析 nn16 市场预测 nn19 商业敏感度 nn22 市场推广 nn51 经验总结 nn53 市场分析 nn57 市场分析 nn61 市场定位 nn62 市场机遇 nn81 市场评估 nn90 市场管理
NN09 人际关系和沟通	nn02 客户关系 nn21 客户关系维护 nn47 需求阅读 nn48 沟通方法 nn33 商业关系 nn35 合作发展
NN10 团队协作	nn07 团队协调 nn08 团队发展 nn71 团队组织 nn82 团队协作 nn20 任务分配 nn44 分歧处理
NN11 领导力	nn05 团队领导 nn11 市场适应 nn14 经验总结 nn38 职业发展 nn56 商业敏感度 nn60 财务分析 nn32 工作投入

主范畴	副范畴编号
NN12 风险识别	nn66 创业动机 nn50 技术风险 nn93 接受度风险 nn94 信任度风险 nn95 财务风险 nn97 市场风险
NN13 决策能力	nn01 分歧处理 nn03 决策分析 nn17 决策直觉 nn45 决策过程 nn46 决策依据 nn54 决策方式 nn75 决策分析 nn49 市场适应

（3）选择性编码：选择性编码的过程是指对开放性编码和主轴性编码所得的概念、副范畴及主范畴再进行凝练，整理归纳，得到核心范畴的过程。其需要不断地对所得的概念、副范畴、主范畴进行阅读、翻译、比较、检验与调整，将具有同类属性的主范畴重新划分为更高一层的类属，并结合相应的理论基础整理出各个类属的逻辑联系，形成一条具有"故事线"的核心范畴[201]。

表7-5　选择性编码所得范畴

核心范畴	主范畴	范畴内涵
认知能力	学习能力	指对新知识的快速吸收和适应能力，不断学习和更新自己的知识体系
	信息处理	有效获取、组织和利用信息的能力，包括数据分析和信息筛选
创新思维	创造性思维	能够产生新颖的想法和概念，对问题和挑战有独特的见解
	设计思维	运用设计思维方法解决问题，关注用户需求和体验
问题解决能力	批判性思维	对信息进行分析和评估，能够做出明智的决策
	解决问题的能力	有能力快速而有效地解决面临的问题，包括创业过程中的各种挑战
创业知识和技能	商业计划	制订和执行创业计划的能力
	市场分析	了解市场需求、竞争情况和潜在机会的能力
	人际关系和沟通	与他人建立有效的合作关系，以及清晰地表达自己的观点
团队合作与领导力	团队协作	能够与团队成员协同工作，发挥团队的优势
	领导力	有能力领导和激励团队，推动团队朝着共同目标努力
风险管理和决策能力	风险识别	识别和评估潜在的风险，采取相应的措施进行管理
	决策能力	在不确定性的环境中做出明智的决策

　　由表7-5可知，认知导向下大学生创业者的胜任要素是多方面的，涵盖了从个人能力到团队合作，再到风险管理和决策制定的全方位技能。这些能力共同构成了一个成功的创业者所需的核心素质。

　　具体来看，大学生创业者首先需要具备强大的认知能力，包括快速吸收和适应新知识的学习能力，以及有效获取、组织和利用信息的信息处理能力。他们需要掌握学习策略、创业学习、创业基础和学习方法，同时在决策管理、数据分析、数据处理和信息更新方面展现出高效率。创新是创业成功的关键因素之一。大学生创业者应具备创造性思维，能够产生新颖的想法和概念，并对问题和挑战有独特的见解。此外，设计思维的运用也是必不可少的，这涉及服务设计、客户导向、专业应用和文化传播，以确保解决方案能够满足用户需求和提升用户体验。面对创业过程中的各种挑战，大学生创业者需要展现出批判性思维和解决问题的能力。这意味着他们能够对信息进行深入分析和评估，做出明智的决策，并能够快速有效地解决面临的问题，包括进行问题管理、策略制定、失败总结和专业咨询。成功的创业者要有扎实的商业计划和市场分析能力。其包括制订和执行创业计划、了解市场需求和竞争情况、预测市场趋势、进行市场推广和定位，以及管理市场机遇和风险。此外，良好的人际关系和沟通技巧也是必不可少的，其有助于建立有效的客户关系和商业合作。在团队环境中，大学生创业者需要展现出卓越的团队协作和领导力。他们应能够协调团队成员、促进团队发展、组织团队工作、分配任务，并处理团队内部的分歧。同时，领导力的展现也包括激励团队成员、适应市场变化、总结经验、职业发展和财务分析。创业过程中不可避免地会遇到各种风险，大学生创业者必须具备风险识别和管理的能力，以及在不确定性环境中做出明智决策的能力。其包括评估创业动机、技术风险、市场风险，以及在面对分歧时进行有效处理。此外，他们还需要掌握决策分析、决策过程、决策依据和决策方式，以确保能够在复杂多变的商业环境中做出最佳选择。

（二）理论饱和度检验

理论饱和度检验是指使用未编码的新数据对通过编码工作后所得的各个概念、副范畴与主范畴进行可信度与有效度检验的过程。其目的是检验所得的质性分析理论结果能否客观有效地诠释所收集的数据文本[201]。扎根理论研究流程的完结，要求所构建的理论框架已全面涵盖研究问题可能涉及的所有类别范畴，且经过深入剖析，未发现任何新的资料能够为既有理论增添新的类属。换言之，当理论达到饱和状态时，即意味着研究工作的圆满完成。这一饱和状态的确立，是判定研究是否结束的关键标准[206]。

本次研究利用预留的原始数据进行深入的理论饱和度检验。经过细致入微的分析过程，成功界定了6个核心范畴，即认知能力、创新思维、问题解决能力、创业知识和技能、团队合作与领导力，以及风险管理和决策能力。值得注意的是，除了这6个核心范畴，并未在剩余数据中发掘出新的概念或范畴，从而进一步验证了理论框架的完备性。此次利用预留数据进行理论饱和度检验的结果表明，本次编码工作具有较高的可信度，为后续研究提供了坚实的理论支撑。

（三）理论框架模型初构及讨论

在确定相关的研究内容后，本书通过扎根理论的三级编码，对原认知导向下大学生创业者胜任要素研究的各级文本进行编码、归类[201]，最终得到97个原始概念，97个副范畴，13个主范畴，6个核心范畴。构建了认知导向下大学生创业者胜任要素研究理论模型。经过深入的理论饱和度检验，本书已确认各构成要素及其相互关系。在理论上达到饱和状态，确保了理论框架的完整性与逻辑性。

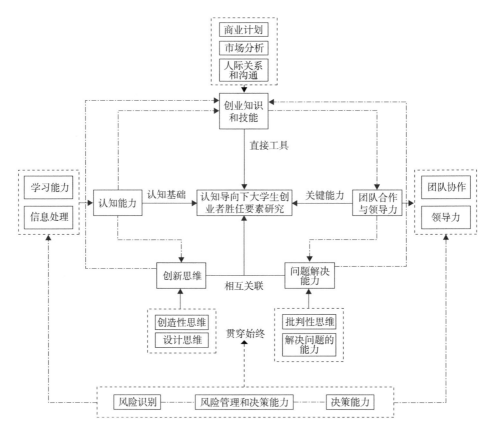

图7-3 认知导向下大学生创业者胜任要素研究理论框架模型

如图7-3所示，在深入探讨认知导向下大学生创业者胜任要素的理论模型时，可以清晰地看到各个胜任要素之间既相互独立，又互为补充，形成了一个复杂而动态的网络。其中，认知能力作为基石，不仅支撑着其他胜任要素的发展，还为其提供了源源不断的动力。

首先，认知能力中的学习能力和信息处理能力是大学生创业者不可或缺的素质。在创业初期，创业者需要不断地学习和吸收新的创业知识，包括行业动态、市场需求、技术发展趋势等。同时，他们还需要有效地处理和分析这些信息，以便在决策和行动中做出正确的判断。因此，强大的学习和信息处理能力对于大学生创业者来说至关重要。

随着创业知识和技能的积累，大学生创业者逐渐展现出创新思维和问题解决能力。创新思维能够帮助创业者突破传统思维模式，提出新颖独特的创业理念和解决方案。而问题解决能力则确保这些创新想法能够在实践中得到有效应用，并解决实际创业过程中遇到的各种挑战。这两个能力的相互作用与相互促进，为创业者提供了持续创新的动力和解决问题的能力。

其次，创业知识和技能也是实现创业目标的重要工具。它包括商业计划制订、市场分析、营销策略、财务管理等多个方面。这些知识和技能不仅能帮助创业者更好地理解和把握市场机遇，还能提升他们的操作能力和执行力。通过不断地学习和实践，大学生创业者可以逐渐掌握这些知识和技能，为创业成功打下坚实的基础。

在创业过程中，团队合作与领导力也是不可或缺的胜任要素。一个优秀的创业团队需要具备协同合作、互相支持的精神，而领导者则需要具备领导团队、激发团队成员潜能的能力。通过有效的团队合作和领导力，创业者可以更好地整合资源、协调各方利益，推动创业项目的顺利进行。

最后，风险管理和决策能力也是大学生创业者在整个创业过程中必须具备的重要素质。在创业过程中，风险和不确定性是无法避免的。因此，创业者需要具备敏锐的洞察力和判断力，及时发现并应对各种风险。同时，他们还需要在面临重要决策时，全面分析各种利弊得失，做出明智的选择。

综上所述，在认知导向下大学生创业者胜任要素的理论模型中，各个胜任要素之间相互作用、相互促进，共同构成了创业者的综合素质和能力体系。这些胜任要素不仅有助于提升创业者的个人能力和素质，还能提高创业的有效性和成功性。因此，对于大学生创业者来说，不断地学习和提升自己的各项胜任要素，是实现创业梦想的关键所在。对于高校来说，应重点培养大学生的创业胜任要素，以推动创新创业教育的发展，为国家和社会培养更多具有创新精神和创业能力的人才。因此，高校应该积极发挥自身优势和资源，为大学生创业者提供全方位的支持和帮助，共同推动创新创业事业的发展。

　　同时，我们也需要意识到，这些胜任要素并不是孤立的，而是相互关联、相互作用的。只有在整体上提高这些要素的发展水平，才能更好地提升创业者的综合能力和创业成功的可能性。因此，在培养大学生创业者的过程中，我们需要注重全面发展，注重各个要素的均衡提升，从而培养出更具竞争力的创业者。

第八章

基于认知导向的大学生创业者胜任力模型构建

【章节概要】

在"大众创业、万众创新"的时代浪潮中，将创新创业与知识探索、能力提升、素质锻造、人格塑造相结合，形成"四位一体"的育人模式，已成为我国高校创业教育的重要使命。基于第七章对大学生创业者素养的深入剖析，本章进一步构建了大学生创业者胜任力模型，旨在全面解答高校创业教育中的核心问题：为何进行创业教育——应培养什么样的大学生创业者——如何有效地实施创业教育。通过推动高校创业教育理念的革新与目标的升级，全面提升大学生创业者的综合素养与创业能力，使他们能够更好地应对新时代创业环境所提出的更高挑战，不仅有助于高校更好地履行培养高素质人才的使命，满足新时代对人才的需求，也为高校提供高水平教育服务、推动社会创新与发展发挥了积极作用。

一、胜任力模型相关理论基础

（一）关键概念

1.胜任力的含义

胜任力这一概念在理论探讨与实践管理中备受瞩目，不同学者对其内涵的解读呈现多元化的特点。其中，McClelland、Boyaizis和Spencer等学者的观点尤为突出。哈佛大学教授McClelland（1973）率先提出，胜任力是指与工作绩效及生活中其他重要成果直接相关的一系列知识、技能、特质、能力或动机的集合[207]。Boyatzis夫妇（1982）则从另一视角揭示了胜任力的本质，他们认为，胜任力是个体潜在的特征，这些特征在高效或杰出工作绩效中发挥着关键作用，具体表现为动机、特质、能力、自我形象、社会角色及所掌握的知识等多个维度[208]。而 Spencer（1993）则对胜任力的特性进行了更为深入的剖析，他指出，胜任力是那些能够显著区分卓越成就者与普通表现者的深层次个体行为特征，这些特征涵盖了动机、特质、自我形象、态度或价值观、专业知识及行为技能等多个方面，并且这些特征可以通过可靠的方式进行测量或计数，从而有效地识别优秀绩效与一般绩效的个体[209]。综上所述，各位学者对胜任力的定义虽各有侧重，但都强调了其在工作绩效和个体发展中的重要作用，为后续的研究和实践提供了宝贵的理论支持。

通过对相关文献的深入研读，目前国内众多学者与管理者在探讨胜任力概念时，普遍倾向于采纳 Spencer 所提出的定义，即胜任力应具备以下显著特征：首先，它应与工作绩效紧密相连，能够作为预测员工未来工作表现的有效指标；其次，它应与具体的工作情境紧密相连，表现出强烈的动态性特征；最后，它应具备区分度，能够清晰地将业绩卓越者与表现平庸者区分开来[210]。这样的理解不仅深化了对胜任力本质的认识，也为相关领域的实践提供了有力支持。

综上所述，胜任力的含义虽呈现多样化特征，但核心要素是共通的：它体现在个体在职业实践中所展现的动机、态度、特质、行为方式、自我认知及知识技能等多个层面。胜任力紧密关联实际工作，其核心价值在于与工作绩效的紧密联系，不仅能清晰地区分高绩效员工与表现平平者，更具备对未来工作绩效的预测能力。此外，胜任力并非一成不变，而是呈现动态变化的特性，持续演进并适应不同情境的需求[211]。

2.大学生创业者的界定

创业者的理念，其历史渊源可追溯到1755年，最早由法国经济学家 Cantillon 提出。随后，1800年，法国经济学家萨伊（Say）对创业者进行了更为深入的阐释和界定。他明确指出，创业者是那些能够巧妙协调并有效调配经济资源的关键人物，他们将这些资源由生产效率相对较低的领域引导至生产效率更高的领域，从而在经济活动中发挥着核心代理人的角色。萨伊的界定不仅丰富了创业者的内涵，也为我们更深入地理解创业者在经济发展中的作用提供了有力的理论支撑[212]。此外，著名经济学家熊彼特则进一步突出了创业者的创新性特质，他强调，创业者应具备发掘并引入新颖、高效且具备盈利潜力的产品、服务及生产流程的能力，从而推动经济的持续发展[118]。

在英文语境中，"entrepreneur"一词被赋予创业者的涵义，它涵盖了两重主要概念。一方面，它指企业家，即在既有企业中执掌经营大权和决策权的领军人物；另一方面，它用于描述创始人，这些人往往是那些正筹备创立新企业或者刚刚踏上创业征程的领导者[10]。这样的定义既体现了创业者的不同角色，也凸显了他们在经济活动中不可或缺的地位。因此，本书认为，创业者是指那些创建自己的企业或组织，并通过自己的努力和才能来实现自己商业目标的人。他们通常具备创新意识、领导能力、风险承担能力和创业精神等特质，通过创建新的企业或组织来创造价值，并推动社会和经济的发展。根据创业的不同生命周期和目的[213]，创业者可以分为以下不同的类型：初创企业家，通常是指刚刚开始创业1～4年的人，他们往往拥有创新的想法和产品，但是缺乏商业经验和资源；成熟企业家，通常是指已经创业4年以上并在某一领域取得成功的人，他们拥有丰富的商业经验和资源，能够更好地应对市场和竞争的挑战；社会企业家，关注的是解决社会问题和推动社会进步，他们通过创建非营利组织或社会企业来实现自己的目标。

综上所述，虽然目前没有统一概念来定义大学生创业者，但我们可以从对"创业者"的概念和大学生的特质结合的角度来定义，即大学生创业者是指在校大学生或毕业不久的大学生，他们利用自己的知识、技能和创新思维，通过创办新企业或参与创新项目的方式，积极寻求商业机会，以实现个人价值和社会价值的一种创业行为主体。这个定义涵盖了以下几个关键要素：主体身份，创业者是大学生，包括正在接受高等教育的学生以及刚刚毕业不久的学生，他们通常具有较为丰富的理论知识，对新技术和新趋势有敏锐的洞察力；知识与技能利用，大学生创业者并不是简单地依靠传统方法或现有资源创业，而是充分利用他们在学校获得的知识和技能，特别是与他们的专业或研究领域相关的知识和技能；创新思维，大学生创业者需要具备创新思维，能够发现市场中的空白点或痛点，提出创新的解决方案，并通过产品或服务的形式将其商业化；创办新企业或创新项目，创业活动可以表现为创办新的企业，也可以在已有企业中开展创新项目或新业务，这些活动需要大学生创业者具备一定的商业洞察力、组织能力和市场敏感度；实现个人与社会价值，大学生创业者不仅追求个人的经济利益，还希望通过自己的创业活动为社会创造价值和承担历史使命。

（二）胜任力模型相关理论概述

1.国内外研究成果概述

在古罗马时期，人们便开始对"卓越战士特质"进行探求，并据此设计了胜任力剖面图，为胜任力的基本特性勾勒出初步的轮廓。至20世纪初，美国科学家Taylor进一步深化了对个体工作效能的研究。他通过详尽分析"时间与动作"之间的微妙关系发现，即便是执行相同的任务，不同操作工人所需的时间也存在显著的差异。基于这一重要发现，Taylor提出[212]，管理者应当深入剖析操作工人的胜任力结构，通过针对性的培训措施，精准提升各项胜任力要素，从而有效提高工作效率，最终推动整个组织的效能实现质的飞跃。这一系列研究与实践，标志着胜任力建模思想的初步形成与实际应用。

21世纪50年代初，美国国务院在选拔外交官的过程中遭遇了一个难题：尽管通过严格筛选的外交官在各项测试中均表现优异，但他们在不同国家的实际外交表现大相径庭，有的备受赞誉，有的屡遭挫折。为了解开这一谜团，国务院特邀哈佛大学知名心理学家McClelland进行深入研究，旨在探寻一套能准确预测外交官实际工作表现的选拔机制。McClelland经过深入剖析后发现，国务院以往过分依赖智力测验来评估外交官的能力，并误认为高智力等同于优秀的外交表现。然而，McClelland认为这种观念存在局限性，他转而关注优秀外交官与表现不佳者在实际工作中的行为差异。通过对比分析，McClelland成功识别一系列能够切实提升外交官工作成效的关键因素，并将其概括为"胜任力"[214]。1973年，McClelland在《美国心理学家》杂志上发表了一篇题为"超越智力，探寻胜任力"的论文，引发了广泛关注和讨论。这篇论文不仅推动了胜任力理论在多个领域的广泛应用，还催生了所谓的"胜任力运动"。在McClelland研究的基础上，美国学者Spencer和Boyatzis进一步拓展了胜任力理论，提出了著名的胜任力冰山模型和洋葱模型，为后续的胜任力研究与实践提供了坚实的理论支撑和指导[215]。

中国对胜任力的研究起步于1998年，之后众多学者在这一领域进行了深入的探索。其中，2002年，时勘、王继承和李超平[216]等率先运用行为事件访谈法，对电信行业的管理干部胜任力特质进行了详尽的分析。他们成功地构建了一个针对通信业管理干部的胜任力模型，该模型涵盖了10项关键的胜任力因子。研究结果显示，这一模型与西方的研究成果存在诸多共通之处，从而证实了基于胜任力模型的评价体系在区分卓越与普通管理干部方面的有效性。在随后的研究中，叶茂林[217]进一步采用了问卷调查法，对企业营销人员的胜任力进行系统性的研究，并成功提炼出"九维度胜任力模型"。这一模型的构建，不仅丰富了中国胜任力理论的研究内容，更为企业在营销人员的选拔与培养方面提供了坚实的理论依据和指导。

2.经典胜任力模型

在当前学术研究中，被广为认可的两种胜任力模型分别是冰山模型和洋葱模型，它们各自具有独特的理论框架和实用价值。在Spencer夫妇的杰出著作《工作中的胜任力》中[209]，他们创造性地提出了胜任力冰山模型，该模型巧妙地将胜任力比喻为冰山，既显露出部分在水面之上，又深藏着大量在水下之中。其中，"浮于水面的冰山部分"象征着员工的外在行为展示，这些显而易见的要素主要包括基础知识和基本技能，它们直观且易于评估，通过系统的专业培训可以有效提升和强化。然而，尽管这些外在表现对员工的工作有一定影响，但它们对整体绩效的决定作用相对有限。相对而言，"隐藏于水下深处的冰山部分"则包含更为丰富且复杂的内在特质，如员工的综合素质、个性特质、内在动机及价值观等。这些因素深深根植于员工的内在世界，不易被外界直接观察和改变，却对员工的行为表现和整体绩效发挥着至关重要的潜在影响。它们对员工的综合能力发展具有深远的影响，并最终决定了个体绩效的高低[218]。通过深入挖掘和培养这些内隐因素，能够更有效地提升员工的整体胜任力，进而推动组织的长远发展。胜任力冰山模型如图8-1所示，通过这一形象生动的比喻，我们能够更加清晰地理解员工胜任力的构成及其对绩效的影响，为人力资源管理和培训提供了有力的理论支撑与实践指导。

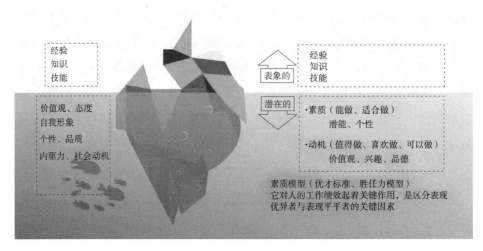

图8-1 胜任力冰山模型

洋葱模型作为一种员工胜任力分析框架，由Boyatzis[208]在 *The Competent Manager：A Model for Effective Performance* 一书中首次系统阐述。该模型是对冰山模型的进一步拓展与深化，形象地将各种特质比作层层堆叠的洋葱，每剥去一层，就展现出不同的胜任力要素。这一模型巧妙地将复杂的员工素质分解为多个层面，每个层面都承载着特定的能力要素，从而为我们提供一个全面而深入的分析框架。在模型中，最外层的是知识和技能，这些要素相对容易被培养和改变，反映了员工在基础层面上的能力水平。随着层次的深入，逐渐触及员工的动机和特质，这些内在要素构成了员工胜任力的核心，同时也是最难培养和改变的部分。这种由外向内的结构安排，不仅有助于我们全面理解员工的胜任力构成，也为人力资源管理和开发提供了有力的分析工具[219]。胜任力洋葱模型如图8-2所示，直观地展示了这一理论框架的层次结构和内在逻辑。

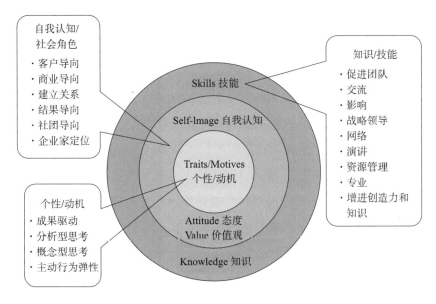

图8-2 胜任力洋葱模型

3.胜任力模型的构建方法

常见的胜任力模型的构建方法可以归纳为以下五种：

（1）战略导向法。本方法旨在精准识别与组织的核心理念及价值观相契合的核心胜任力。它通过对冰山模型的深度剖析，揭示了隐藏在表面之下的深层次胜任力特质。这些特质的形成，源于对特定职业或专业领域所需承担的关键职责与任务的全面而深入的分析[210]。通过这一方法，我们能够更加清晰地理解并把握那些对于组织成功至关重要的胜任力要素。在此过程中，我们首要关注的是构建明确的绩效标准，进而借助职业分析方法，提炼出一张详尽的胜任力清单。通过这样的步骤，我们能够确保所识别的胜任力不仅符合职业要求，更能体现组织的核心价值和理念。

（2）行为事件访谈法（BEI）。行为事件访谈[220]作为一种有效的研究手段，在胜任力的鉴别与评估方面展现出特别的优势。该方法通过精心挑选与岗位紧密相关的受访者代表，进行深入且面对面的对话交流，从而高效、直观地获取研究对象所具备的胜任力素质特征。基于这些特征，可以进一步构建精准且实用的胜任力模型。在当前的胜任力模型研究领域，行为事件访谈法几乎成了不可或缺的一部分，其严谨的逻辑和丰富的信息内容，使其成为应用范围最广且备受认可的有效方法[221]。

（3）逻辑推导法。相较于行为事件访谈法，逻辑推导法[222]在胜任力模型构建过程中凸显了更低的成本投入和更高的效率优势。该方法的核心步骤包括四个方面：首先，全面梳理目标岗位所涉及的工作任务，形成一份详尽且系统的任务清单。其次，邀请目标岗位上的资深专家和业绩卓越的员工，通过头脑风暴的方式，深入探讨并明确完成这些任务所必需的胜任力要素。在此基础上整理出一份详尽的胜任力要素清单。再次，设计一份针对胜任力要素重要性的调查问卷，并邀请之前参与讨论的人员对各项要素的重要性进行排序和评估。最后，通过对问卷数据的深入分析和统计，提炼出各项胜任力因子的行为指标，从而构建更为精准且实用的胜任力模型[223]。这一流程不仅科学严谨，而且高效实用，有助于提升胜任力模型构建的精准度和实用性。

（4）职能分析法。该方法在英国得到了普遍应用，其核心理念在于突出实际的工作成效而非个人特质。它注重通过细致的分析过程来明确某一职位或工作所需的能力和技能。在实际操作中，首先，对职位所承担的工作内容、任务、职责、角色及所处环境进行深入的研究，进而提炼并剖析岗位的核心职能与关键角色。通过这种方法，能够更加精准地把握每个职位的实质要求，为招聘、培训和管理提供有力的支持[210]。然后，详细描绘出符合职位要求的绩效标准，并据此确定与角色和工作职责紧密相关的胜任力单元。

最后，依据这些分析成果，精准地界定所需的胜任力。这种方法不仅逻辑清晰，更能有效地指导实践应用[210]。

（5）问卷调查法。问卷调查法[224]作为一种资料收集手段，其核心在于设计详尽且周密的问卷，并通过被调查者的回答来获取信息。此方法在标准化和量化测量方面尤为适用，同时也可应用于探索性研究和因果关系检验等多个领域。在胜任力模型构建过程中，问卷调查法因其显著优势而备受推崇。具体而言，其标准化程度高、成本相对较低，且调查结果易于进行统计分析和归纳整理。然而，尽管问卷调查法具有诸多优点，但在获取全面信息方面仍存在一定的局限性。因此，在胜任力模型构建中，问卷调查法更多地被用作辅助手段，而非主导方法。这种应用方式既能充分发挥问卷调查法的优势，又能有效弥补其在信息获取方面的不足，从而确保胜任力模型构建的准确性和可靠性。

二、基于认知导向的大学生创业者胜任力模型的构建前提

在上一小节中，本书已经对胜任力及其模型的理论基础进行了初步探讨。根据这些理论，我们可以明确胜任力模型主要适用于组织中的中高层管理者以及表现出卓越绩效的员工。鉴于本书基于大学生创业者这一特殊群体，他们的特征与胜任力模型的构建需求高度契合。接下来，本书将详细阐述如何构建基于认知导向的大学生创业者胜任力模型，以期为该群体提供更为精准的能力评估与发展指导。

（一）建模步骤

1.文献识别，提取大学生创业者胜任力因子

在深入研究国内外文献的基础上，本书系统地梳理了众多学者所提出的通用胜任力模型的核心要素特征，并深入探讨了创业胜任力模型建设中的成

功实践案例。通过对这些文字资料的详细分析，统计了大学生创业者所展现的胜任力特征指标及其出现频率，为后续的分析奠定了坚实基础。经过对比分析，可以发现，成就动机、成功导向、沟通协调能力、前瞻性思维、团队协作能力及领导力等胜任力要素，在创业者群体中表现出高度的普遍性和重要性，这些要素为构建大学生创业者的胜任力模型提供了有价值的参考依据。

表8-1　创业管理领域胜任力特征文献识别举例

序号	来源	胜任力模型特征要素
1	David McClelland[207]	成就动机、成功取向、责任感、自我激励
2	Richard Boyatzis[208]	自我意识、自我管理、社交意识、关系管理
3	Robert W. Spencer[209]	技术技能、人际技能、概念性思维、意愿与动机、领导能力
4	McCelland[207]	前摄性、成就导向和承诺等特征
5	Boyatzis[208]	目标与行动管理、领导艺术、对他人与知识的关注、人力资源管理，以及对下属的指导
6	Spencer 等[209]	成就欲、团队协作、分析思维、发展他人、信息寻求、技术专长等12项特征
7	Barrick M R 和 Mount M K[210]	人际关系、管理、技术技能

2. 选取研究样本，对被访者进行行为事件访谈和情境测验判断

本书以高校创业教育的认知导向为背景，综合运用行为事件访谈、情境测验判断和问卷调查等方法，分别选取不同类型高校的典型大学生创业者进行为期1～2年的跟踪持续关注，在此基础上，将调研对象按照其创业认知和创业行为的结合程度进行分类，通过比较分析，构建基于认知导向的大学生胜任力模型。

本书选取了20名来自不同类型高校的大学生创业者（双一流大学6名、普通高校7名、民办高校2名、高职高专5名）共同构成研究样本，根据《基于认知导向的大学生创业者行为事件法和情境测验判断访谈提纲》（见附录一），对被访者实施访谈录音。在访谈过程中，均已告知和说明参与本访谈和调查的研究目的及意义，并承诺对访谈录音和问卷调查中涉及的个人隐私严格保密，访谈者提供的所有信息仅为本研究所用，不会直接用于任何商业用途。

3.大学生创业者胜任力特征指标的构建：基于文本分析的编码过程

首先，将访谈资料转化为详尽的文本形式，随后运用主题分析和内容分析这两种方法，深入剖析并识别文本中的核心主题。通过对关键事件的独立主题分析，进一步提炼出文本中的关键概念和核心思想，从而形成若干基本主题。其次，依据《胜任力编码词典》以及第七章的研究成果，细致地辨别并区分各事件中所展现的胜任力特征指标。在此基础上，进行系统的归类和编码工作，确保每个胜任力特征都能得到准确的定位和描述。最后，通过一系列的分析和编码过程，确定大学生创业者应具备的胜任能力，并深入探讨每一种要素在整体模型中的关键性程度。由此，初步构建一个全面而系统的大学生创业者胜任力特征指标体系，为后续的研究提供坚实的理论基础和实践指导。

4.设计并完成调查问卷和评估表，根据调查结果进行数据处理

为深入研究胜任力特征，笔者诚邀前述访谈对象参与问卷调查。在完成问卷收集后，首先，对各项胜任力特征指标进行细致分析，计算其等级分数、平均等级分数及最高等级分数。然后，利用先进的统计分析工具，特别是因子分析法和主成分分析法，揭示胜任特征的内在结构，并确定其最终数量及相应权重。

5.建立胜任力模型

基于前述步骤中得出的胜任力特征数量及其对应的权重，构建一个全面而精准的大学生创业者胜任力模型。在此模型中，针对每个胜任特征进行详尽的解释与定义，确保每个特征都能准确地反映大学生创业者的核心能力与素质。

6.胜任力模型的应用建议

针对高校创业教育，提出将大学生创业者胜任力模型全面融入高校创业教育过程的建议和措施。

（二）胜任力特征指标的初步确立

确立胜任力特征指标是本书的关键起点，因此，对于大学生创业者胜任力特征指标的设定需兼具科学性与合理性，对后续实证研究的深入展开具有举足轻重的意义。本书在综合对比行为事件访谈法提取的胜任力特征指标、文献研究法所得成果以及第七章基于扎根理论的研究结果后，发现通过多种方法获取的大部分胜任力特征指标在本质上具有较高的一致性。其中，部分大学生创业者特征指标虽在表述上存在差异，但实质上内涵相近，因此，本书进行了统一的修正和归纳，使之更符合日常理解。此外，本书还通过深入的访谈和问卷调查，进一步挖掘了执行力、融资能力、社会责任等大学生创业者特有的胜任力特征指标，并在后续的胜任力指标解释和定义部分进行了详尽的补充，从而有效弥补了其他研究方法在胜任力特征指标获取上的不足。接着，本书继而系统地运用统计分析方法对多种途径获取的胜任力特征指标进行整理与归类，经过深入剖析，初步构建了一个以认知为导向的大学生创业者胜任力模型，该模型涵盖了20项核心胜任力特征指标。在此基础上，本书针对性地设计了一份调查问卷的测量指标，以便于更精确地评估大学生创业者的胜任力水平[212]。表8-2是经过整理归纳后的20项基于认知导向的大学生创业者胜任力特征指标。

表8-2 基于认知导向的大学生创业者胜任力特征指标

序号	胜任力特征指标名称
1	成就动机
2	前瞻性
3	责任感
4	成功目标和行动管理

序号	胜任力特征指标名称
5	自我认知和激励
6	自我情感管理
7	人际关系管理
8	人力资源管理
9	领导和指导能力
10	技术专长
11	概念性思维
12	关注并发展他人和知识
13	复杂问题分析思维
14	信息寻求和认知
15	团队精神
16	持续学习
17	创新变革
18	沟通能力
19	自信心
20	抗压能力

三、基于认知导向的大学生创业者胜任力特征指标的构建过程

在前面的章节中，已通过多种途径提取了基于认知导向的大学生创业者胜任力特征指标。然而，这些指标间的内在逻辑联系与聚类关系尚不明朗。为此，本书以李克特量表为测量工具，专门针对这些基于认知导向的大学生创业者胜任力特征指标设计了问卷调查。通过深入分析与解读问卷数据，获得了每项指标的平均得分，为接下来的模型构建工作奠定了坚实的数据基础。

（一）调查问卷编制与胜任力特征要素评价

本书在广泛参阅国内外相关文献的基础上，结合深度访谈的成果及扎根理论的深入分析，精心设计了《基于认知导向的大学生创业者胜任力因子问卷调查表》与《基于认知导向的大学生创业者胜任力因子评估表》两套工具。其中，问卷调查表分为两大板块：一是基础信息区，涵盖性别、年龄、教育背景、专业方向，以及创业经历等关键信息；二是胜任力评价区，针对各项胜任力因子指标，设置五级重要性评估体系，从"极其不重要"到"非常重要"依次赋值1～5分，旨在全面了解被访谈者对胜任力因子重要性的认知。评估表则聚焦于个体的自我评估，首先记录被评价人的基本资料，然后通过五级自评体系，即从"极不具备"到"非常具备"，同样以1～5分进行量化评分，旨在获取被访谈者对自身在各胜任力因子上的自我评价。这两套工具共同构建了一个全面且闭合的调研架构，旨在引导被调查者根据其对大学生创业者胜任力的深入理解，对各项胜任特征指标进行详尽评估。通过这种方式，能够高效收集关于各胜任特征指标的评分数据，为后续研究奠定了坚实的数据基础，确保研究的科学性和准确性[212]。

（二）问卷调查表发放与分析

本书调查问卷发放的对象主要来自华中、华南和华北18所高校的20名在读或已毕业的大学生创业者，调查问卷合计发放了40份，回收了有效问卷40份，有效回收率为100%。由表8-3可以看出，目前访谈和问卷调查的女性大学生创业者稍多，说明女性创业的趋势正在发展。大学生创业者的年龄主要集中在"21～30岁"这个年龄段，所占比率达到70%。同时，学历主要集中在本科学历，达到55%，说明在校本科生是大学生创业者的主体，对这一阶段的大学生进行创业教育的意义重大。而在学校类别方面，双一流大学、普通高校和高职高专是大学生创业者的集中地，所占比率合计达到63%。大学生创业者的专业背景主要集中于经管类，所占比率达到65%，说明对比其他专业这类专业大学生的创业热情更高。而在创业年限指标中，

"1～2年"的占比最高，达到60%；其次是"2～4年"，占比达到35%，说明大学生创业者的创业初创期基本是在高校学习期间经历的。如何帮助他们顺利渡过初创期，完成初创企业的生存是高校创业教育需要关注的重点。

表8-3 样本基本情况统计表

变量	类别	人数/名	百分比/%	累计百分比/%
性别	男	9	0.45	0.45
	女	11	0.55	0.55
年龄	20岁（含）以下	4	0.20	0.20
	21～30岁（含）	14	0.70	0.70
	31～40岁（含）	1	0.05	0.05
	40岁以上	1	0.05	0.05
学历	大专及以下	3	0.15	0.15
	本科	11	0.55	0.55
	硕士研究生	4	0.20	0.20
	博士研究生	2	0.10	0.10
学校类别	高职高专	5	0.25	0.25
	普通高校	7	0.35	0.35
	双一流大学	6	0.30	0.30
	独立学院和民办高校	2	0.10	0.10
专业	理工	4	0.20	0.20
	医药	0	0.00	0.00
	经管	13	0.65	0.65
	文法	1	0.05	0.05
	其他	2	0.10	0.10
创业年限	1～2年（含）	12	0.60	0.60
	3～4年（含）	7	0.35	0.35
	5～10年（含）	1	0.05	0.05
	10年以上	0	0.00	0.00

（三）调查数据的统计分析

本书运用因子分析法对问卷调查数据进行了详尽的分析与检验。经过整理后的评分统计结果见表8-4，这一步骤确保了分析过程的准确性和科学性。

表8-4　整理后的胜任力指标评分统计表

序号	胜任力特征指标	A1	B2	C3	D4	F5	合计	均分
1	成就动机	0	0	3	28	60	91	4.55
2	前瞻性	0	0	0	36	55	91	4.55
3	责任感	0	0	3	16	75	94	4.70
4	成功目标和行动管理	0	0	6	24	60	90	4.50
5	自我认知和激励	0	0	3	20	70	93	4.65
6	自我情感管理	0	4	0	48	30	82	4.10
7	人际关系管理	0	0	6	16	70	92	4.60
8	人力资源管理	0	0	6	40	40	86	4.30
9	领导和指导能力	0	0	0	16	80	96	4.80
10	技术专长	0	0	15	28	40	83	4.15
11	概念性思维	0	0	6	52	25	83	4.15
12	关注并发展他人和知识	0	0	3	16	75	94	4.70
13	复杂问题分析思维	0	0	0	12	85	97	4.85
14	信息寻求和认知	0	0	3	32	55	90	4.50
15	团队精神	0	0	0	16	80	96	4.80
16	持续学习	0	0	0	12	85	97	4.85
17	创新变革	0	0	0	20	75	95	4.75
18	沟通能力	0	0	0	12	85	97	4.85
19	自信心	0	0	6	12	75	93	4.65
20	抗压能力	0	0	0	8	90	98	4.90

注：A1表示"极其不重要"，计1分；B2表示"一般不重要"，计2分；C3表示"一般重要"，计3分；D4表示"比较重要"，记4分；F5表示"非常重要"，计5分。

1.因子分析法的理论依据

因子分析法[226]作为现代统计学的重要分支，源于心理学家查尔斯·斯皮尔曼。如今，因子分析法已广泛渗透到经济、社会、教育、技术等诸多领域中。其核心理念在于缩减变量数量，从众多相互关联且难以直观解读的数据中提炼出少数概念清晰、彼此相对独立的共同因素，这些因素能够有效反映原始数据的特征。具体而言，因子分析法通过归并多个指标为少数几个潜在的综合指标，简化观测系统，为各类样本的定量化评价提供多元统计分析框架。这种方法不仅提升了数据分析的效率，也增强了结果的解释性，从而有助于更深入地理解数据背后的结构和规律。

本书采用SPSS软件中的因子分析法，对问卷调查数据进行深度剖析，以提取大学生创业者胜任力的核心特征要素。在分析过程中，首先，本书精心选取了问卷中的20项胜任力特征指标作为初始因子（其中，胜任力特征指标序号1、2、3等依次对应为因子$x1$、$z2$、$x3$等）。然后，本书以问卷调查中反映出的各因子的重要性程度（评价得分）为依据，运用主成分分析法[226]对原始数据进行科学处理。通过这样的分析流程，确保研究的逻辑性和准确性，以符合论文写作的规范。通过这一方法，成功提取了公共因子，并为其命名，同时确定了各公共因子的权重。最后，构建了大学生创业者胜任力特征的模型，为后续的深入研究提供了坚实的理论基础和实践指导。由于原始变量间存在较强的相关性，本书的因子分析可以从原有的20个变量中提取数个具有显著代表性的公共因子。通过对这些变量进行综合分析，能够提炼出更具解释力的公共因子，从而更深入地理解数据背后的潜在结构和模式。若这些变量间缺乏显著的相关关系，那么寻找公共因子的过程将变得尤为困难。因此，在进行因子分析之前，对原始变量进行相关性分析显得尤为关键[226]，以确保研究能够准确、有效地提取出具有实质意义的公共因子。在本次研究中，为了探究原始变量间的相关性，本书采用了广泛认可的KMO检验与巴特利特球形检验，进行深入的剖析[226]。这些分析旨在评估这些变量是否具备作为因子分析基础的适宜性。具体的统计分析结果已详细呈现在表8–5中。

表8–5　20项原始变量的KMO与球形检验结果

取样共同度的 Kaiser–Meyer–Olkin 度量		0.639
Bartlett 的自由度检验	近似卡方	714.813
	df	190
	Sig.	0.000

根据统计学家凯撒的建议[226]，当KMO值大于0.7时，因子分析的效果通常较为理想。然而，若KMO值低于0.5，则可能暗示变量结构不适合进行因子分析，这时可能需要重新考虑变量设计或选择其他统计方法。在本次研究中，得到的抽样适当性参数为0.639，该值落在可接受的范围内，表明数据是适合进行因子分析的。此外，本书进行的球形检验显示显著性水平达到0.000，这一结果足以拒绝零假设，从而进一步证实了本书样本数据确实适合进行因子分析。

2.运用因子分析法进一步提取胜任力特征指标

在完成KMO检验和球形检验之后，本书进一步运用主成分分析法对胜任力特征指标展开了深入的因子分析。根据特征值大于等于1的原则[226]，本书成功地提取出7项关键的公共因子。为了更加清晰地展现这些因子之间的结构关系，本书采用方差极大法对因子载荷矩阵进行旋转处理。随后，经过对公共因子的调整与整合，最终确定了7项具有代表性的公共因子。最后，对这7项公共因子进行命名，并给出了精准的定义，以便为后续研究提供清晰的指导和参考。

（1）主成分因子提取过程和结果。本书借助主成分分析法对20项胜任力特征指标展开了深入的因子分析。表8–6详细展示了在因子提取过程中，各因子对应的特征值以及方差累积贡献率的具体情况。

原始变量数据设为$x1 \sim x20$，首先使用z-score变换对数据进行无纲量化处理，公式如下所示：

$$t_i = (x_i - x_0)/s_i$$

式中，x_0为均值，s为标准差。

表8-6 20项变量特征值和方差累积贡献率

变量	初始特征值			提取载荷平方和			旋转载荷平方和		
	总计	方差百分比	累积/%	总计	方差百分比	累积/%	总计	方差百分比	累积/%
$x1$	5.822	29.111	29.111	5.822	29.111	29.111	3.296	16.478	16.478
$x2$	2.788	13.942	43.053	2.788	13.942	43.053	2.846	14.230	30.708
$x3$	2.573	12.865	55.918	2.573	12.865	55.918	2.510	12.552	43.260
$x4$	1.808	9.038	64.956	1.808	9.038	64.956	2.472	12.358	55.618
$x5$	1.521	7.603	72.560	1.521	7.603	72.560	2.154	10.769	66.387
$x6$	1.141	5.706	78.265	1.141	5.706	78.265	2.024	10.121	76.508
$x7$	1.106	5.528	83.793	1.106	5.528	83.793	1.457	7.286	83.793
$x8$	0.771	3.855	87.648						
$x9$	0.714	3.568	91.216						
$x10$	0.551	2.756	93.972						
$x11$	0.354	1.770	95.742						
$x12$	0.273	1.365	97.107						
$x13$	0.201	1.004	98.111						
$x14$	0.157	0.785	98.896						
$x15$	0.094	0.469	99.365						
$x16$	0.068	0.338	99.703						
$x17$	0.037	0.185	99.888						
$x18$	0.016	0.079	99.967						
$x19$	0.007	0.033	100.000						
$x20$	9.183E−16	4.592E−15	100.000						

在表8-6中，首要关注的是胜任力特征变量的初始值，它展现了原始变

量的总体面貌[226]。具体来看，第一列清晰列出了各变量的序号，而第二列则聚焦于每个因子的初始特征值，这一数值实际上是各公共因子上因子负荷量的平方和，反映了因子在数据集中的重要性。在公共因子的提取过程中，本书倾向于优先选择特征值较大的因子。第三列则展现了各因子的方差累积贡献率，即该因子所解释的方差占原始变量总方差的比例。例如，第一行的29.111%便是通过将5.822除以20项特征值的总和而得出的。第四列则进一步展示了因子的累积方差贡献率，它反映了前 i 项因子共同解释的方差占原始变量总方差的比例。通常，当累积贡献率达到65%以上时，就可以认为这些主成分已经有效地涵盖了大部分原始测量指标的信息。这样的处理方式不仅减少了变量的数量，还有助于对实际问题进行深入剖析和研究。在本书中，观察到前7项主成分的特征值均大于1，并且这7项主成分的累积方差贡献率高达83.79%，远超过通常认为80%的阈值[226]。这一结果表明，提取的这些公共因子能够有效地反映原始变量的大部分信息。因此，本书认为前7个主成分足以代表全部指标的信息。

在表8-6中，第五至第七列详细展示了前7项公共因子对原始变量总体的刻画情况。这些公共因子是基于特定标准（特征值大于1）从初始解中提取得到的[226]。与表8-7中第二至第四列所表达的含义相呼应，这些数据同样聚焦于对某一具体方面的描述。通过进一步分析前7项公共因子的特征值及其方差贡献率，可以更为深入地理解这些公共因子在整体描述中所发挥的关键作用。这样的数据呈现有助于更全面地把握公共因子对原始变量总体影响的本质特征。

表8-7　7项公共因子的特征值和方差贡献率

公共因子	特征值	方差贡献率/%	方差累积贡献率/%
1	5.822	29.111	29.111
2	2.788	13.942	43.053
3	2.573	12.865	55.918
4	1.808	9.038	64.956

续　表

公共因子	特征值	方差贡献率/%	方差累积贡献率/%
5	1.521	7.603	72.560
6	1.141	5.706	78.265
7	1.106	5.528	83.793

除了前述所提及的方法，公共因子数量的确定还可依赖于图8-3所示的直观工具——公共因子碎石图[226]。此图的主要目的是清晰地展现各因子在整体结构中的重要性排序。其中，横轴按顺序标记了各个因子的序号，而纵轴则精准地反映了各因子的特征值大小，从而直观地反映各因子的重要性程度。图中因子依据特征值的大小从高到低进行排列，使得我们能够一目了然地识别哪些因子占据主导地位。在公共因子碎石图中，陡峭的前半部分对应较大的特征值，表明这些因子具有显著的作用；而后续趋于平缓的部分则对应较小的特征值，其影响力相对较弱。通过这一直观呈现，可以更为精确地把握各因子的重要性。

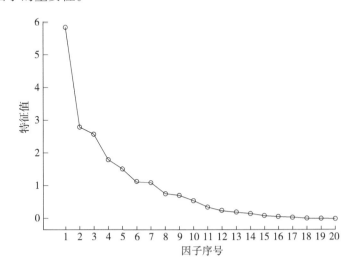

图8-3　公共因子碎石图

从图8-3可以明显看到，自第7项因子之后，图形的坡度变得相对平缓。基于这一观察，本书选择保留7项公共因子作为适宜的数量。此外，该结论与表8-6所呈现的数据结果相契合，进一步证实了在研究中采用主成分分析法提取公共因子的做法具有充分的合理性。

（2）方差最大正交法对因子载荷矩阵进行旋转。表8-8呈现的是因子载荷矩阵，该矩阵详尽地展示了公共因子在原始变量上的具体载荷情况[226]。这一矩阵的构建为我们深入剖析各公共因子与原始变量间的关联程度提供了有力的数据支持，有助于我们更精确地理解因子分析在数据处理中的关键作用。

表8-8　因子载荷矩阵

	公共因子						
	1	2	3	4	5	6	7
$x1$	0.478	−0.543	−0.373	0.302	0.227	0.060	0.026
$x2$	0.584	0.332	0.434	0.079	0.284	−0.301	0.204
$x3$	0.331	0.641	−0.257	0.295	−0.017	0.206	0.129
$x4$	0.181	−0.489	−0.422	0.157	0.339	−0.406	0.100
$x5$	0.719	0.042	0.281	−0.445	0.235	0.061	−0.092
$x6$	0.651	−0.046	−0.123	−0.297	0.222	0.485	0.233
$x7$	0.511	−0.361	0.232	−0.600	0.173	0.170	−0.091
$x8$	0.442	0.358	−0.191	−0.248	−0.144	−0.452	−0.048
$x9$	−0.006	0.494	−0.090	0.448	0.362	0.207	−0.526
$x10$	−0.125	0.113	0.463	0.300	−0.427	0.179	0.576
$x11$	0.443	0.057	0.566	0.455	0.324	0.057	−0.132
$x12$	0.691	0.283	−0.153	0.118	0.353	0.135	0.393
$x13$	0.752	−0.516	0.002	0.084	−0.123	0.051	−0.128
$x14$	0.426	−0.287	0.304	0.368	−0.397	0.205	−0.336
$x15$	0.507	0.453	0.204	−0.376	−0.359	0.108	−0.205
$x16$	0.566	0.426	−0.570	−0.034	−0.209	0.017	−0.057
$x17$	0.277	0.125	0.811	0.053	0.096	−0.367	−0.027
$x18$	0.613	−0.366	−0.058	0.071	−0.336	−0.116	−0.006

续　表

| | 公共因子 | | | | | | |
	1	2	3	4	5	6	7
$x19$	0.759	0.360	−0.360	0.099	−0.212	−0.256	−0.042
$x20$	0.819	−0.342	0.017	0.277	−0.250	−0.016	0.077

在因子分析的过程中，期望提取的公共因子能够具备明确的实际含义[226]。然而，通过观察可以清晰地看到，当前各公共因子的解释力度并不突出。值得注意的是，公共因子变量在众多原始变量上均表现出较高的载荷，特别是公共因子1，在涵盖的20项变量中，竟然有高达13项变量显示出显著的载荷。为了增强因子载荷矩阵中系数的辨识度和解释性，使之更为显著和直观，有必要对初始因子载荷矩阵进行旋转操作[226]。通过旋转处理，能够重新配置因子与原始变量间的关联，使相关系数进一步向0和1两个极端分化。这样不仅可以提升公共因子的解释能力，还能使分析结果更加贴近实际情况，进而增强结论的说服力与可信度。

因此，采用应用广泛的方差最大正交旋转法来优化因子载荷矩阵[226]。这种方法确保了各因子保持正交特性，同时力求最大化各因子间的方差差异，即追求各因子载荷平方和的最大化。表8-9展示了经过方差最大正交旋转法处理后的因子载荷矩阵。

表8-9　旋转后的因子载荷矩阵

| | 公共因子 | | | | | | |
	1	2	3	4	5	6	7
$x1$	0.532	−0.051	0.140	−0.125	0.266	0.641	0.078
$x2$	0.028	0.282	0.159	0.811	0.308	0.017	−0.016
$x3$	−0.010	0.395	−0.208	0.015	0.634	−0.200	0.302
$x4$	0.136	0.073	−0.004	−0.032	−0.006	0.855	−0.092
$x5$	0.165	0.252	0.776	0.376	0.157	−0.067	0.010
$x6$	0.203	0.061	0.657	−0.081	0.618	0.017	−0.053

	公共因子						
	1	**2**	**3**	**4**	**5**	**6**	**7**
$x7$	0.220	−0.025	0.883	0.101	−0.043	0.023	−0.172
$x8$	−0.026	0.778	0.112	0.152	−0.003	0.025	−0.083
$x9$	−0.107	0.050	−0.164	0.091	0.151	−0.060	0.910
$x10$	0.138	−0.298	−0.440	0.240	0.286	−0.487	−0.448
$x11$	0.340	−0.189	0.070	0.720	0.202	−0.019	0.370
$x12$	0.083	0.277	0.220	0.264	0.807	0.189	0.053
$x13$	0.808	0.109	0.367	0.075	0.069	0.242	−0.055
$x14$	0.831	−0.081	−0.002	0.133	−0.101	−0.226	0.166
$x15$	0.161	0.531	0.374	0.135	0.054	−0.599	0.033
$x16$	0.171	0.768	0.056	−0.253	0.402	−0.026	0.166
$x17$	0.090	0.008	0.096	0.900	−0.182	−0.184	−0.062
$x18$	0.693	0.269	0.137	0.033	0.017	0.147	−0.224
$x19$	0.340	0.845	0.004	0.093	0.322	0.073	0.094
$x20$	0.848	0.220	0.123	0.190	0.256	0.169	−0.145

经过旋转操作，公共因子的意义相较于旋转前得到了显著的提升和明确化[226]。在进行因子分析时，本章设定了一个标准，即只有当因子变量在原始变量上的载荷高于0.5时，才将其归类为有效因子。尽管在结果中，有部分公共因子在原始变量上的因子载荷量接近或恰好等于0.5这一临界值，但本书仍然选择保留了这些原始变量，以确保本书的分析更为全面和准确，避免因舍弃接近临界值的变量而导致信息损失或分析偏差。这样的处理方式有助于更清晰地揭示公共因子的实际含义，并提升整个因子分析过程的严谨性和可靠性[226]。从表8-9中可以看出，公共因子1主要解释了变量$x1$、$x13$、$x14$、$x18$、$x20$；公共因子2主要解释了变量$x8$、$x15$、$x16$、$x19$；公共因子3主要解释了变量$x5$、$x6$、$x7$；公共因子4主要解释了变量$x2$、$x11$、$x17$；公共因子5主要解释了变量$x3$、$x6$、$x12$；公共因子6主要解释了变量$x1$、$x4$、$x10$；公共因子7主要解释了变量$x9$。上述统计矩阵中，$x1$在公共因子

1和公共因子6中重复出现，但在公共因子6中的载荷量绝对值更大；同时，x6在公共因子3和公共因子5中重复出现，但在公共因子3中的载荷量绝对值更大，所以修正后得到的结论是公共因子1主要解释了变量x13、x14、x18、x20；公共因子3主要解释了变量x5、x6、x7；公共因子5主要解释了变量x3、x12；公共因子6主要解释了变量x1、x4、x10；其他不变。

表8-10　公共因子转化矩阵

公共因子	1	2	3	4	5	6	7
1	0.580	0.467	0.434	0.301	0.394	0.099	0.025
2	−0.487	0.487	−0.205	0.191	0.321	−0.493	0.317
3	0.079	−0.403	0.126	0.738	−0.220	−0.458	−0.112
4	0.393	−0.208	−0.728	0.210	0.240	0.185	0.370
5	−0.454	−0.283	0.338	0.305	0.235	0.549	0.388
6	0.154	−0.489	0.274	−0.425	0.470	−0.441	0.258
7	−0.191	−0.138	−0.186	0.099	0.599	0.088	−0.730

使用上述公共因子转化矩阵对旋转后的公共因子矩阵进行指标权重归一化处理，每个公共因子的计算指标的权重和为1[226]。得到公共因子得分系数矩阵，说明了7项公共因子指标和20项公共因子之间的关系，具体见表8-11。

由此计算各公共因子得分fac_i，$i=1$，2，…，7。

再根据各公共因子方差解释的百分比计算综合分值，计算公式如下：

$$F = \sum_{i=1}^{7} fac_i v_i$$

式中，v_i为各成分方差解释的占比，总和等于1。$v_i = \dfrac{w_i}{\sum_{i=1}^{7} w_i}$，其中，$w_i$为表8-6中各成分对应的方差解释百分比。

表8-11　公共因子得分系数矩阵

	1	2	3	4	5	6	7
$x1$	0.133	−0.104	−0.004	−0.059	0.116	0.262	0.073
$x2$	−0.130	0.078	−0.035	0.374	0.082	0.117	−0.093
$x3$	−0.012	0.044	−0.130	−0.047	0.310	−0.108	0.103
$x4$	−0.049	0.076	−0.073	0.101	−0.048	0.468	−0.076
$x5$	−0.070	0.014	0.326	0.085	−0.018	−0.037	0.039
$x6$	−0.037	−0.181	0.292	−0.155	0.371	−0.078	−0.045
$x7$	−0.022	−0.083	0.412	−0.038	−0.059	−0.041	−0.029
$x8$	−0.088	0.383	−0.035	0.099	−0.180	0.072	−0.107
$x9$	0.019	−0.042	−0.003	0.008	−0.020	−0.017	0.638
$x10$	0.099	−0.166	−0.265	0.069	0.325	−0.251	−0.395
$x11$	0.084	−0.164	−0.019	0.274	0.051	0.027	0.259
$x12$	−0.115	−0.058	0.021	0.081	0.431	0.108	−0.073
$x13$	0.249	−0.023	0.067	−0.041	−0.065	0.038	0.026
$x14$	0.386	−0.078	−0.063	−0.054	−0.140	−0.208	0.198
$x15$	0.053	0.177	0.147	−0.059	−0.103	−0.334	0.036
$x16$	0.032	0.252	−0.036	−0.163	0.075	−0.054	0.057
$x17$	−0.031	0.053	−0.032	0.415	−0.180	0.018	−0.050
$x18$	0.224	0.099	−0.061	−0.027	−0.089	0.016	−0.130
$x19$	0.059	0.323	−0.129	0.021	−0.024	0.042	−0.004
$x20$	0.261	0.015	−0.097	0.019	0.048	0.022	−0.098

　　综上所述，虽然旋转后的因子载荷矩阵提供了理论上的因子归类依据，但并不等同于最终的归类结果。考虑实际应用与评价的实际情况，本章对部分因子的归类进行了合理的局部调整，以确保其更符合人们的日常理解习惯[226]。经过细致的调整，7个公共因子所涵盖的原始变量得到更为明确和直观的呈现。表8-12清晰地展示了这7个公共因子、对应变量以及它们所对应的大学生创业者胜任力特征指标。这样的布局使原本可能较为复杂的信息变得更为条理清晰，有助于读者更好地理解和把握研究的核心内容。

表8-12　大学生创业者胜任力特征指标归总表

公共因子	变量	胜任力特征指标	胜任力特征指标的平均值
1	$x13$	复杂问题分析思维	4.85
	$x14$	信息寻求和认知	4.50
	$x18$	沟通能力	4.85
	$x20$	抗压能力	4.90
2	$x8$	人力资源管理	4.30
	$x15$	团队精神	4.80
	$x16$	持续学习	4.85
	$x19$	自信心	4.65
3	$x5$	自我认知和激励	4.65
	$x6$	自我情感管理	4.10
	$x7$	人际关系管理	4.60
4	$x2$	前瞻性	4.55
	$x11$	概念性思维	4.15
	$x17$	创新变革	4.75
5	$x3$	责任感	4.70
	$x12$	关注并发展他人和知识	4.70
6	$x1$	成就动机	4.55
	$x4$	成功目标和行动管理	4.50
	$x10$	技术专长	4.15
7	$x9$	领导和指导能力	4.80

3.提取后的胜任力特征指标的解析与定义

在确立公共因子的命名和定义之前，一个至关重要的步骤是对组成这些公共因子的各项胜任力特征指标进行明确且细致的界定[226]。本书通过深入且全面的文献梳理，并紧密结合大学生创业的具体情境，对涉及的20项胜任特征指标进行详尽的解释与界定，具体内容见表8-13。这一环节的精心实施，为后续公共因子的精准命名和科学定义奠定了坚实的基础，确保了整个研究的逻辑性和严谨性。

表8-13　　20项胜任力特征指标的定义

公共因子	变量	胜任力特征指标	定义
1	$x13$	复杂问题分析思维	个体在面对复杂、多变的问题时，能够运用系统的思考方法，有效地分析问题、识别关键要素、理解问题的深层结构和本质，进而提出切实可行的解决方案或策略的能力。这种思维能力是多种认知能力的综合体现，包括逻辑推理、批判性思维、创新思维、问题解决能力等
	$x14$	信息寻求和认知	为了满足特定的需求或解决特定的问题，个体主动获取、处理、分析和利用信息方面的综合能力。对于个体来说，具备这种能力可以帮助其更好地适应社会环境，提高职业竞争力，实现个人成长。对于组织来说，具备这种能力可以帮助其更好地应对挑战，提高组织绩效，实现可持续发展
	$x18$	沟通能力	个体有效地传递信息、理解他人意图，以及通过语言或非语言的方式与他人建立联系和交流的能力。这种能力不仅涉及语言的运用，还包括情感的表达、倾听技巧、理解力和反馈机制的运用
	$x20$	抗压能力	个体在面对压力、挫折或逆境时，能够保持情绪稳定，积极应对并有效解决问题的能力。这种能力涉及心理韧性、情绪管理、问题解决技巧，以及适应能力的综合运用
2	$x8$	人力资源管理	在人力资源管理过程中的吸纳、合理配置、有效激励、精心培育、稳定保留以及持续开发等多个环节所表现出来的卓越技术能力
	$x15$	团队精神	个体成员为了实现团队共同的目标，相互协作、互相支持、积极沟通，并愿意为团队的整体利益而共同努力的一种集体意识和行为表现。它体现了团队成员间的默契、信任、尊重和责任感，是推动团队高效运作和取得卓越成果的关键因素
	$x16$	持续学习	个体在其整个生命过程中，不断获取新知识、新技能，适应不断变化的环境，并不断提升自身综合素质的能力，包括学习动力、学习策略、学习习惯，以及学习环境的适应能力等
	$x19$	自信心	个体对自己能力、价值和判断力的积极肯定，相信自己能够成功完成某项任务或应对某种情境。在心理学上，自信心表现为一种自我效能感，即对自己能够有效地执行某一行为以达到预期结果的信念
3	$x5$	自我认知和激励	个体在认识自己、激发自己潜能、保持积极心态和高效行动方面的能力。具备这种能力能够帮助个体实现自己的目标和梦想
	$x6$	自我情感管理	能够有效地管理自己的情感，包括情感调节、适应性、成就导向等方面的能力。有助于个体在面对挑战和压力时保持冷静与应对能力
	$x7$	人际关系管理	个体有效地建立、维护和发展与他人的关系，以促进个人和团队目标达成的能力。这种能力涉及多个方面，包括沟通、倾听、理解、合作、解决冲突，以及建立信任等

续　表

公共因子	变量	胜任力特征指标	定义
4	$x2$	前瞻性	个体在思考、决策和行动时，能够预见未来的发展趋势和潜在风险，超前做出准备和应对的能力。这种能力涉及多个方面，包括未来意识、创新思维、风险管理、超前决策等，它是一个人在竞争激烈的市场和环境中取得成功的关键因素之一。具备前瞻性的人能够更好地适应变化，抓住机遇，应对挑战，实现自己的目标和梦想
	$x11$	概念性思维	是一种重要的认知能力，它涉及概念识别、概念理解和运用概念，以及通过概念进行推理和解决问题的能力。它是人类认知和思维的基础，对学习、工作和日常生活都至关重要。具备该能力的人能够更好地理解和应用知识，进行逻辑思考和推理，提高决策和问题解决能力
	$x17$	创新变革	个体在创造新思想、新方法、新产品和新制度方面的能力，以及在变化的环境中适应和引领变化的能力。它是一种综合性的能力，要求个体具备敏锐的市场洞察力、独特的创新思维、强大的执行力和有效的风险管理能力。这种能力的不断提升和应用，有助于企业和个人在快速变化的市场环境中保持竞争优势并实现持续发展
5	$x3$	责任感	个体对自己应做的事情以及因其行为而产生的后果所持有的自觉、主动和负责的认知与态度。这种认知与态度不仅体现在对工作和任务的认真履行上，更体现在对他人、对社会、对环境的积极贡献和关心上。它是一种宝贵的品质，不仅能促进个体的成长和进步，还能推动社会的进步和发展
	$x12$	关注并发展他人和知识	个体在关注他人的成长和发展，促进知识的分享及创新方面的能力，涵盖了对他人的关心、培养以及对知识的追求和深化。同时，这种关注和发展应当是双向的，即个体不仅要关注他人的需求和知识的更新，也要鼓励他人关注自己的成长和知识的深化。具备这种能力的人能够更好地促进团队与组织的合作和创新，推动知识的分享和应用，提高组织与个人的竞争力和发展能力
6	$x1$	成就动机	源于个体对自认为重要或有价值的工作目标的积极追求与不懈努力，它推动了个体以卓越的标准来要求自己，力争在多样化的活动中取得出色的成绩
	$x4$	成功目标和行动管理	个体在设定目标、制订计划、执行行动和实现目标方面的能力。通过设定明确的目标并不断提升行动管理能力，个人与组织可以在各自的领域取得更好的成果和绩效
	$x10$	技术专长	个体在某一特定技术领域内所具备的专业知识、技能和经验。这种专长通常是通过长时间的学习、实践以及不断的探索而获得的。具备技术专长的人能够在技术领域内发挥专业优势，解决各种问题和挑战，提高工作效率和质量，实现自己的目标和梦想

续　表

公共因子	变量	胜任力特征指标	定义
7	x9	领导和指导能力	个体在团队或组织中，通过有效的沟通、协调、激励和决策，引导他人实现共同目标的能力。这种能力不仅要求领导者具备扎实的专业知识，还要求他们拥有卓越的沟通技巧、人际交往能力、战略思维以及解决问题的能力。拥有优秀的领导和指导能力的领导者，能够带领团队创造卓越的成绩，实现共同的发展目标

在表8-13中，本书已经详细定义了7个公共因子的分变量。接下来，将对这些定义进行深入剖析，以进一步提炼出每个公共因子的精确名称及完整定义[226]。通过这样的分析过程，确保每个公共因子的描述既准确又符合研究的学术规范。

公共因子1包含复杂问题分析思维、信息寻求和认知、沟通能力和抗压能力4项指标，这些指标主要反映了大学生创业者在面对复杂环境和任务时的全面应对机制，故笔者将其命名为综合分析与应对能力。这种能力主要表现为：个体在面对各种复杂情况和问题时，能够综合运用多种知识、技能和经验，进行全面、系统、深入的思考和分析，找出问题的本质和关键，提出可行的解决方案，并在实践中不断调整和完善方案，以达到最佳效果。这种能力是现代社会中非常重要的能力之一，不仅可以帮助个人更好地应对工作和生活中的各种挑战与困难，也可以帮助组织提高决策水平、协作绩效和创新能力，推动组织的可持续发展。因此，培养和提高这种综合分析与应对能力对于个人及组织的长期发展具有重要意义[210]。

基于此，笔者将综合分析与应对能力定义为：运用综合知识、技能和经验，准确认知和积极分析复杂情况，找出问题的关键，提出可行方案并不断优化，以实现最佳效果的能力。

公共因子2涵盖了人力资源管理、团队精神、持续学习力，以及自信心4项核心指标。这些要素共同体现了大学生创业者在管理、协作、学习及自我认知等多个维度上的综合实力，体现了创业者在创业生涯中的全面发展与持续进步，不仅有助于他们在创业过程中应对各种挑战，更是实现创业成功的关键所在，故笔者将其命名为综合管理和发展能力。这种能力主要表现为：能够有效地管理和引导团队，推动组织目标的实现；帮助个人在团队中与他人协作，共同面对挑战，实现共赢；确保个体能够不断吸收新知识，适应不断变化的创业环境；个人在面对困难与挑战时能提供自我动力和支持，进而坚定信念，迎难而上[211]。综合管理和发展能力不仅强调大学生创业者在某一方面的管理能力，更注重其全方位的管理他人和自我发展，包括人际交往、团队协作、自我提升等多个方面。这种能力对大学生创业者在创业中的成功至关重要，也是现代组织所青睐的重要素质。因此，大学生创业者应注重培养自己的综合管理和发展能力，通过不断学习、实践和反思来提升自己的各项能力，以更好地适应创业过程的变化和发展。

基于此，笔者将综合管理和发展能力定义为：善于管理和引导创业团队，能够帮助团队成员有效合作、应对挑战、实现共赢，同时确保自己不断学习以适应变化的环境，并有效自我激励，应对困难，坚定信念勇往直前，达成创业目标的能力。

公共因子 3 包含自我认知和激励、自我情感管理和人际关系管理 3 个指标，它们主要反映了大学生创业者对内在世界的深入理解与有效调控，以及与他人建立良好关系并有效互动的技巧，对于创业者的个人成长、职业发展以及整体生活质量的提升都具有重要意义[215]。因此，笔者将此能力命名为自我管理与人际交往能力。其主要表现为：能够识别、理解和适当表达自己的情绪，同时能够调控情绪，避免情绪过度影响决策和行为；在没有外部压力的情况下，依然能够自我认知和驱动潜能，设定目标并为之努力，保持持续的学习和进步；定期回顾自己的行为和决策，识别优点和不足，从而制订改进计划，不断提升自己；在团队中能够清晰、准确地表达自己的观点和需求，同时善于倾听他人的意见和建议，促进信息的有效传递和理解；能够主动与他人建立联系，发展良好的人际关系，包括同事、朋友、家人等；当遇到人际冲突时，能够冷静分析，寻求双方都能接受的解决方案，维护关系的和谐与稳定；在团队中能够发挥积极作用，与团队成员协作完成任务，共同实现目标。

基于此，笔者将自我管理与人际交往能力定义为：能够有效地认知和管理自己的行为、情绪、习惯等方面，不仅能自我调节、自我激励和自我反思，还能进行良好的沟通、协调、解决冲突，在人际交往中保持积极的态度和高效的能力，以实现组织共同目标并与他人建立良好关系的能力。

公共因子4包含前瞻性、概念性思维和创新变革3个指标，它们主要反映了大学生创业者预见未来趋势、发现潜在机会、提出创新想法并创造价值的能力，涉及在创业过程中对未来的理解和预测，以及对现有趋势和模式的洞察力，以便在未来的不确定性中获得优势和成功。因此，笔者将此能力命名为战略创新能力。其主要表现为：对未来趋势及可能性的敏锐洞察和预测能力，能够超越当前的限制和框架，看到未来的机会和挑战，从而做出更为明智和长远的决策；能够抽象和概括复杂现象，形成新的理论或概念；能够跳出具体的细节，在更高的层次上理解和分析问题，从而提出创新性的解决方案；能够推动和实施创新，以改变现有状态并创造新价值；不仅有创新的想法，还有将其付诸实践、克服困难和挑战的决心与能力[216]。

基于此，笔者将战略创新能力定义为：在复杂多变的环境中，个体通过前瞻性的洞察、概念性的思考和创新性的行动，来制定和实施有效的战略，从而实现长期目标和竞争优势的能力。这种能力对于企业和个人在快速变化的市场环境中保持领先和竞争优势至关重要。

公共因子5包含责任感、关注并发展他人和知识两个核心指标，这些指标主要反映了大学生创业者引导、激励他人并实现组织目标的能力。这种能力涉及对团队成员的了解、激励他们追求共同目标、解决冲突，以及发展团队成员的能力。在这个过程中，领导者需要展现出责任感，确保团队成员的利益得到保护，同时关注并发展他们的能力和知识，使他们能够更好地为组织做出贡献。因此，笔者将此能力命名为领导力。其主要表现为：个体积极承担自己的职责和义务，对自己的决策和行动负责，并努力确保团队或组织的成功；能够激发团队成员的信任和尊重，从而增强团队的凝聚力和执行力；个体不仅关注自身的成长和发展，还致力于培养团队成员的潜力和能力；通过提供反馈、指导和支持，帮助团队成员实现个人和职业目标，从而推动整个团队或组织的进步；具备丰富的知识和技能，以便在决策和行动中做出明智的选择；不断学习和更新自己的知识体系，以适应不断变化的环境和需求[216]。

基于此，笔者将领导力定义为：领导者在承担责任、关注他人成长以及持续学习方面的核心能力和素质。

公共因子6包含成就动机、成功目标和行动管理以及技术专长3个指标，这些指标主要反映了大学生创业者能够将计划和想法转化为实际成果的能力，涉及制定目标、规划行动步骤、执行计划，以及在过程中不断调整和优化策略的执行力。因此，笔者将此能力命名为执行力。其主要表现为：个体追求成功和避免失败的内在驱动力；能够激发自我去设定成功目标，有明确的努力方向和评价标准，并有针对性地制订计划和策略；能够制订行动计划、分配资源、监控进度，以及及时调整策略，确保目标得以顺利实现，同时提升个体的工作效率和成就感[215]。

基于此，笔者将执行力定义为：个体具备强烈的成就动机和明确的成功目标，能够有效地管理自己的行动以实现这些目标的能力。拥有高执行力的创业者能够有效地应对挑战、克服困难，实现自己的目标和愿景。

公共因子7只包含领导和指导能力这一指标，主要反映了大学生创业者能够有效地组织、规划、领导和指导他人，以实现组织目标的能力。这种能力涉及制订计划、分配资源、监督进度、解决问题和处理冲突等方面，能够在不同的环境下做出正确的决策，有效地管理团队，推动组织的发展。因此，笔者将此能力命名为组织与管理能力。其主要表现为：能够迅速而准确地分析情况，做出明智的决策，并设定清晰、具体且可实现的目标；深入理解业务环境，准确评估团队，对未来趋势有敏锐的洞察力；能够有效地组织和管理团队，确保团队成员能够充分发挥自己的潜力，建立和维护团队内部的良好关系，促进团队成员之间的合作与沟通；能够清晰、准确地传达自己的意图和想法，同时善于倾听他人的意见和建议；具备高度的情商和激励技巧，能够根据不同团队成员的特点和需求，采用适当的激励方式，引导他们发挥自己的长处，克服困难和挑战，并充分激发团队成员的潜能和热情，使他们愿意为实现共同的目标而付出努力[216、217]。

基于此，笔者将组织与管理能力定义为：能够有效地组织、规划、领导和指导他人，以实现组织目标的能力。这种能力涵盖了决策制定、目标设定、团队协作、沟通技巧，以及激励与引导等方面。拥有较高水平组织与管理能力的大学生创业者能够在不同的环境下做出正确的决策，有效地管理团队，推动组织的发展。这种能力是创业团队领导者必备的能力之一，能够帮助领导者有效地管理团队，推动组织的发展和进步，是初创企业生存和发展的重要保障。

4.计算胜任力特征指标的权重

（1）权重确定方法。依据前文的分析结果，鉴于每个公共因子都涵盖了若干原始变量，为更精确地评估大学生创业者的胜任力特征，本书采取了以下方法：首先，计算每个公共因子内所含原始变量胜任力特征指标的平均值，将其作为该因子的具体得分。其次，将所有公共因子的得分进行汇总，得出总分。最后，在此基础上，进一步分析每个公共因子在大学生创业者胜任力特征中的相对重要性，即计算其权重，以便更全面地评估创业者的整体胜任力水平[218]。这一权重的确定，为构建科学、合理的大学生创业者胜任力模型提供了重要依据。

表8-14 7项大学生创业者胜任力特征指标的权重

序号	胜任力特征	变量数量	变量总分	胜任力特征得分	权重
1	综合分析与应对能力	4	19.10	4.775	0.148
2	综合管理和发展能力	4	18.60	4.650	0.144
3	自我管理与人际交往能力	3	13.35	4.450	0.138
4	战略创新能力	3	13.45	4.483	0.139
5	领导力	2	9.40	4.700	0.146
6	执行力	3	13.20	4.400	0.136
7	组织与管理能力	1	4.80	4.800	0.149
	总计	20	91.90	32.258	1

注：在胜任力特征的排序过程中，对于权重相同的情况，依据各特征指标所得分数的高低来进行有选择性的排序。

（2）大学生创业者胜任力模型的构建结果。在深入解析并明确表8-14中各项胜任力特征指标的内涵，并科学确定其权重之后，本书最终成功地构建了大学生创业者的胜任力模型[218]，具体如图8-4所示。通过这一模型，能够更加清晰地认识和理解大学生创业者在创业过程中所应具备的各项胜任力特征及其相对重要性，为后续的创业教育和实践提供有力支撑。

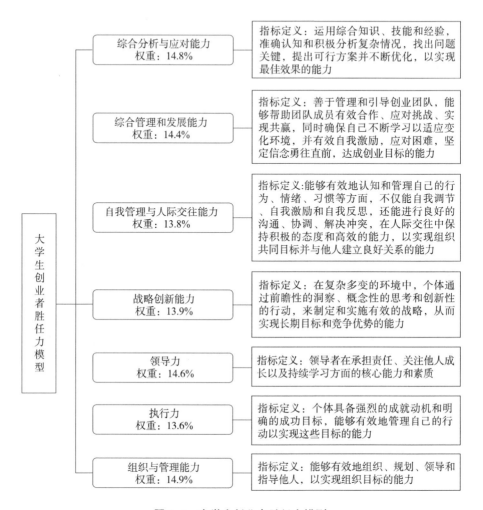

综合分析与应对能力
权重：14.8%

指标定义：运用综合知识、技能和经验，准确认知和积极分析复杂情况，找出问题关键，提出可行方案并不断优化，以实现最佳效果的能力

综合管理和发展能力
权重：14.4%

指标定义：善于管理和引导创业团队，能够帮助团队成员有效合作、应对挑战、实现共赢，同时确保自己不断学习以适应变化环境，并有效自我激励，应对困难，坚定信念勇往直前，达成创业目标的能力

自我管理与人际交往能力
权重：13.8%

指标定义：能够有效地认知和管理自己的行为、情绪、习惯等方面，不仅能自我调节、自我激励和自我反思，还能进行良好的沟通、协调、解决冲突，在人际交往中保持积极的态度和高效的能力，以实现组织共同目标并与他人建立良好关系的能力

战略创新能力
权重：13.9%

指标定义：在复杂多变的环境中，个体通过前瞻性的洞察、概念性的思考和创新性的行动，来制定和实施有效的战略，从而实现长期目标和竞争优势的能力

领导力
权重：14.6%

指标定义：领导者在承担责任、关注他人成长以及持续学习方面的核心能力和素质

执行力
权重：13.6%

指标定义：个体具备强烈的成就动机和明确的成功目标，能够有效地管理自己的行动以实现这些目标的能力

组织与管理能力
权重：14.9%

指标定义：能够有效地组织、规划、领导和指导他人，以实现组织目标的能力

大学生创业者胜任力模型

图8-4　大学生创业者胜任力模型

四、结论与讨论

在"大众创业""草根创业"的新浪潮下，当前社会中形成了"万众创新""人人创新"的新态势。我国高校积极响应党和国家"大众创业、万众创新"的号召，将创新创业与知识探究、能力提升、素质培养、人格养成"四位一体"育人工作作为教学首要任务。目前，国内大部分的创业教育模式是依据《创业管理学》和《普通本科学校创业教育教学基本要求》开展创

业理论回顾、创业趋势分析，并结合案例教学和仿真教学以及其他单一的实践环节制定教学理论部分和设计实践部分。教学模式往往以偏理论导向展开课程教学，因此出现教学目标模糊、教学主体泛化、教学形式单一和教学质量不理想等一系列问题。同时，国外的研究又集中于不同创业教育模式的横向比较分析，在纵向上针对创业教育教学模式与教育质量的持续性评价体系尚缺乏。因此，中国高校和从事创业教育的高校教师亟须明确如何进行有针对性的创业教育；区别于其他创业者，大学生创业者应具备什么样的胜任力和素养。

　　本章旨在构建一套大学生创业者胜任力模型，主要目的在于推动高校创业教育改革的深入实施。该模型能够为高校解答诸如"创业教育的必要性何在""我们应培养何种特质的大学生创业者""如何有效地开展创业教育"等关键问题，并提供有力的理论支撑。通过引导高校创业教育理念的更新和目标的创新，该模型将有助于全面提升大学生创业者的综合素养和创业胜任力，使他们能够更好地适应新时代创业环境所提出的更高要求。同时，不仅有助于高校充分发挥其培养高素质人才、满足新时代人才需求的核心职能，还将为高校提供高水平教育服务发挥积极的推动作用。关于如何将基于认知导向的大学生创业者胜任力模型应用于大学生创业教育模式之中，将在后续的章节中进行深入探讨和阐述。

第九章

基于认知导向的大学生创业教育模式的构建和应用

【章节概要】

本章首先回顾了21世纪国内外高校创业教育改革历程，然后基于第八章大学生创业者胜任力模型构建的研究结果，从目标设定、整体设计、课程体系设计、探究性实践课程教学体系设计、"持续性评价"保障体系完善等方面详细讨论了基于认知导向的大学生创业教育模式的构建策略与应用建议。

一、21世纪国内外高校创业教育改革历程

（一）国外高校创业教育改革探索

1989年12月，联合国教科文组织于北京隆重召开了"面向21世纪教育国际研讨会"[227]。在这次重要的会议上，首次正式提出了"创业教育"这一具有划时代意义的概念。会议强调，步入21世纪，大众除持有传统的学历证书和职业技能证书外，更需获取一本崭新的证书——创业教育证书，以应对日益复杂多变的社会挑战。时隔9年，联合国教科文组织于1998年发表了《21世纪的高等教育：展望与行动世界宣言》[227]。该宣言明确指出："高等学校应将创业技能与创业精神的培育确立为高等教育的核心目标之一。"此外，宣言还进一步强调："创业教育应以培养个体的创业意识和企业家精神为首要任务。"而在更早的1991年，东京举办的创新创业教育国际会议从更宏观的视角对"创新创业教育"进行了界定。会议认为，创新创业教育的核心在于培养具备开创性个性的人才，这类人才应具备首创精神、冒险精神、创业能力、独立工作能力，以及涵盖技术、社交和管理在内的多元技能。这样的教育理念旨在培养一批能够适应并引领未来社会变革的杰出人才[228]。

国外高校创业教育在20世纪80年代后期快速发展起来。美国大学生普

遍开展了创业教育（Entrepreneurship Education），"企业被称为国家经济发展的直接驱动力"。目前，美国有超过 1 600 所大学开设了"创业学"课程，还成立了大学创业中心。同时，美国百森商学院、斯坦福大学、哈佛大学、麻省理工学院等著名高校均逐步加快向"创业型大学"转型与发展。新出现的"创业型大学"将过去的教学、科研、决策咨询使命与促进经济社会发展的新使命结合起来。因此，在美国，高达86%的顶尖股市专家及高新技术企业的领军人物接受过创业教育，显示了创业教育对于培养杰出金融和高科技人才的重要性[227]。与此同时，欧洲的高校目前已有近20个国家或地区制定了专门的创业教育战略：早在2001年，英国政府就开设了高等教育创新基金，该基金设立的目的之一是支持大学老师参加创业活动，为从事创业教育的教师积累创业经验。牛津大学、剑桥大学、英国政府与几个国际机构一起开发了"培养大学创业精神"项目，所有英国一流大学都参与到这个创业精神的项目中来。法国专门成立了创业计划培训中心（CEPAC），政府拨款建立了全国大学生创业委员会（NCGE），全面负责国内的创业教育[227]。

对比欧美的高校，亚洲地区的高校也表现出自己的特色。新加坡创新创业教育在亚洲是起步最早的，它的成功经验有其独特之处：高质量的师资、教育的国际化和教育的现代化。新加坡国立大学是重视创业教育的典范，该校建有创业中心（NUS Entrepreneurship Centre），包含四个功能块：创新创业研究、创业教育、创业发展和风险支持。新加坡南洋理工大学（Nanyang Technological University，NTU）设有南洋理工大学创业学院（NTU Entrepreneurship Academy），其是该大学与新加坡政府经济发展局于2001年共同创办的。在韩国的每一所大学里面，都有"创业支援中心"，建立扶持基金，平均一年扶持120多个优秀大学生创业小组，并为创业团队提供"一条龙"服务。而日本的高校针对具体的大学生创业项目，如商务技艺教育系列、企业家专业方向、创业教育课程项目等，培养针对性的企业家涵养型、创办企业者专门教育型、创办企业的技艺辅助专业型、经营技艺综合练习型等方向的双创人才[228]。

（二）中国高校创业教育改革探索

对比国外高校，虽然中国高校的创新创业教育起步稍晚，但国家层面一直在对创新创业教育改革进行顶层设计和宏观调控，各高校也在不断尝试突破和创新。自1998年首届"清华创业计划"大赛和1999年首届"挑战杯"中国大学生创业计划竞赛成功举办以来，我国创业教育进入启蒙阶段。2002年，教育部选定清华大学、人民大学、北航、上海交大等9所高校作为创业教育的试点单位，标志着创业教育在我国正式起步。随后，自2004年起，我国逐步在高校中推广联合国国际劳工组织开发的SYB、KAB系列创业教育课程，旨在培养大学生的创业意识和能力。2010年，教育部发布文件明确指出，创新创业教育是适应经济社会发展与国家战略需求的教学理念和模式，为我国高校创新创业教育的深入发展提供了有力指导。2014年，国务院办公厅进一步发布关于深化高等学校创新创业教育改革的实施意见，详细规划了高校创新创业教育的总体目标和九大任务，推动了创新创业教育体系的完善。同年，李克强总理在夏季达沃斯论坛开幕式上强调，要借助改革创新的东风，推动中国经济科学发展，并倡导大众创业、草根创业的新浪潮，形成"万众创新""人人创新"的新态势。这一讲话为我国创新创业热潮注入强大动力。2015年，李克强总理在政府工作报告中进一步强调，打造"大众创业、万众创新"是推动中国经济转型升级的重要引擎。这一战略部署为中国创新创业教育的深入发展提供了广阔空间。进入2019年，教育部办公厅印发通知，要求深化创新创业教育改革，将创新创业教育融入人才培养全过程，并构建"五育平台"，以全面提升大学生的创新创业能力。这一举措进一步推动了中国高校创新创业教育的体系化、专业化发展[70、229、230]。与此同时，中国高校也逐渐出现了一批致力于创业教育研究的学者，他们通过实地调研、案例分析等方式，不断总结国内外创业教育的成功经验并提出针对中国高校创业教育改革的建议。

近年来，中国高校目前主要开展了以下四个层次的创新创业教育[228-230]：

（1）基于素质教育的创新创业教育。例如，清华大学以创业教育课程和国际交流为推力；北京航空航天大学成立创业管理培训学院；上海交通大学创建创业学院；浙江大学设立了全国首个创业管理专业的硕士点和博士点。

（2）基于专业教育的创新创业教育。例如，清华大学创业课程主要依托经济管理学院开设，逐步形成了创新创业教育课程体系。同时，在各学院的专业教育中也重视进行创新创业素质的教育，有些还形成了专门的课程。华中科技大学于2008年成立启明学院，探讨以学生为中心的教育理念，积极引导学生开展研究性学习，主动投身实践活动，并激发他们的科技创新潜能。该学院致力于探索创新教育、创业教育和创造教育的新路径，通过不断优化教育方法和手段，充分发掘学生的内在潜能，培养他们具备独立思考、勇于探索和创新实践的能力，以适应未来社会的需求和发展[231]。

（3）基于就业指导的创业培训。高校进行以就业指导为目的的创业培训有如下四个特点：①短期性：一般包括十几次讲座；②操作性：比较强调实际创办企业所涉及的问题；③公益性：一般会得到政府的资助，并且通过考核者将在创业时得到一定的融资便利；④开放性：一般由高校与外部的公益培训组织合作。

（4）基于社会公益的创业培训。成都电子科技大学设立的现代农民讲习所以其独特的教育模式，为农民提供了创新创业的知识平台；而清华大学经济管理学院则凭借创业者训练营这一金融研究中心的精品项目，为创业者打造了一个系统学习与实践相结合的成长空间。

总体而言，创业教育推进以来的十多年间，中国高校的创新创业教育经历了从课程基本知识和实践基本技能的培养（双基共建）、素质—专业—就业能力的培养（三维联动）到社会创业者核心素养的打造，从强调知识为本到以人为本，在教育理念、结构、内容、实施、评价及管理等方面都进行了突破和创新[230]，形成了一系列的研究成果，为中国高校创业教育的未来创造了高质量发展的动能和势能。

二、基于认知导向的大学生创业教育模式的构建策略与应用建议

（一）目标设定

中国特色社会主义进入新时代，国际商业竞争形势日益复杂，新时代对高等教育人才思想政治教育、知识结构体系、实践创新及创新创业能力提出了新要求。如图9-1所示，基于认知导向的大学生创业教育模式的构建旨在以培养新时代创新创业应用型人才为中心，基于"知行合一"教育理念，回归"以学生为本"教学思想，以围绕"学会思考，解决问题"为中心，以满足"新时代高等教育人才需求"为最终目标，探讨基于新需求引导—专创融合创新—创业核心价值观"三线并进"的创业教育模式的纵横式改革，以促进更加科学的教学理念和具有时代特征的教学体系构建，推动大学生可持续性的创新创业发展，为他们的终身学习能力奠基，最终实现个人价值与社会价值的双重提升。

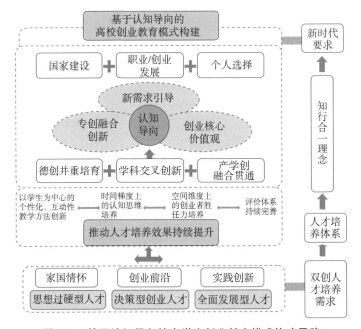

图9-1 基于认知导向的大学生创业教育模式构建思路

（二）整体设计

围绕基于认知导向的大学生创业教育模式的构建目标，其课程体系设计主要基于知情意行的"一纵四横"的时间和空间维度，系统地培养大学生创业精神和实践技能的动态设计：时间维度体现在"大一至大四"四个不同年级维度上的学习进阶，注重认知过程—认知风格—认知能力—认知策略的循序渐进引导，并引入"财为业先，创而有道"的价值理念进行贯穿式的创业思政教育；在空间维度上，将上述阶段性培养与各种活动匹配起来，注重对创业"认知—实践—再认知—再实践"的进阶，首先大一倾向于校园内创新创业通识教育和主题实践相结合，引导大学生"寄情"于创新创业，然后大二、大三结合创业管理实践特点，逐步拓宽实践活动边界，鼓励大学生参与创新创业的"意向"，最后在大四阶段利用学校、家庭、政府、社会等多方资源，包括企业导师、众创空间、社会众筹等方面，助力大学生走向创新创业毕业实践的"行动"。

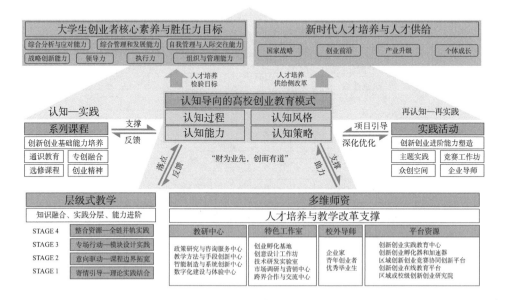

图9-2　基于认知导向的双创人才四维培养体系

笔者针对国家创新发展战略、服务区域产业升级、应对新时代人才培养新需求并助推创新创业潮流，基于第八章的大学生创业者胜任力模型，确立的高校双创人才培养的核心素养和胜任力目标，设计了以认知导向为核心的双创人才培养的"课程—实践—教学—师资"四维体系，以全面提升大学生的创新创业认知学习能力，为国家创新发展战略和区域产业升级提供有力的人才支撑。

对比以往单一维度的创业教育培养体系，基于认知导向的双创人才培养四维体系，首先，认知导向与双创人才培养体系不同阶段的系列课程（基础课程＋专创融合课程＋选修课程）互为支撑和反馈，以扎实的课程教学，夯实学生创新能力基础，同时课程教师可以根据认知互动中反映出的问题，推进课程建设教学改革。其次，认知导向教学与多维师资互为支撑和助力，即利用优秀校内教师与校外创业导师及优势双创实践平台资源，为大学生创业者提供多种背景的导师资源，带来更多的创业可能性，拓展创业的深度和广度，同时教师借助实践平台获得可探究的创业项目和可协同的学生。再次，认知进阶与双创实践交叉融合。"认知—实践—再认知—再实践"的进阶，为大学生创业者提供了跨年级、跨学科合作的可能，促进他们拓展创新创业研究进程，全面促进大学生创新创业能力整合跃升。最后，层级式教学以认知导向的落点与反馈，展现了双创人才培养成效，并促进思维教学体系的持续改进和大学生创业者胜任力的持续提升。

（三）课程体系设计

1.创业核心价值观赋能双创基础课程

双创基础课程在高等教育中占据了举足轻重的地位。然而，仅依赖基础课程内容的"灌输式"传授，往往难以培养出真正具备创新创业精神的优秀人才。因此，将创业核心价值观融入双创基础课程，通过价值观赋能，提升学生的创新创业能力，成为当前高校创业教育改革的重要方向。

创业核心价值观是指在创新创业过程中，创业者所秉持的核心理念和价值取向。它涵盖了勇于创新、敢于冒险、团队合作、诚信经营、社会责任等多个方面。这些价值观不仅是创业者成功的关键，也是培养创新创业人才的重要基础[10]。通过将创业核心价值观融入双创基础课程，可以帮助学生树立正确的创新创业观念，激发其内在的创业潜能。如图9-3所示，在双创基础课程中，可以通过多种方式实现创业核心价值观的赋能。首先，在课程设计上，应注重理论与实践相结合。通过案例分析、模拟创业等实践活动，让学生亲身体验创业过程，感受创业核心价值观的实际应用。同时，结合专业的课程知识，引导学生将理论与实践相结合，形成系统化的创新创业能力。其次，在课程教学中，应注重培养学生的创新思维和解决问题的能力。通过启发式教学、讨论式教学等方法，激发学生的创新思维，培养其独立思考和解决问题的能力。同时，鼓励学生积极参与课堂讨论，分享自己的创业想法和经验，从而加深对创业核心价值观的理解和认同[92、93]。此外，还可以通过邀请成功创业者进行讲座或分享会等形式，让学生近距离接触创业者，了解他们的创业历程和成功经验。这种形式的交流不仅可以激发学生的学习兴趣，还可以帮助他们更好地理解创业核心价值观的内涵和价值。最后，建立有效的课程评估和反馈机制也是实现创业核心价值观赋能的关键[100]。通过对学生的学习成果进行评估，了解他们在创新创业方面的进步和不足，进而调整教学策略，提高教学效果。同时，鼓励学生对课程进行反馈，收集他们的意见和建议，不断完善和优化课程内容与教学方法。

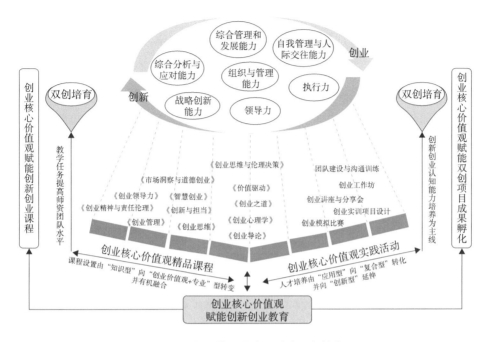

图9-3　创业核心价值观赋能双创教育

2.专创融合创新推进双创教学

专创融合即专业教育与创新创业教育的深度融合，是提升双创课程教学质量、促进学生全面发展的关键所在。专创融合是基于创新创业教育与专业教育相互依存、相互促进的理念而提出的。一方面，专业教育为创新创业教育提供了扎实的理论基础和实践技能，使得创新创业活动有了更为坚实的基础和广阔的空间；另一方面，创新创业教育的开展，有助于培养学生的创新意识、创业精神和团队协作能力，进而提升专业教育的质量和水平[100]。因此，专创融合不仅有助于提升学生的综合素质和创新能力，也有助于推动高等教育的创新发展。

但是，多年来在双创课程教学的实践中，普遍存以下问题：一是课程设置不够系统、完善，缺乏针对性和实效性。二是双创课程与专业课程的融合度不高，未能有效地将创新创业理念融入专业课程的教学中。三是双创课程的师资力量相对薄弱，缺乏具备创新创业实践经验的专业教师[98、99]。

基于此，笔者提出基于问题驱动式认知学习方式来改革和创新目前的专创融合教学，具体设计见图9-4。问题驱动式认知学习源于建构主义学习理论，该理论认为学习是学习者主动建构知识的过程，而非被动接受知识的过程。在问题驱动式学习中，学习者通过参与实际问题的解决，积极调动已有的知识经验，对新知识进行加工、整合和重构，从而实现对知识的深层次理解和应用。此外，认知心理学也为问题驱动式学习提供了有力支持。认知心理学研究表明，学习者的认知过程包括信息的接收、加工、存储和提取等环节。问题驱动式学习通过设计具有挑战性和真实性的问题，激发学习者的认知兴趣和动机，促进学习者在解决问题的过程中进行深度思考和有效学习[92-94]。

问题驱动式认知学习的实施策略主要包括以下四部分[92-94]：一是问题设计，问题的设计应紧密结合学科内容，体现知识的连贯性和系统性。同时，问题应具有挑战性和真实性，能够激发学习者的兴趣和动机。二是学习者角色转变，在问题驱动式学习中，学习者由被动接受者转变为主动参与者，他们需要在教师的引导下，积极参与问题的讨论、分析和解决过程，通过自主学习与合作学习相结合的方式解决问题。三是教师角色定位，教师在问题驱动式学习中扮演引导者和支持者的角色，他们需要为学习者提供必要的指导和支持，帮助学习者明确问题主旨、梳理问题脉络、掌握学习策略，同时关注学习者的学习过程，及时给予反馈和建议。四是学习场景创设，为了支持问题驱动式学习的顺利进行，需要创设一个开放、包容、协作的学习场景，包括提供丰富的学习资源、搭建便捷的交流平台、制定合理的学习规则等，以便学习者能够在轻松愉快的氛围中回答和解决问题。

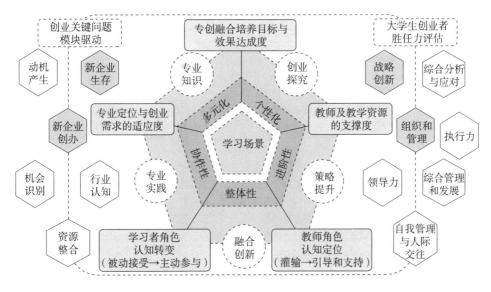

图9-4 认知导向下问题驱动式学习场景专创融合教学

尽管创业所面临的问题具有多样性,但基于专业的成长和初创企业的特点,本书把大学生创业者的主要任务模块总结为六个方面:动机产生、机会识别、行业认知、资源整合、新企业创办、新企业生存[100]。这些模块相互关联、相互影响,共同构成了大学生创业任务的整体框架。在各个模块的设计中,本书提出了多维度的问题,让学生基于自己的专业背景和行业发展现状来展开探究与回答,并按照相应的规范用文字表达和分享,引导他们主动探究学习,旨在通过引导学生参与并完成这些问题任务,促进其专业知识的迁移应用,深化对创业领域的认知,实现个人能力的全面成长,并助力其进行精准的职业规划,具体内容如表9-1所示。这一举措旨在实现大学生创业者胜任力的全面提升,为其未来的职业或创业发展奠定坚实的基础。

表9-1 大学生创业者的主要任务模块

动机产生	是什么激发了你的创业想法？
	你是如何发现这个创业机会的？
	在创业之前，你的学习经历或生活经历中有哪些因素促使你产生了创业的念头？
	你认为你的个人优势或技能如何帮助你实现创业目标？
	你的创业动机中是否包含对解决某个社会问题或满足某个市场需求的渴望？
	在你看来，创业成功的关键因素有哪些？你的创业动机是否与你对成功的定义相契合？
机会识别	研究 2 ～ 3 个案例，说一说：
	如何有效地识别和评估一个基于你的专业背景的潜在创业机会？
	在识别创业机会时，有哪些关键的市场趋势或行业变化需要特别关注？
	如何区分一个真正的创业机会与一时的市场热点或炒作？
	对于初创企业来说，如何识别并利用那些被大型企业忽视或难以利用的创业机会？
	在识别创业机会的过程中，如何平衡个人兴趣、专业背景与市场需求？
行业认知	选择你所学专业对应的行业背景，谈一谈：
	你对该行业的整体理解和认知，包括其历史发展、当前市场规模和未来趋势。
	在该行业中，主要的竞争对手有哪些？他们的市场地位如何？他们的优势和劣势是什么？
	在该行业中，关键的成功因素是什么？哪些能力是创业者需要特别关注和培养的？
	你认为该行业的未来发展方向和可能的变革趋势是什么？这些趋势如何影响企业的战略规划和市场定位？
	在该行业中，有哪些政策、法规或行业规范需要特别关注？它们对行业的发展和企业经营有何影响？
资源整合	你目前拥有哪些方面的资源？你最缺乏的是哪方面的资源？
	你认为在资源整合过程中，哪些类型的资源最为关键？你如何确保这些核心资源的稳定性和可持续性？
	你的创业团队中有哪些成员具备资源整合方面的专长？他们如何帮助你实现资源整合的目标？
	你是否考虑过利用技术手段来加强资源整合？例如，使用数据分析工具来优化资源配置，或者利用平台化工具来加强资源之间的连接和协同。
新企业创办	你的企业的市场定位是什么？你的目标客户是谁？你打算如何确定并满足目标客户群体的需求？
	在创办新企业的过程中，你面临的最大挑战是什么？你计划如何克服这些挑战？
	你的新企业有哪些独特的竞争优势？如何确保这些优势能在激烈的市场竞争中保持并扩大？
	对于新企业的财务规划，你有哪些具体的预算和预期收益？如何确保企业的财务稳健？
	在新企业创办初期，你将如何建立并维护良好的企业文化和团队氛围？这对企业的长期发展有何影响？
新企业生存	在初创阶段，新企业如何确保足够的现金流以维持日常运营和应对突发情况？
	面对激烈的市场竞争，新企业将如何制定并执行有效的市场营销策略，以吸引和保留客户？
	如何构建和管理一个高效且稳定的团队，以确保新企业在关键时期能够保持强大的执行力？
	新企业在成长过程中可能面临哪些法律和合规风险？如何预防和应对这些风险？
	如何不断调整和优化企业的商业模式与运营策略，以适应市场变化和客户需求的变化，确保新企业的长期生存和发展？

3.构建探究性实践课程教学体系提升双创实践能力

在高等教育中，双创实践能力的培养是提升学生综合素质和创新精神的关键环节[101]。首先，探究性实践教学注重学生的主体性和主动性。在传统的教学模式中，教师往往扮演着知识传授者的角色，而学生则被动接受知识。然而，在探究性实践教学中，学生的角色发生了转变，他们成为学习的主体和探究者。这种教学模式鼓励学生主动提出问题、分析问题并解决问题，从而培养他们的创新思维和实践能力。通过参与实际项目或案例研究，学生能够深入了解行业现状和发展趋势，掌握创新创业的基本知识和技能。其次，探究性实践教学模式强调团队协作和沟通能力的培养。在双创实践中，团队协作和沟通能力是至关重要的。探究性实践教学模式通常采用小组合作的形式，让学生在共同完成任务的过程中学会相互协作、相互学习。通过小组讨论、分工合作和成果展示等环节，学生能够锻炼自己的沟通能力、协作精神和领导才能。这些能力的提升不仅有助于学生在双创实践中取得更好的成绩，也对他们未来的职业发展具有重要意义。此外，探究性实践教学模式还注重实践与理论的结合，鼓励学生将所学知识应用于实际问题中，通过实践来检验和巩固理论知识。同时，教师也会根据学生的实践表现给予及时的指导和反馈，帮助他们更好地理解和掌握创新创业的基本知识与技能。这种教学模式不仅能提高学生的学习效果，还能培养他们的实际操作能力和解决问题的能力。最后，探究性实践教学模式还有助于培养学生的批判性思维和创新精神。在双创实践中，面对复杂多变的市场环境和竞争态势，学生需要具备敏锐的洞察力和批判性思维，勇于提出新的观点和解决方案，以此激发学生的创新精神，培养他们的创业意识和创业能力[101-102]。

综上所述，笔者以探究性教学模式为抓手，以认知为导向，以新时代人才培养需求为中心，根据大学生实践创新能力发展规律，设计了"认知—实践—再认知—再实践"实践活动体系（见表9-2），规律并系统地推动学生创新创业能力的螺旋式上升。

表9-2　"认知—实践—再认知—再实践"高校创业教育实践活动体系

实践期间	实践主题	实践目的	实践意义	具体活动安排
大一 通识教育	初认知 创新创业是什么 培养学生创新创业思维	通过通识教育课程和社会调研培养学生创业意识、寄情于创新创业 了解什么是创新创业以及如何创新创业，培养学生的创业意识和学生的创新创业的兴趣	深化学生创业认知，增强学生创业的勇气和信心，为实现自己的创新创业梦想奠定基础	活动一： 采访身边的创业者和阅读创业名人的故事，独立撰写"我眼中的创新创业"主题实践报告 活动二： 组织校内外创新创业导师开展线上线下宣讲会，对学生进行实践性的通识教育 活动三： 组织学生进行线下创新创业主题交流，举办"我眼中的创新创业"主题演讲比赛
大二、大三 实践初尝试 ＋ 认知再思考	初实践 创新创业具体要做些什么 再认知 如何成功地创新创业 创新创业指导	以"挑战杯""创青春""互联网＋"等大学生创新创业比赛为契机，引导学生发掘自己的创业兴趣与创业潜能 引导学生利用假期实践进行有目的、有意识的创新创业社会实践活动，走访创业企业，寻找创业新方向、进行创新创业初尝试 强化学生的实践操作力，培育其组织协调能力，增强心理承受能力，同时促进团队合作精神的形成，并提升他们的社会适应能力，以帮助学生更好地走出校园，融入社会，实现个人价值与社会价值的有机结合	让创新创业的思想意识与具体实践相结合，让学生的创新创业意识转化为行动，增强实践能力	活动一： 由创业导师组织学生构建创业团队，进行创新创业指导，规划学生团队创新创业方向、孵化创新创业比赛项目 活动二： 组织创业团队展开创新创业项目主题的社会调研和市场调查，完成创新创业项目的可行性调研报告 活动三： 举办线上＋线下专家指导讲座——如何撰写创业计划书 活动四： 举办大学生创新创业模拟大赛 活动五： 组织学生团队参观和学习同行业创新创业龙头企业

续 表

实践期间	实践主题	实践目的	实践意义	具体活动安排
大四 实践 再反思	再实践 如何孵化创新创业实体项目 创业带动就业	利用学校优势，引导创投机构、项目孵化器、风投机构等社会、家庭等多方资源扶持大学生自主创业，强化大学生职业发展意识，给有理想、有抱负、立志创业的大学生搭建施展才华的舞台，形成区域经济发展新亮点	让大学生创新创业变得更加容易，少走弯路，助力大学生办好创新创业企业，获得政府与相关企业相应的资金与政策扶持，使创新创业企业能够更好地发展 增加知识转化率，让学生学有所用，发挥个人最大人生价值和社会价值	活动一： 组织有成果的学生团队参加全国大学生创新创业沙龙进行实践经验交流 活动二： 安排学生团队与知名创业扶持导师进行面对面的沟通

同时，本章还深入探讨了大学生创业教育实践环节的改革与探索，提出建立一个以"项目化培养为核心，导师化管理为支撑，合作化教育为纽带"的"三轴联动"的实践教学体系（见图9-5），以促进教学相长和可持续性发展，为培养更多具有创新精神和实践能力的高素质高等教育人才奠定坚实的基础。在这个体系中，更加注重知识的应用而非单纯的专业背景，重新构建了符合新时代发展需求的创新创业实践课程体系。其中，高校需要组建一个由多元背景组成的教学团队，负责不同领域的创业教育的实践教学工作。同时，这个体系强调学校与地方政府、行业企业的紧密合作，共同搭建一个社会实践教学合作育人平台。在此基础上，本书提出建立导师负责制的"创业工作室"教学模式，为学生提供更加贴近实际的创业实践机会。此外，还需建立一个校企合作的研究平台，将科研成果与实践教学紧密结合，旨在提升学生的双创实践能力，培养他们的创新精神和服务社会的实践能力[99-100]。

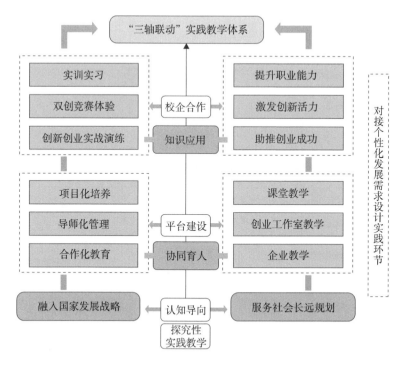

图9-5 "三轴联动"实践教学体系

然而，探究性实践教学模式的实施也会面临一些挑战和困难。首先，教师需要具备较高的专业素养和教学能力，能够引导学生进行有效的问题探究和实践操作。其次，学校需要提供足够的实践资源和平台支持，以便学生能够顺利进行实践活动。最后，学生自身也需要具备较高的学习主动性和自我管理能力，才能充分发挥探究性实践教学模式的优势。因此，提出以下建议：一是加强师资培养和教学团队建设，提升教师的专业素养和教学能力；二是加大实践资源和平台建设的投入力度，为大学生提供更多的实践机会和平台；三是加强对大学生的引导和帮助，建立有效的激励机制和评价体系；四是注重学科特点和专业需求，制订有针对性的教学计划和实施方案。

（四）创业教育"持续性评价"保障体系的完善

创业教育不同于普通的专业培养教育，教学质量的评价不是一朝一夕、一张试卷、一次测评就能得出的。同时，科学严格的评价保障体系是实施基于认知导向创业教育模式的重要保证。高校创业教育改革不仅关乎课程内容的设置、教学方法的运用，还涉及学生的参与程度、教师的教学水平，更与不同专业的学科设计、学院定位以及学校整体教学管理紧密相连[232]。如图9-6所示，在学生的认知学习过程中，实时参照标准、获取反馈和进行反思至关重要，这是深化认知理解的关键，而非仅依赖固定的评价周期和标准。教师应动态追踪学生的学习进展和成果达成情况，及时记录并给出改进意见，从而构建课堂内外的持续评价循环机制，这一持续性评价过程旨在实现教学质量的持续提升。同时，课程负责人需依据课程设计目标，对教学环节设计和全程考核进行严密监控，确保教学质量与课程设计目标相符。学院专业负责人和行业专家也需定期评估专业培养计划、毕业要求和课程体系，以确保其与社会需求和行业发展相匹配。在更高层面，学校领导和教务处需从顶层设计和教学管理角度，对专业设计进行定期监督检查、评估和数据分析，进而形成校内外的良性评价循环机制。这一系列举措共同构建了一个闭环的"持续性评价"保障体系，以不断优化高校创业教育教学流程，保障培养目标的一致性和合理性，真正达成双创人才培养质量评价。

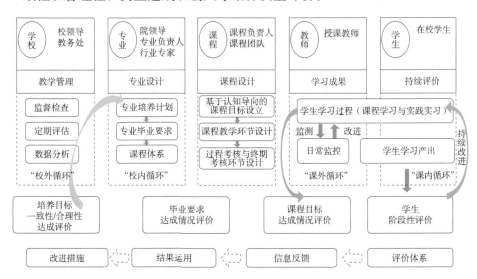

图9-6 基于认知导向的高校创业教育"持续性评价"保障体系

在构建高校创业教育"持续性评价"保障体系时，首先，需要明确评价的目标和原则。评价的目标应当聚焦于学生的认知发展、创新能力提升以及创业实践的成效。评价的原则包括公正性、客观性、全面性和可操作性。其中，公正性要求评价过程公平、透明，确保每个学生都能在同等条件下接受评价；客观性要求评价标准明确、具体，能够真实反映学生的实际情况；全面性要求评价内容涵盖学生认知、情感、技能等多个方面；可操作性则要求评价方法和手段易于实施，能够高效地完成评价任务。同时，评价内容不仅限于课程评价，还鼓励将学生的创业实践成果纳入评价体系，鼓励学生将所学知识应用于实际创业项目中，提高学生的创业实践能力。

其次，在评价过程中，需要引入"持续性评价"的理念。这种评价方式强调评价应当贯穿学生认知活动的始终，而不是仅在某一特定阶段进行。具体来说，持续性评价要求我们在教学过程中不断收集学生的反馈信息，了解他们的学习进展和困惑，以便及时调整教学策略和提供个性化的指导。同时，学生也需要根据评价标准进行实时反思，明确自己的优点和不足，进而制订针对性的学习计划。为了实施"持续性评价"，我们可以采取多种方法和手段。例如，通过课堂观察、小组讨论、项目实践等方式收集学生的表现数据；利用问卷调查、访谈等方式了解学生对教学的意见和建议；结合学生的学习日志、反思报告等文字材料分析他们的认知发展和创新思维。这些方法和手段相互补充，共同构成了一个多维度、全方位的评价体系[232]。

再次，"持续性评价"还需注重横向的多元化，即需要考虑多种评价方式的有机结合，以全面、客观地反映学生的学习成果和创业能力。其不仅包括传统的教师评价方式，还应引入学生自评和互评等机制，从而形成一个多维度、多角度的评价体系。第一，学生自评是多元化评价体系中的重要一环。通过自评，学生可以对自己的学习过程、方法、成果等进行深入反思，明确自己的优势和不足，进而调整学习策略，提升学习效果。在自评过程中，教师可以引导学生制定明确的学习目标和评价标准，帮助学生形成自我评价的能力和习惯。同时，自评结果还可以作为教师评价的参考，有助于教师更全面地了解学生的学习情况。第二，学生互评在多元化评价体系中同样具有不可忽视的作用。通过互评，学生可以学习借鉴他人的优点，发现自身的不足，从而相互学习、共同进步。互评还可以培养学生的团队协作精神和沟通能力，为将来的创业实践奠定良好的基础。此外，教师还可以引导学生制定互评标准和规范，确保评价结果的准确性和可靠性。第三，教师评价在多元化评价体系中占据核心地位。教师作为专业知识和技能的传授者，对学生的学习成果和创业能力具有全面的了解。教师评价可以从多个角度对学生的学习过程、方法、成果等进行全面评估，为学生的进一步发展提供有针对性的指导。在评价过程中，教师应秉持公正、客观、科学的态度，竭力避免个人主观臆断和偏见对评价结果的影响。同时，教师还需充分关注学生的个体差异，因材施教，确保每个学生都能获得符合其实际情况的个性化评价与专业指导。这样的评价方式不仅有助于提升学生的学习成效，更能促进教育公平，实现教育质量的全面提升[232]。第四，为了更全面地反映学生的创业能力，还可以在评价体系中引入创业项目、创业竞赛成绩等实际成果评价。这些评价方式可以直观地展示学生在创业实践中的表现和能力，为评价体系的完整性和客观性提供有力支持[99]。

最后，还需要重视"持续性评价"结果的运用及其反馈机制。评价结果既是对学生学习效果的考量，也是反映教学质量与教学策略成效的重要指针。因此，需深入剖析评价结果，精准识别教学中的短板与不足，进而针对性地提出优化方案。同时，及时将评价结果反馈给学生也至关重要，不仅有助于学生认清自身的学习状况，更能激发其学习热情与积极性。通过这样的方式，不仅可以提升教学质量，也能更有效地促进学生的学习成长[232]。

第十章

总体结论与展望

【章节概要】

基于前述章节的研究结果和启示，本章首先总结本书关键发现——创业认知对大学生创业有重要的影响，且两者之间的关系受高校创业教育重要制约。然后有效地回答了大学生创业者的创业认知教育会对其创业行为产生哪些影响，为当下高校所关注的如何根据新时代创业者胜任需求进行创业教育改革，推动大学生创业者在转型经济背景下获取必备的创业者胜任要素提供了理论依据、决策思路和行动指南，同时拓展了创业认知教育影响大学生创业的调节机制，为全面研究其作用机制奠定了基础。最后反思本书研究的局限性，并探讨未来可能进一步拓展的研究方向。

一、创业认知与大学生创业前因研究结论归纳

创业认知的本质是什么？如何从认知的角度深入探讨创业主体在创业行为背后的动因及运作机制？以创业认知的视角切入，有助于我们更深入地理解创业者的思维过程和决策逻辑，从而揭示创业行为的内在动力和机制。通过深入分析创业认知，我们可以更好地理解创业者在面对市场机遇和挑战时如何做出决策，以及这些决策如何影响创业过程和结果。因此，从认知视角出发，不仅能揭示创业行为的成因，还能为创业者提供有价值的指导和建议，帮助他们更好地把握创业机遇，实现创业成功。

自20世纪90年代开始，创业研究以关注行为和过程深化为关注认知与决策，由此创业认知研究经历了从个体到团队再到组织层面的历史演变过程[233]。创业认知是指创业者在机遇评估、企业创立以及后续成长管理过程中所依赖的一系列知识体系，用于指导其进行深入的评估、理性的判断与明智的决策。这一知识结构不仅涵盖了市场分析、风险评估等基本技能，更包括

了创新思维、领导才能等深层次素质，共同构成了创业者成功驾驭创业过程的重要支撑[20]。在创业认知的深入探索中，学者们发现个体的思维方式在塑造其后续行动模式方面扮演着至关重要的角色。这种思维方式并非凭空而来，而是深受个人经历、经验和背景特征等认知要素的影响，即创业者在识别创业机会、评估市场以及整合利用资源的过程中，其个体认知结构无可避免地发挥着决定性作用[234]。因此，从创业认知的角度出发，对创业行为的成因和机制进行深入剖析显得尤为必要且重要。这不仅有助于我们更好地理解创业行为的本质，还能为创业教育和实践提供更为精准的理论指导。

"知情意行"是心理学中一个极为重要的概念，它涵盖人类心理活动的四个基本方面，即认知、情感、意志和行为。这四个方面相互关联、相互影响，共同构成了人类心理活动的复杂网络。而创业并非简单的商业行为，它涉及复杂的心理过程，包括知、情、意、行四个方面。知，即认知。在创业过程中，创业者需要具备丰富的专业知识和实践经验，以便对市场环境、竞争态势、消费者需求等有深入的了解和准确的判断[97]。这种知识不仅来自书本和课堂、实际的操作与不断的试错，更来自过往经历和经验的判断。情，即情感、态度。创业过程中充满了不确定性和风险，创业者需要具备坚定的信念和积极的态度，以应对各种挑战和困难。他们需要对自己的事业充满热情，对团队成员充满信任，对消费者充满尊重。这种情感上的投入和认同，能够激发创业者的内在动力，推动他们不断前行。同时，创业者还需要具备良好的情绪管理能力，能够在压力与挑战面前保持冷静和理智。意，即意志、决心。创业是一条充满艰辛的道路，需要创业者具备坚韧不拔的意志和勇往直前的决心。他们需要有明确的目标和坚定的信念，能够克服各种困难和挫折，不断追求自己的梦想。此外，创业者还需要具备灵活的思维和应变能力，能够根据市场变化及时调整自己的战略和计划。行，即行动、实践。创业行为最终需要通过具体的行动和实践来实现。创业者需要将自己的知识和想法转化为实际行动，通过不断尝试和调整找到最适合自己的创业路径。在行动过程中，创业者需要注重团队协作和资源整合，充分利用各种资源和优势来推动企业的发展。同时，他们还需要保持敏锐的市场洞察力，及时发现和抓住市场机遇。综上所述，在知、情、意、行四个方面中，知是创业行为的基础，情是创业行为的动力，意是创业行为的保障，行则是创业行为的实现。这四个方面相互关联、相互影响，共同构成了创业行为的内在机制[234、235]。

基于上述讨论，本书的一系列研究以中国为研究情境，以中国大学生创业者为研究对象，采用他们的创业数据和背景特征材料，基于知情意行、长期导向、高阶梯队、胜任力等理论，从创业认知的视角探讨了一系列影响大学生创业行为的因素及边界条件，得出了较为丰富的结论。具体而言，本书的结论可归纳为五个方面：

第一，在"大众创业，万众创新"的背景下，大学生创业认知正向影响其创业行为，创业意愿中介了二者之间的正向关系，高校创业教育认可感知加强了创业意愿和创业行为之间的正向关系。根据三元交互决定论，个体的认知、外部环境以及行为之间存在固有的、密不可分的联系。这种联系的本质在于，个体的特定行为并非单一因素决定，而是由外部环境、个体内部的认知过程以及行为本身三者共同交互作用的结果[97]。这种三元交互作用不仅体现在各因素直接对个体行为产生影响，更在于它们之间彼此交织、相互作用，进而共同塑造和调节个体的行为表现。因此，理解并深入研究三元交互决定论，对于揭示行为产生的内在机制，以及优化个体行为具有重要的指导意义[96]。

创业是一种创新性的开拓行为，将创新性想法变成现实的创业成果，是一项复杂且具有挑战性的任务，需要创业者拥有系统、全面且有深度的知识储备。较高的创业认知意味着更多的创业相关知识和信息储备，当个体获取知识和信息的储备与渠道越来越多时，就能进一步加深对创业本身和自我认知的理解；同时主动的创业认知可以为创业者赢得更多的学习和实践机会，丰富创业认知的多样化知识，做出更有利于创业的选择和决策，为提高创业成功率奠定了知识和能力储备，从而更能激发个体的创业行为[131-133]。而创业认知是大学生获取创业相关知识的重要途径之一，与缺乏创业认知的个体相比，具备创业认知的个体在拥有相关知识后能够充分发挥其优势，并会站在长远的角度掌控创业情境，他们会以长远的眼光看待企业的状况，不断通过自身能力克服阻力与困难，直到取得成功完成目标，从而为主动实施创业行为和积极应对创业过程中的不确定性因素提供了动机基础[212]。因此，大学生创业认知能正向影响其创业行为。"知情意行"计划行为理论主张，创业者的创业意识层级和积极态度，是决定他们能否在创业前期做好充分准备以及萌生创业意愿的关键因素。创业意愿的形成源于创业者对创业理念的深入理解和积极肯定，进而转化为实际行动。具备高水平创业意识的创业者，其注意力和行动将聚焦在明确的目标之上，坚信创业的初始想法唯有通过自身的坚定意志和不懈努力才能转化为现实。与之相对，若创业者的创业认知水平偏低，他们可能会在面对创业过程中可能遭遇的种种不确定性、潜在风险时感到迷茫、焦虑，甚至产生自我怀疑和恐惧情绪，从而在情感上倾向于否定或放弃创业的想法，进而阻碍了创业意愿的形成。那些致力于提升自身创业认知水平的创业者，通常表现出高度的责任感、良好的亲和力，以及积极外向、努力进取的精神面貌。这些特征和情感倾向，更有助于激发他们的创业意愿和热情，推动他们勇往直前，实现创业梦想[236]。因此，大学生的创业认知能够显著影响其创业意愿。同时，创业意愿作为大学生创业者在创业征途中的核心主观情绪，是驱动其开展创业活动的先决要素。当大学生创业者深感创业时机已成熟之际，他们会基于个人的认知、情感等心理层面的考量，将内心强烈的创业意愿转化为实际行动；这种意愿不仅是推动创业行为的内生动力，更是为创业公司注入强大精神力量的源泉，能够提振大学生创业者对创业活动的信心，并激励他们通过创业实践实现自我价值。所以，大学生的创业意愿和创业行为表现出显著的正相关关系。值得注意的是，大学生的创业意愿并非一成不变，它会随着自我认知的深化和创业环境的变化而不断调整。此外，拥有高水平创业知识的大学生创业者能够处理一系列信息，并在面对高度复杂和不确定的创业挑战时将其与某种程度的逻辑思维相结合，做出创业机会的快速判断，明确创业意愿的有效产生，从而形成对其有利的创业资源以及创业条件。同时，他们在运用已掌握的创业认知分析创业机会、资源与挑战过程中，能够从有限或大部分无用的信息当中把握有效的信息，因此也对创业过程有了更加清晰的新认知，在"再认知"的基础上提炼创新点，再次提高自己的创业意愿，而增加的创业意愿往往也促进了创业行为[101]。

另外，大学生创业者在学会了对创业资源的有效整合和合理利用后，更容易获得自身成就感和满足感，从而进一步增加自我的创业意愿，创业意愿的增加也再次促进了个体的进阶化的创业行为。因此，创业意愿中介了创业认知与创业行为之间的关系。基于计划行为理论的实证研究表明，创业教育可以通过传授基础创业知识、开展实践教学、提高创业认知加强创业意愿；但是大学生的创业意愿并不是仅由高校创业教育决定的，不同个体性别、家庭、教育、专业等背景特征的差异化也会对其创业意愿产生影响。此外，由于对创业意愿相关的前因变量，如主观规范、合意性和可行性感知的预测能力比较弱，且实际操作中难以精确测量[87]，这一现状为创业意愿研究带来了显著的挑战，未来的研究还需注重跨学科方法的融合。同时，高校创业教育的质量和满意度对大学生创业认知能力也可能会产生积极或负面的影响，只有不断提升高校创业教育的认可感知，才能促进具有创业意愿的大学生的创业认知水平得以提升，有效激发正向创业意愿，从而促使其有效地开展创业行为，获取创业成功[103]。

综上所述，在高校创业教育中，创业认知、创业意愿和创业行为有着天然的联系，创业知识和经验的不断积累可以逐渐转化为创业实践能力。但是，创业意愿具有内生性和外生性，包括独立、挑战、成就、权利、财富、兴趣、习惯、效能、家庭、教育和社会认可等，各方面的认知对个体产生差异化的影响。同时，影响创业认知的因素也比较复杂，高校创业教育仅是影响创业认知的一个因素，还可能存在其他因素的影响，使得高校创业教育的认可感知不一定能进一步加强创业认知与创业意愿二者的正向关系；但是，高认可度的高校创业教育感知能显著促进大学生的创业行为。因此，如何进行现有高校创业认知教育的改革和创新来激发大学生创业意愿—创业行为的积极正向影响为高校创业教育改革所要关注的重点。

第二，大学生创业者年龄、学历与专业背景对科技创新导向有显著影响；科技创新导向中转化能力、管理能力以及成长能力对企业经营绩效有显著影响，同时对大学生创业者背景特征与企业经营绩效之间有调节作用。以智能化作为主导的第四次工业革命已经全力展开，伴随各种快速涌现的技术，很多大学生创业者的初创企业也是以科技创新导向为风向标。科技创新导向是大学生创业企业的一种行为态势，这种行为态势通过大学生创业者的活动及行为表现出来，而该类型企业的管理活动通常通过大学生创业者来实现，因此我们可以说大学生创业者是企业实行科技创新导向的关键因素，而大学生创业者背景特征又影响着大学生创业者的行为和经营绩效[237]。大学生创业者年龄对科技创新导向有显著影响，其中大学生创业者年龄对管理能力即成本管控有正向作用。年龄越大，在资源与信息的获取方面有常年的积累优势，对于产品成本把控、市场的扩张与占有更具优势[238]。而大学生创业者性别对科技创新导向无显著影响，无论是男性大学生创业者还是女性大学生创业者均重视企业的科技创新，因此对科技创新导向的影响不显著。大学生创业者学历对科技创新中转化能力及成长能力均有正向影响，说明学历水平高，专业知识全面，逻辑思维严谨，多是线性思维[239]，而学历低者感性认识强，多凭直觉和经验，多是发散思维[154、161]。同时，学历高者学习能力强，可以快速学习以完善自己的创新方案，对科技创新更为重视，加大其投入，提高其产出效率[155]。而大学生创业专业背景对成长能力有正向促进作用，具有理工背景及经管背景的大学生创业者更趋向于鼓励创新[149]。关于大学生创业者背景特征对企业经营绩效有没有显著影响，科技创新导向中转化能力、管理能力与成长能力均对企业经营绩效有显著影响。其中，转化能力、管理能力与成长能力对经营绩效有正向的促进作用，表明加大对科技创新的投入，提升科技创新的产出效益与效率有利于经营绩效的提升。

第三，基于组织文化所形成的长期导向对大学生创业具有正向影响，并且创业者教育经历在长期导向与大学生公司创业的关系中起到调节作用，高等学历背景和管理专业经验加强了大学生创业者长期视野与创业活动之间的联系，而创业者的海外学习经历起到了负向调节作用。首先，具有长期导向的企业更倾向于创业活动。一方面，长期导向作为组织文化的一个因素，塑造着企业的战略选择和管理实践。具有长期导向的企业或创业者更倾向于未来的长远收益，而不是短期利润，使得企业更加注重对未来发展具有重要意义的"战略资源"的建设（如研发能力、专利申请和人力资源等），在这些关键的战略资源中，人力资源往往被认为是企业最活跃的因素。因此，长期导向的企业或创业者往往在人力资本上投入巨资，并特别注重为企业内部潜在的人才营造良好的环境，最终形成一个能够利用未来机会的潜在创业者资源"池"[172]。另一方面，长期导向的企业或创业团队往往会发现更多的创业机会。与短期导向相比，长期导向的企业拥有更广泛的"机会集"并追求更多的创业机会；由于创业的本质是发现和利用机会，长期导向的企业比短期导向的竞争对手更有可能从事公司创业活动[178]。其次，高等教育经历通过拓宽视野、提升创新能力、培养长期规划和战略思维、增强团队建设和协作能力、增强社会责任感和可持续发展意识，以及提供资源和网络支持等方面，对长期导向与公司创业产生调节作用[182]。但是，由于资源网络、人脉网络和文化差异，具有海外学习经历的大学生创业者可能会减弱企业长期导向与公司创业之间的关系。最后，经管类专业背景经历为大学生创业者提供了专业知识和技能的支持，增强了战略规划和决策能力，培养了风险意识和风险管理能力[186]，拓展了行业视野和人脉资源，并激发了创新思维和创业精神。这些方面的调节作用有助于创业者更好地应对创业过程中的挑战和机遇，进而推动企业的长期发展。

第四，认知能力是大学生创业者胜任要素的基础，它支撑着学习能力、信息处理能力、创新思维、问题解决等其他胜任要素的发展，还为其提供了源源不断的动力。如前所述，首先，认知导向作为个体决策和行为的先导，在创业过程中扮演着至关重要的角色。大学生创业者由于年龄、经验和知识结构的特殊性，其认知导向往往更加多元和复杂，这既为创业带来了无限可能，也增加了创业的不确定性和风险。所以，研究如何通过创业教育来引导大学生创业者形成积极、科学的认知导向，对于提高创业行为的针对性和有效性至关重要。其次，创业行为是大学生创业者将认知导向转化为具体行动的过程，是创业成功的关键所在。大学生创业者的创业行为受多种因素的影响，包括个人特质、背景特质、资源支持、政策引导等。研究这些因素如何影响创业行为以及如何优化创业行为以提升创业效果，对指导大学生创业实践具有重要意义。同时，大学生创业者胜任素养是创业成功的重要基础，包括知识、技能、态度和价值观等多个方面。通过深入分析这些要素的内在联系和相互作用，为大学生创业者提供有针对性的指导和建议，帮助他们更好地发挥自身潜力，实现创业梦想。综上所述，在基于扎根理论构建的认知导向下大学生创业者胜任要素的理论模型中，可以发现各个胜任要素之间是相互作用、相互促进的，共同构成了创业者的综合素质和能力体系。这些胜任要素不仅有助于提升创业者的个人能力和素质，还能提高创业的有效性和成功性。因此，对于大学生创业者来说，不断地学习和提升自己的各项胜任要素，是实现创业梦想的关键所在。对于高校来说，应重点培养大学生创业者的胜任要素，以推动创新创业教育的发展，为国家和社会培养更多具有创新精神与创业能力的人才。同时，我们也需要意识到，这些胜任要素并不是孤立的，而是相互关联、相互作用的。只有在整体上提高这些要素的发展水平，才能更好地提升创业者的综合能力和创业成功的可能性。因此，在培养大学生创业者的过程中，需要注重全面发展，注重各个要素的均衡提升，从而培养出更具竞争力的创业者。

第五，综合分析与应对能力、综合管理和发展能力、自我管理与人际交往能力、战略创新能力、领导力、执行力、组织与管理能力是大学生创业者胜任力模型的主要内容。胜任力及胜任力模型理论作为一种新型的人力资源管理方法，其核心在于以个体为核心，探讨个体在具体岗位上应具备的胜任力基础要素。这一理论着重强调以人为主导，通过深入剖析个体的胜任力特征，为企业的人力资源管理提供更为精准和有效的指导。通过运用胜任力模型，企业能够更好地评估个体的潜力和能力，从而制定更加贴合实际的人才发展战略，实现人力资源的优化配置和高效利用。基于胜任力和胜任力模型理论研究大学生创业者胜任力特征，能够全面解答多年来高校创业教育中的核心问题和难点："为什么要进行创业教育——培养什么样的大学生创业者——怎么进行创业教育"。通过深入研究，本书提出了大学生创业者胜任力模型，其胜任特征指标由以下七个方面的能力构成：综合分析与应对能力（运用综合知识、技能和经验，准确认知和积极分析复杂情况，找出问题的关键，提出可行方案并不断优化，以实现最佳效果的能力）、综合管理和发展能力（善于管理和引导创业团队，能够帮助团队成员有效合作、应对挑战、实现共赢，同时确保自己不断学习以适应变化的环境，并有效自我激励，应对困难，坚定信念勇往直前，达成创业目标的能力）、自我管理与人际交往能力（能够有效地认知和管理自己的行为、情绪、习惯等方面，不仅能自我调节、自我激励和自我反思，还能进行良好的沟通、协调、解决冲突，在人际交往中保持积极的态度和高效的能力，以实现组织共同目标并与他人建立良好关系的能力）、战略创新能力（在复杂多变的环境中，个体通过前瞻性的洞察、概念性的思考和创新性的行动，来制定和实施有效的战略，从而实现长期目标和竞争优势的能力）、领导力（领导者在承担责任、关注他人成长以及持续学习方面的核心能力和素质）、执行力（个体具备强烈的成就动机和明确的成功目标，能够有效地管理自己的行动以实现这些目标的能力）、组织与管理能力（能够有效地组织、规划、领导和指导他人，以实现组织目标的能力。这种能力涵盖了决策制定、目标设定、团队协作、沟通技巧，以及激励与引导等方面）。因此，结合上述大学生创业者胜任力模型的成果进一步推动高校创业教育理念的革新与目标的升级，能够全面提升大学生创业者的综合素养与创业能力，使他们能够更好地应对新时代创业环境所提出的更高挑战。这不仅有助于高校更好地履行培养高素质人才的使命，满足新时代对人才的需求，也为高校提供高水平教育服务、推动社会创新与发展发挥积极作用。

二、创业认知与大学生创业教育关系研究的价值总结

本书的一系列研究以中国高校的创业教育改革为研究背景，根植于创业认知视角，探讨了一系列影响大学生创业行为的前因以及边界条件，有效地回答了"大学生创业者的创业认知教育会对其创业行为产生哪些影响"这一核心科学问题，为当下高校所关注的如何根据新时代创业者胜任需求进行创业教育改革，推动大学生创业者在转型经济背景下获取必备的创业者胜任素养提供了理论依据、决策思路和行动指南，同时拓展了创业认知教育影响大学生创业的调节机制，为全面研究其作用机制奠定了基础。具体来说，理论贡献有以下四点：

第一，显著地推动了创业认知领域的深入探索与发展。首先，创业的核心是创业机会的识别和利用。创业过程的每一个环节都与创业者个体层次的认知要素相关，因此，从创业认知视角解释创业行为至关重要[2]。然而，创业认知来源于创业者对传统社会认知概念的发展，它的形成是复杂和多样的。本书的相关研究基于中国大学生创业者的历史数据，为"如何从认知导向的创业教育视角来解释大学生创业行为的成因"这一问题提供了较为充分的依据。其次，创业认知教育对于大学生创业者的创业意愿和动机具有显著影响。通过系统的创业认知教育，大学生能够更全面地了解创业的内涵、风险和机遇，进而形成更加理性的创业观。这种认知的提升，不仅能激发他们的创业意愿，还能使他们在面对创业挑战时更加坚定和自信。此外，创业认知教育还能引导大学生将个人兴趣与市场需求相结合，从而形成更具可行性和创新性的创业动机。再次，创业认知教育对大学生创业者的创业能力具有显著的提升作用。创业认知教育不仅涵盖了创业理论知识的传授，还包括创业实践技能的训练。通过参与创业实践项目、模拟创业过程等活动，使大学

生能够锻炼自己的市场分析、团队协作、资金筹措等关键创业能力。这些能力的提升，不仅有助于他们在创业初期克服各种困难，还能为他们的创业成功奠定坚实的基础。此外，创业认知教育还能影响大学生创业者的创业决策和行为模式。在创业过程中，大学生需要面对各种复杂的问题和挑战，如何做出正确的决策是创业成功的关键。通过创业认知教育，大学生能够学会运用科学的决策方法和工具，更加准确地评估创业项目的可行性和风险性。同时，他们还能形成更加开放和创新的思维方式，从而在创业过程中不断寻求新的机遇和突破。最后，创业认知教育对大学生创业者的心理素质也有重要的影响。创业是一项充满挑战和风险的事业，需要创业者具备强大的心理素质来应对各种压力和挑战。通过创业认知教育，大学生能够学会如何调整自己的心态、管理情绪以及应对挫折和失败。这种心理素质的提升，不仅能增强他们的抗压能力，还能使他们在面对困难时更加坚韧和乐观。

未来，我们还需要进一步深入研究创业认知教育的具体内容和形式，探索更加有效的教育方法和手段。同时，我们还可以结合具体的创业案例和实践经验，对创业认知教育的效果进行更加深入的评估和分析。相信，随着研究的不断深入和实践的不断积累，我们一定能够更好地推动大学生创业教育的发展，为培养更多优秀的创业人才做出更大的贡献。

第二，从崭新的认知导向视角提出高校创业教育改革的新方向，为解释大学生创业者胜任力要素提供了新的线索，丰富了大学生创业行为的前因研究。在传统的创业教育体系中，往往过分强调创业技能的培训和商业知识的灌输，而忽视了创业者在认知层面的发展。然而，随着创业环境的日益复杂和多变，单纯的技能和知识已经不足以支撑创业者的成功。相反，创业者的认知能力和思维模式在创业过程中发挥着越来越重要的作用。因此，从认知导向的视角出发，我们可以重新审视和改革高校的创业教育体系。首先，高校需要关注大学生创业者的认知发展，包括他们的思维方式、决策能力、问题解决能力等方面。通过设计专门的课程和活动，帮助大学生创业者培养更加开放、灵活和创新的思维方式，提高他们在面对复杂问题时的决策能力和解决问题的能力。其次，高校还需要关注大学生创业者的心理特征。在创业过程中，创业者往往会面临各种压力和挑战，需要具备坚定的信念、强大的毅力和良好的抗压能力。因此，可以通过心理教育和辅导，帮助大学生创业者建立积极的心态，提高他们的心理韧性，从而更好地应对创业过程中的各种挑战。最后，从认知导向的视角出发，还可以探索更加有效的创业教育方法和手段。例如，通过案例教学、模拟创业、团队合作等方式，让学生在实践中学习和体验创业的过程，从而更深入地理解创业的本质和要求。同时，还可以通过引入行业专家和成功创业者分享他们的经验与故事，激发学生的创业热情和信心。

综上所述，从认知导向视角提出高校创业教育改革的新方向，不仅有助于提升大学生创业者的胜任力要素，还能为解释大学生创业行为的前因研究提供更为丰富的线索。这一新方向的实施和推广，需要高校、教师、学生，以及社会各界的共同努力和配合。对于高校而言，应该加强对创业教育体系的顶层设计和整体规划，将认知导向的理念贯穿整个教育过程。同时，高校还需要加强与企业和行业的合作，共同开发和实践更加符合市场需求与创业实际的创业教育课程及活动。对于教师而言，应该不断更新自己的教育理念和教学方法，注重培养学生的认知能力和心理特征。同时，教师还需要积极参与创业实践和研究，不断提升自己的创业素养和教学能力。对于学生而言，应该积极参与到创业教育的各种活动和实践中去，不断挑战自己、锻炼自己。同时，学生还需要保持开放的心态和积极的学习态度，不断吸收新的知识和经验，提升自己的创业能力和竞争力。最后社会各界也应该为高校的创业教育改革提供支持和帮助。政府可以出台相关政策来鼓励和引导高校进行创业教育改革；企业可以提供实习和就业机会来帮助学生更好地了解市场与行业；媒体可以加强对创业教育的宣传和推广，提高社会对创业教育的认知度和认可度。

第三，通过具体探讨大学生创业者背景特征—创业认知—创业行为—经营绩效整合实现机制丰富了高阶梯队理论。自Hambrick和Mason1984年开创性地提出高阶梯队理论以来，该理论在学术界得到了广泛应用，用于解析价值创造、组织创新及产品多元化等多样化的管理现象。当前，关于高阶梯队理论的研究正呈现一个显著趋势，即通过引入更多调节机制来进一步提升其核心命题的预测精准度，从而丰富和深化对组织高层领导团队行为及其影响的认知[2]。本书第五章、第六章围绕"大学生创业者背景特征—创业认知—决策选择—绩效影响"这一系列重要的情境关系因素，探讨了具体的创业行为整合机制的具体实现路径。首先，创业者的背景特征是其认知和行为的基础。这些特征包括但不限于教育背景、职业经历、个人性格、社会关系网络等。这些特征共同塑造了创业者的世界观、价值观和行为模式，进而影响其对创业机会的认知和把握。例如，具有丰富行业经验的创业者可能更容易识别行业内的潜在商机，而拥有广泛社会网络的创业者则可能更容易获取资源和信息的支持。其次，创业认知是连接创业者背景特征与创业行为的桥梁。在创业过程中，创业者需要根据自身的背景特征对外部环境进行解读，形成独特的创业认知。这种认知会影响创业者的决策和行为，进而决定其创业活动的发展方向和成功与否。再次，创业行为是创业者根据自身的背景特征和创业认知采取的具体行动。这些行为包括但不限于市场调研、产品开发、营销推广、融资活动等。创业行为的成功与否不仅取决于创业者自身的素质和能力，还受外部环境因素的影响[236]。因此，创业者需要不断调整和优化自己的行为策略，以适应不断变化的市场环境。最后，经营绩效是创业行为的最终体现和衡量标准，通过对比不同创业者的经营绩效，可以进一步验证和丰富高阶梯队理论。例如，研究发现具有某些特定背景特征的创业者更可能取得优异的经营绩效，这可以为后续创业者提供有益的借鉴和启示。

综上所述，在整合实现机制方面，创业者背景特征、创业认知、创业行为和经营绩效构成了一个相互影响、相互作用的系统。创业者背景特征塑造了其创业认知，进而决定了其创业行为；而创业行为又直接影响了经营绩效的实现。同时，经营绩效的反馈也会对创业者的认知和行为产生调节作用，促使创业者不断调整和优化自己的创业策略。通过这一整合实现机制的探讨，可以更深入地理解创业过程的内在逻辑和机制。同时，这一机制也为高阶梯队理论提供了新的视角和补充。高阶梯队理论强调高管团队的特征和过程对企业战略与绩效的影响，而本书所探讨的创业者背景特征、创业认知、创业行为和经营绩效整合实现机制，实际上是对高管团队特征影响企业战略和绩效过程的一种具体化与深化。

第四，通过解释和定义大学生创业者胜任要素以及构建大学生创业者胜任力模型，推动了胜任力和胜任力模型理论的发展。首先，本书第八章明确了大学生创业者胜任要素的内涵与外延，主要涵盖了认知能力、创新思维、团队协作、问题解决等多个方面。其次，在明确了上述胜任要素之后，进一步构建了大学生创业者胜任力模型。这一模型旨在将上述要素有机地整合在一起，形成一个完整的、具有可操作性的框架。在构建过程中，充分考虑了大学生的特点、创业环境的变化以及社会发展的需求，通过定性和定量相结合的研究方法，确定了各要素之间的关联性和权重，形成了具有针对性的胜任力模型。这一模型的构建不仅有助于我们更全面地了解大学生创业者需要的能力和素质，还为高校创业教育提供了有力的支持。高校可以根据这一模型，设计更加符合大学生创业需求的课程体系和实践环节，培养学生的创业意识和创新能力[224-225]。同时，高校还可以通过引入外部资源，如企业导师、创业孵化器等，为学生提供更加丰富的创业实践机会，帮助他们在实际操作中提升胜任力。最后，大学生创业者胜任力模型对于推动社会经济发展和人才培养模式的创新也具有积极意义。随着经济的发展和社会的进步，创业已经成为推动经济增长的重要动力。大学生作为社会的未来和希望，他们的创业活动不仅能为社会创造更多的就业机会和财富，还能推动社会的创新和发展。通过培养和提升大学生的创业胜任力，我们可以为社会输送更多具有创新精神和实践能力的人才，为社会的可持续发展提供有力的人才保障。

综上所述，通过解释和定义大学生创业者胜任要素以及构建大学生创业者胜任力模型，不仅有助于提升大学生的创业能力，还为高校创业教育提供了实践指导，对于推动社会经济发展和人才培养模式的创新都具有重要的现实意义及理论价值。未来，本书将继续深入研究这一领域，探索更多有助于提升大学生创业胜任力的有效途径和方法。

三、创业认知与大学生创业教育关系研究的实践启示

除上述理论价值之外，本书还有以下五点实践启示：

第一，中国特色社会主义进入新时代，赋予高校在国家建设、学科进步与职业需求等多个方面的全新使命。同时，对于大学生而言，新时代也对其在思想政治教育、知识结构体系构建以及创新创业能力培养等方面提出了更为严格和具体的要求。这些要求不仅体现了国家对高等教育发展的战略部署，也反映了社会对新时代人才培养供给侧改革的新期待，更预示了高校作为人才培养的摇篮肩负着为社会输送高素质人才的重要使命。因此，高校应当紧密结合时代需求，不断改革创新教育模式，提升培养质量，培养出更多符合新时代要求的优秀人才。长久以来，传统的教育模式过分侧重于知识的单向传授和应试技巧的磨砺，在一定程度上忽视了对学生综合素质和创新能力的培养[226]。而基于认知导向的创业教育模式则更加注重学生的认知能力和创新精神的培养，这与新时代高校教育的创新和发展目标高度契合。通过改革创业教育模式，高校可以更好地满足国家宏观层面、行业中观层面和个体微观层面的培养需求，提升教育质量和水平，推动高校创业教育的持续发展。

第二，以认知为导向的创业教育改革和实践，从大学生认知演进的视角探讨大学生如何一步步认知创业、意愿创业、接触创业、参与创业、实现创业、评价创业的动态认知规律，在此基础上，提出对国内外创业教育实践进行传承与创新的模式，以及优化创业教育实施环境的对策建议，从而对大学生的创业行为产生良性引导。对于创业教育演进路径的把握有利于在遵循教育发展一般规律的基础上，更加合理地推动创业教育改革与创新，提升其实

施效果。其研究结果将丰富我国创业教育实践的经验积累，为大学生创业活动的有效开展提供参考。

第三，基于认知导向的高校创业教育模式有助于提高大学生创业者胜任力。对比传统的创业教育模式，大学生往往处于被动接受的状态，缺乏深入的思考和认知创业本质的能力。然而，基于认知导向的创业教育模式则凸显了学生的主体地位和认知过程的核心价值，即鼓励大学生积极投身于认知学习的过程，勇于探索未知的创业领域，但不限于创业领域。在这种模式下，大学生不仅能系统地掌握创业所需的基础知识和必要技能，更能锻炼他们的认知能力、创新思维、反思逻辑、协作精神和解决实践问题的能力。这些综合素养的全面提升，将为大学生未来的职业发展和创业选择提供有力的支持，使他们能够更好地应对各种复杂多变的创业挑战[225]。同时，高校创业教育教师也应从传统的知识灌输者转变为大学生创业选择的引路人和合作伙伴，帮助学生构建自己的认知逻辑，形成独特的认知结构，使他们能够更加科学、全面地认知创业的本质和自身的创业潜力。

第四，基于认知导向的高校创业教育模式能够进一步促进产—学—研—创的深度融合。以认知为导向，意味着更加注重对创业"是什么——为什么——怎么做"一系列的深入理解和分析，一方面更有利于培育大学生的实践能力和认知思维，另一方面能够大力促进和加强学校思考"为谁教——为什么教——怎么教"一系列教育本质问题。通过大学生创业教育中的产—学—研—创的深度融合，高校能够更精准地把握社会需求变化和学科发展动向，不仅为企业和科研机构提供坚实的人才支撑与智力支持，也为大学生提供更多的实践机会和创业资源，有助于他们在实践中不断成长，培养创业精神和认知能力。

第五，基于认知导向的高校创业教育模式还具有广泛的社会意义。随着经济的发展和社会的进步，创业已不是少数人的选择，而是越来越多的人追求自我实现、推动社会进步的重要途径。高校作为培养创业人才的重要基地，其创业教育模式的改革与创新对于推动社会的创业氛围和创业文化的发展具有重要意义。一方面，它能助推社会创业氛围与创业文化的双融合发展。随着大量高校毕业生积极投身于创业领域，中国的创业生态活力满满，同时大学生创业者的特质也潜移默化地丰富了全社会的创业文化内涵。另一方面，基于认知导向的高校创业教育模式还为社会的经济繁荣和创新驱动提供了坚实的支撑。高校通过系统科学地培养具备创新精神和卓越认知能力的优秀人才，能源源不断地为社会输送优质创业者和特质创新者，他们将成为推动经济社会发展的核心中坚力量，他们的创业活动和认知实践也将有力地促进产业升级和技术革新，进而有力地推动全社会经济实现可持续发展和进步[225-227]。

四、未来基于创业认知导向的高校创业教育的研究展望

本书基于创业认知视角探讨了大学生创业的诸多前因和结果，并基于此提出了高校创业教育改革的对策和建议。以上研究结论不仅为大学生创业者提供了有价值的创业实践启示，也为新时代高校进一步改革和创新创业教育提供了有意义的理论参考。但是，除了认知教育，是否还有影响大学生创业的其他认知变量？创业认知教育影响大学生创业的具体机制还包括哪些？本书的一系列研究都是基于一定期间的中国大学生创业历史数据和情境分析，在具有不同文化环境和制度情境的其他经济体中，本书的研究结论是否依然不变？这些问题有待未来学者进一步加以研究和深化。

第一，进一步深化创业认知理论研究。现有研究主要从高校的创业教育维度选择和探讨影响大学生创业者认知的少数因素，且在变量选择上具有一定的主观性。未来研究应进一步深化创业认知的内涵、特点及其形成机制等方面的理论探讨，构建更为完善的创业认知理论体系。此外，在研究中可以发现，个体创业认知的形成和发展受不限于高等教育等多种因素的影响，包括个人特质、家庭背景、教育经历、生活阅历、社会环境、政策影响等。因此，未来研究还应进一步拓展大学生创业者创业认知影响因素的研究范围，

深入分析各因素对其创业认知的影响程度和机制。比如，可以通过对比研究不同群体、不同地区的创业认知差异，以及从团队层面探讨个体创业认知是否受团队认知的影响[240]，为高校制定更具针对性的创业教育策略提供依据。

第二，进一步探讨高校创业认知教育对大学生创业的调节机制。现有研究大多针对创业认知对创业行为的直接影响，然而关于高校创业教育认知对大学生创业影响的调节机制尚不多。本书第四章验证了高校创业教育感知对加强创业意愿和创业行为之间的正向关系的部分调节作用，未来的研究建议基于认知心理学理论从高校创业教育感知的内涵和维度、不同群体在高校创业教育感知上的差异及其对创业意愿和创业行为的影响等方面进行更多的探讨。

第三，拓展高校创业认知教育的研究情境和研究范式，并检验研究结论的外部有效性[2]。本书的一系列研究都是基于中国大学生创业的情境和历史经验数据进行的，对于研究结果的外部有效性需要在未来研究中进一步证实或修正。因此，未来的研究建议关注不同文化环境和制度制约之下对本书已有研究结论的验证。同时，创业研究目前有三种研究范式：实证主义、叙事主义和设计主义[2、241]。本书的一系列研究大多基于实证研究，也尝试进行了部分设计主义的研究，但是对于解释大学生创业者思维过程及创业活动还有不足，建议未来的创业认知研究更注重创业者客观事实与主观能动性互动的结果，更关注设计主义范式的研究。此外，在全球化的背景下，高校创业教育应积极参与国际交流与合作，借鉴和吸收国际先进的创业教育理念与实践经验。未来的研究建议关注如何通过国际项目合作、师生交流等方式，促进认知导向的高校创业教育的国际化发展。同时，还需关注不同文化背景下创业认知的共性与差异，为高校创业教育提供更丰富的视角和启示，从而拓展其发展的广度和深度[242]。

第四，拓展创业认知导向的高校创业教育课程设计。高校创业教育课程设计应充分借鉴创业认知理论[242]，精心构建既有针对性又富实用性的课程内容体系，以帮助学生构建科学、合理的创业认知结构，为其未来的创业实践奠定基础。因此，未来的研究建议进一步深入研究如何将创业认知理论有效地融入创业教育课程体系之中，并致力于开发更具创新性和实践性的教学方法与教学辅助工具，以提升大学生的创业认知水平，增强他们的创业能力，从而培养更多满足新时代需求的人才。

第五，强化创业认知导向的高校创业教育实践教学。实践教学是高校创业教育的重要组成部分，对于培养大学生的创业认知实践能力具有关键作用。因此，未来的研究建议聚焦于如何将创业认知导向的核心理念巧妙地融入实践教学当中，借助诸如模拟创业过程、深入实地调研以及详细案例剖析等多元化的教学方法，使学生在亲身参与中深刻领会创业认知的精髓并付诸实践[243]。此外，实践教学环节的评估和反馈机制也需进一步强化，以确保教学质量的稳步提升，并为大学生提供更为精准的学习指导，从而推动高校创业教育整体水平的提高。

第六，构建创业认知导向的高校创业教育评价体系。现有的评价体系过于强调阶段性创业技能和成果的考核，忽视了对大学生创业认知的深度评估。因此，未来的研究应聚焦于将创业认知作为评价高校创业教育的重要维度之一，通过引入多样化的评价方法和工具，全面而细致地衡量大学生的创业认知水平和成长轨迹。同时，建议未来的研究进一步完善创业教育质量反馈机制，以便根据评价结果及时调整和优化创业教育的内容与教学方式，从而不断提升创业教育的质量和效果[245、246]。

附　录

附录一　基于认知导向的大学生创业者行为事件法和情境测验判断访谈提纲

×××（根据访谈对象职务尊称）：

您好！我是×××大学的研究生×××，非常感谢您参与我的访谈。本次访谈的主要目的是希望通过与您面对面的交流，了解大学生创业者需要具备的能力素养，为构建基于认知导向的大学生创业者胜任力模型提供重要参考。我们会对此次访谈内容进行保密，在整理内容时也会把人名和地点之类的信息省略掉。为了便于记录，我们将对访谈过程进行录音，对录音的内容和您的个人隐私也会严格保密。您提供的所有信息仅为我们论文研究所用，不会直接用于任何商业用途，请您放心！麻烦您结合个人创业经历给予翔实的解答，感谢您的信任与支持！

此次访谈将持续1小时左右，下面我们正式开始访谈：

主要了解内容	问题列表
一、个人信息	1. 请您介绍一下您的学习经历、兴趣爱好 2. 请您继续介绍一下您的创业经历，您是如何认知创业的？ 3. 项目介绍：请简要介绍您目前从事的创业项目，包括项目的性质、目标市场、运营情况等
二、认知导向的自我认知	1. 认知导向的重要性：您认为在创业过程中，准确地认知创业重要吗？ 2. 您会通过哪些渠道或方法去认知创业和创业者？学校目前提供的创业教育课程有帮助吗？ 3. 您自身在创业认知方面有哪些优势和特点？过去是否有创业相关的学习、了解或培训经历？
三、行为事件访谈	1. 创业决策与问题解决： （1）关键决策能力 请分享一次您在创业中做出的关键决策，以及是如何权衡利弊和做出决策的？ （2）问题解决能力（问题识别与定义、解决方案设计与执行）

续　表

主要了解内容	问题列表
三、行为事件访谈	——请描述一个您在创业过程中遇到的挑战或问题，描述一下您是如何识别并认知这个问题的？这个问题对您的创业项目产生了什么样的影响？ ——您当时是如何迅速而有效地设计并执行解决方案的？是否有一些具体的策略或方法能帮助您在解决类似问题时特别有帮助？ 2.学习、适应与反思 （1）学习新知识能力 在创业过程中，您是如何认知和学习新知识以及适应新情境的？有没有特别的学习策略或方法？ （2）认知新领域知识能力 分享一次您需要认知和学习新领域知识的经历，您是如何主动获取所需信息的？ （3）再认知、反思与调整能力 ——认知会在实践中进一步发展，在创业实践中，您是否遇到过失败或挫折？是如何通过再认知、反思和调整来应对的？ ——是否有一些具体的经验，对您的学习和再认知发展产生了深远的影响？ 3.创新思维与机会识别 （1）创新思维认知能力 ——您是如何认知创新的？在创业过程中，创新对您意味着什么？ ——有没有具体的案例说明创新对创业的积极影响？您是如何成功地将创新理念付诸实践的？ ——是否有失败的创新尝试？您从中又认知到了什么？ （2）机会识别能力 请您谈一下您是如何发现并利用创业机会的，您是如何评估机会的可行性和市场潜力的？ 4.团队协作与交流 （1）团队协作认知与实践能力 ——您是如何认知团队协作的？ ——您认为"共识"认知对协同工作有何影响？请问有具体案例可以分享吗？ ——在团队协作中，您具体是如何与团队成员协同工作的？ ——是否有一些特定有效的沟通策略去促进团队协作？ （2）分享成功与失败能力 ——您是如何在团队中分享成功经验和失败教训的？ ——这种分享对团队建设和创业过程有何帮助？

主要了解内容	问题列表
四、情境测验判断	1. 认知导向的情境判断 （1）不确定情境下的认知和决策能力 ——请描述一个您在创业中经历的具体情境，其中存在许多不确定因素，您是如何应对和决策的？ ——您的决策是基于对信息的全面认知和分析，还是更依赖于直觉和经验？此时具备一定的抗压能力是否很重要？
四、情境测验判断	（2）资源分配与优先升级认知和决策能力 ——假设您的团队面临多个紧急任务，在资源有限的情况下，您会如何认知和判断优先级并分配资源？ ——您是否考虑了长期目标和短期需求之间的平衡？ 2. 应对挑战的情境判断 （1）认知竞争与挑战能力 ——描述一次您的创业项目面临激烈竞争或重大挑战的情境，您是如何认知、判断并应对的？ ——在这个过程中，您是否采取了一些战略性的情境判断？ （2）认知分歧与解决矛盾能力 ——在团队协作中，您是否遇到过团队成员意见分歧的情况？您是如何认知并进行情境判断来沟通解决的？ ——您有没有考虑每个团队成员的认知风格、工作方式等的差异化？ 3. 情境判断与成长经历 （1）个人认知成长与反思能力 ——从您创业的起初到现在，您认为自己在情境判断认知方面有哪些成长和改进？ ——是否有具体经验让您更深刻地理解和应用认知导向的情境判断？ （2）失败与再认知学习 ——描述一次您在创业中失败的经历，在这个过程中，您是如何应对并进行情境判断来认知并做出改进的？ ——这次失败是否影响了您对创业认知导向的理解和应用？
五、其他补充	1. 认知导向的重要性 总结一下，您认为认知导向在大学生创业者胜任力中重要性体现在哪些方面？对于未来，您计划如何进一步提升、发展和应用认知导向的创业能力？ 2. 对其他大学生创业者的建议 针对大学生创业者，您有什么建议或经验分享？

附录二 基于认知导向的大学生创业者胜任力因子问卷调查表

您好，非常感谢参与本次问卷调查。本次调查的目的是了解基于认知导向的大学生创业者胜任力构成要素，您的评价意见将为基于认知导向的大学生创业者胜任力模型的构建提供重要参考。您所填写的信息仅用于分析研究，笔者一定会认真阅读并严格保密。为了得到真实的结果，敬请如实作答，感谢您的信任与支持！

本问卷共分"基本信息"与"胜任力因子评价"两部分，基本信息需要填写您的姓名、性别、年龄、学历、专业5项内容。胜任力因子指的是要成为优秀的大学生创业者应具备的素质能力，笔者前期经过文献研究与访谈梳理了20项要素/因子，每项对应5个等级评价，均为单项评价，多选或漏选都会影响本问卷的调查质量，所以烦请您认真填写，再次表示感谢！

第一部分　基本信息		
姓名：		
性别：	□男　　□女	
年龄：	□20岁（含）以下 □21～30岁（含）□31～40岁（含）□40岁以上	
学历：	□大专及以下 □本科（双一流大学　普通高校　独立学院　民办高校） □硕士研究生 □博士研究生	
专业：	□理工　　□医药　　□经管　　□文法　　□其他	
创业年限：	□1～2年（含）□3～4年（含）□5～10年（含）□10年以上	
第二部分　胜任力因子评价		
序号	评价因子	评价（对应打√）
1	成就动机	□非常重要 □比较重要 □一般重要 □一般不重要 □极其不重要
2	前瞻性	□非常重要 □比较重要 □一般重要 □一般不重要 □极其不重要
3	责任感	□非常重要 □比较重要 □一般重要 □一般不重要 □极其不重要
4	成功目标和行动管理	□非常重要 □比较重要 □一般重要 □一般不重要 □极其不重要
5	自我认知和激励	□非常重要 □比较重要 □一般重要 □一般不重要 □极其不重要

第二部分 胜任力因子评价		
6	自我情感 管理	□非常重要 □比较重要 □一般重要 □一般不重要 □极其不重要
7	人际关系 管理	□非常重要 □比较重要 □一般重要 □一般不重要 □极其不重要
8	人力资源 管理	□非常重要 □比较重要 □一般重要 □一般不重要 □极其不重要
9	领导和指导 能力	□非常重要 □比较重要 □一般重要 □一般不重要 □极其不重要
10	技术专长	□非常重要 □比较重要 □一般重要 □一般不重要 □极其不重要
11	概念性思维	□非常重要 □比较重要 □一般重要 □一般不重要 □极其不重要
12	关注并发展 他人和知识	□非常重要 □比较重要 □一般重要 □一般不重要 □极其不重要
13	复杂问题 分析思维	□非常重要 □比较重要 □一般重要 □一般不重要 □极其不重要
14	信息寻求 和认知	□非常重要 □比较重要 □一般重要 □一般不重要 □极其不重要
15	团队精神	□非常重要 □比较重要 □一般重要 □一般不重要 □极其不重要
16	持续学习	□非常重要 □比较重要 □一般重要 □一般不重要 □极其不重要
17	创新变革	□非常重要 □比较重要 □一般重要 □一般不重要 □极其不重要
18	沟通能力	□非常重要 □比较重要 □一般重要 □一般不重要 □极其不重要
19	自信心	□非常重要 □比较重要 □一般重要 □一般不重要 □极其不重要
20	抗压能力	□非常重要 □比较重要 □一般重要 □一般不重要 □极其不重要

附录三　基于认知导向的大学生创业者胜任力因子评估表

第一部分　被评价人信息	
姓名:	
性别:	
年龄:	

第二部分　胜任力评价(单项因子评分标准: 1分表示"极不具备", 2分表示"不太具备", 3分表示"有点具备", 4分表示"比较具备", 5分表示"非常具备")

序号	评价因子	评价
1	成就动机	
2	前瞻性	
3	责任感	
4	成功目标和行动管理	
5	自我认知和激励	
6	自我情感管理	
7	人际关系管理	
8	人力资源管理	
9	领导和指导能力	
10	技术专长	
11	概念性思维	
12	关注并发展他人和知识	
13	复杂问题分析思维	
14	信息寻求和认知	
15	团队精神	
16	持续学习	
17	创新变革	
18	沟通能力	
19	自信心	
20	抗压能力	
	总分	

附录四 《大学生创业认知对于创业意愿与创业行为的影响研究》调查问卷

亲爱的同学:

您好!

非常感谢您能抽空来填写这份问卷。本问卷的填答可能会占用您大概15分钟的宝贵时间。本问卷仅为学术研究之用,旨在探索大学生创业认知对于创业意愿与创业行为的影响机理研究,挖掘当前大学生创业认知教育的问题与不足,为高校开展更有针对性和有效性的创业认知教育提供建议与对策。

本问卷采用匿名作答,答案无对错之分,对您的学习、工作和生活不会产生任何负面影响。同时,我们对您提供的信息予以保密,请您根据自己的真实情况或个人感受如实、放心填答。您的如实填答对我们研究工作的顺利展开十分重要。再次感谢您的支持和理解!

1. 您的性别是? [单选题] *

○男　　　　　　　　　　　○女

2. 您的年级是? [单选题] *

○大一　　　　　　　　　　○大二

○大三　　　　　　　　　　○大四

3. 您学校所在的区域是? [单选题] *

○华南　　　　　　　　　　○西南

○华北　　　　　　　　　　○东北

○华东　　　　　　　　　　○华中

○西北

4. 您的主修专业类别是? [单选题] *

○哲学　　　　　　　　　　○经济学

○法学　　　　　　　　　○教育学

○文学　　　　　　　　　○历史学

○理学　　　　　　　　　○工学

○管理学　　　　　　　　○艺术学

○其他

5. 您目前的创业状态是？ [单选题] *

○非创业者　　　　　　　○创业者

6. 您的家庭成员是否有创业经历？ [单选题] *

○是　　　　　　　　　　○否

7. 您参加过创业比赛的次数是？ [单选题] *

○没有参加过　　　　　　○参加过一次

○参加过多次

8. 我具备创业相关的人际和财富网络 [单选题] *

○A.非常不同意　　　　　○B.不同意

○C.不确定　　　　　　　○D.同意

○E.非常同意

9. 我有相应的专利技术保护 [单选题] *

○A.非常不同意　　　　　○B.不同意

○C.不确定　　　　　　　○D.同意

○E.非常同意

10. 我具有其他创业技术保护 [单选题] *

○A.非常不同意　　　　　○B.不同意

○C.不确定　　　　　　　○D.同意

○E.非常同意

11. 我具有特殊产品或服务 [单选题] *

○A.非常不同意　　　　　○B.不同意

○C.不确定　　　　　　　○D.同意

○E.非常同意

12. 我具有较好的创业知识储备 [单选题] *

○A.非常不同意 ○B.不同意

○C.不确定 ○D.同意

○E.非常同意

13. 我有渴望成功的野心 [单选题] *

○A.非常不同意 ○B.不同意

○C.不确定 ○D.同意

○E.非常同意

14. 我能够准确识别潜在的机会 [单选题] *

○A.非常不同意 ○B.不同意

○C.不确定 ○D.同意

○E.非常同意

15. 我能够迅速识别与创业相关的问题的关键特征 [单选题] *

○A.非常不同意 ○B.不同意

○C.不确定 ○D.同意

○E.非常同意

16. 我对特定创业情境和机会的判断准确 [单选题] *

○A.非常不同意 ○B.不同意

○C.不确定 ○D.同意

○E.非常同意

17. 我可以轻松进入准备创业的领域 [单选题] *

○A.非常不同意 ○B.不同意

○C.不确定 ○D.同意

○E.非常同意

18. 我的职业目标是成为一名创业者 [单选题] *

○A.非常不同意 ○B.不同意

○ C. 不确定　　　　　　　　○ D. 同意

○ E. 非常同意

19. 我将尽一切努力创办并经营一家公司 [单选题] *

○ A. 非常不同意　　　　　　○ B. 不同意

○ C. 不确定　　　　　　　　○ D. 同意

○ E. 非常同意

20. 我下决心要在未来创建一家公司 [单选题] *

○ A. 非常不同意　　　　　　○ B. 不同意

○ C. 不确定　　　　　　　　○ D. 同意

○ E. 非常同意

21. 我很认真思考过，在未来要创建一家公司 [单选题] *

○ A. 非常不同意　　　　　　○ B. 不同意

○ C. 不确定　　　　　　　　○ D. 同意

○ E. 非常同意

22. 我打算在未来的某一天创办一家自己的公司 [单选题] *

○ A. 非常不同意　　　　　　○ B. 不同意

○ C. 不确定　　　　　　　　○ D. 同意

○ E. 非常同意

23. 我愿意花时间和精力为创业做准备 [单选题] *

○ A. 非常不同意　　　　　　○ B. 不同意

○ C. 不确定　　　　　　　　○ D. 同意

○ E. 非常同意

24. 我已经搜寻过创业机会 [单选题] *

○ A. 非常不同意　　　　　　○ B. 不同意

○ C. 不确定　　　　　　　　○ D. 同意

○ E. 非常同意

25. 我已经搭建了创业所需的人际网络或创业团队 [单选题] *

　　○ A.非常不同意　　　　　　　○ B.不同意

　　○ C.不确定　　　　　　　　　○ D.同意

　　○ E.非常同意

26. 我已经筹集了创业所需的资金 [单选题] *

　　○ A.非常不同意　　　　　　　○ B.不同意

　　○ C.不确定　　　　　　　　　○ D.同意

　　○ E.非常同意

27. 我已经撰写了创业计划书 [单选题] *

　　○ A.非常不同意　　　　　　　○ B.不同意

　　○ C.不确定　　　　　　　　　○ D.同意

　　○ E.非常同意

28. 我主动选修了关于创业教育的课程并参加创业讲座 [单选题] *

　　○ A.非常不同意　　　　　　　○ B.不同意

　　○ C.不确定　　　　　　　　　○ D.同意

　　○ E.非常同意

29. 我经常主动参加学校组织的创业技能培训或模拟演习 [单选题] *

　　○ A.非常不同意　　　　　　　○ B.不同意

　　○ C.不确定　　　　　　　　　○ D.同意

　　○ E.非常同意

30. 我经常主动参与各级创业大赛活动 [单选题] *

　　○ A.非常不同意　　　　　　　○ B.不同意

　　○ C.不确定　　　　　　　　　○ D.同意

　　○ E.非常同意

31. 我曾去中小企业或新创企业考察或实习 [单选题] *

　　○ A.非常不同意　　　　　　　○ B.不同意

　　○ C.不确定　　　　　　　　　○ D.同意

○ E.非常同意

32. 我参加了其他的创业教育学习或活动 [单选题] *

　　○ A.非常不同意　　　　　　○ B.不同意

　　○ C.不确定　　　　　　　　○ D.同意

　　○ E.非常同意

33. 创业教育课程体系设置情况 [单选题] *

　　○ A.非常不同意　　　　　　○ B.不同意

　　○ C.不确定　　　　　　　　○ D.同意

　　○ E.非常同意

34. 创业教育的实践体系情况 [单选题] *

　　○ A.非常不同意　　　　　　○ B.不同意

　　○ C.不确定　　　　　　　　○ D.同意

　　○ E.非常同意

35. 教师对创业教育的热情与付出 [单选题] *

　　○ A.非常不同意　　　　　　○ B.不同意

　　○ C.不确定　　　　　　　　○ D.同意

　　○ E.非常同意

36. 企业家创业讲座的创业模式对大学生创业者的借鉴与启发 [单选题] *

　　○ A.非常不同意　　　　　　○ B.不同意

　　○ C.不确定　　　　　　　　○ D.同意

　　○ E.非常同意

37. 校级领导对创业教育的重视程度 [单选题] *

　　○ A.非常不同意　　　　　　○ B.不同意

　　○ C.不确定　　　　　　　　○ D.同意

　　○ E.非常同意

38. 创业教育对创业意向强化的效果 [单选题] *

　　○ A.非常不同意　　　　　　○ B.不同意

○ C.不确定　　　　　　　　○ D.同意

○ E.非常同意

请根据您的实际情况，选择能准确描述您个人观点、想法、感受的数字，数字越大代表您越认同或越满意。[矩阵量表题] *

	1	2	3	4	5
我主动选修关于创业教育的课程并参加创业讲座	○	○	○	○	○
我经常主动参加学校组织的创业技能培训或模拟演习	○	○	○	○	○
我经常主动参与创业大赛活动	○	○	○	○	○
创业教育课程体系设置情况	○	○	○	○	○
创业教育的实践体系情况	○	○	○	○	○
教师对创业教育的热情与付出	○	○	○	○	○
企业家创业讲座的创业模式对大学生创业者的借鉴与启发	○	○	○	○	○
校级领导对创业教育的重视程度	○	○	○	○	○
创业教育对创业意向强化的效果	○	○	○	○	○

参考文献

[1] 李伟. 全面推进教育创新,大力发展未来教育[N]. 中国经济时报,2017-11-29(001).

[2] 戴维奇. 创业认知与公司创业[M]. 北京:机械工业出版社,2020.

[3] COVIN J G, MILES M P. Corporate entrepreneurship and the pursuit of competitive advantage[J]. Entrepreneurship Theory & Practice, 1999, 23 (3):47-63.

[4] 邱力力,郎朗. 毕业季=创业季?[N]. 电脑报,2016-06-27(003).

[5] 新生代创业者呈高学历高技能高起点, http://www. worlduc. com.

[6] 郭占元,吴丽娜,王光,等. 我国民办高校亟待构建创业教育体系[J]. 吉林华桥外国语学院学报,2010(6):25-28.

[7] 徐菊,陈德棉. 创业教育对创业意向的作用机理研究[J]. 科研管理,2019,40(12):225-233.

[8] 吕林海. 论面向理解的学习与教学设计:设计研究视角下的中国本土实证探析[J]. 远程教育杂志,2010,28(1):8-12.

[9] 陈红敏,张龙革. 哈佛TFU网络课程与我国基础教育新课程的分析研究及启示[J]. 中国教育信息化,2010,(8):6-8.

[10] 杨俊. 创业研究前沿:问题、理论与方法[M]. 北京:机械工业出版社,2022.

[11] SHAVER K G, SCOTT L R. Person, process, choice: the psychology of new venture creation[J]. Entrepreneurship Theory Pract. 1991, 16(2):16-22.

[12] PALICH L, RAGBY R.Using cognitive theory to explain entrepreneurial risk-taking: challenging conventional wisdom[J].1995, 10(6):425-438.

[13] BUSENITZ, LAU. A cross-cultural cognitive model of new venture creation[J]. Entrepreneurship:Theory and Practice, 1996, 20(4):25-39.

[14] BARON, ROBERT A. Cognitive mechanisms in entrepreneurship: why and when entrepreneurs think differently than other people[J]. Journal of Business Venturing, 1998, 13（4）: 275-294.

[15] BUSENITZ L W, BARNEY J B. Differences between entrepreneurs and managers in large organizations: biases and heuristics in strategic decision-making[J]. Journal of Business Venturing, 1997, 12（1）: 9-30.

[16] SIMON, H A. Bounded rationality in social science: today and tomorrow[J]. Mind & Society, 2000: 25-39.

[17] MITCHELL POLINSKY, STEVEN SHAVELL. The economic theory of public enforcement of law[J]. Journal of Economic Literature, 2000（3）: 45-76.

[18] ALLINSON, CHELL. Intuition and entrepreneurial behavior[J]. European Journal of Work and Organizational Psychology, 2000（1）: 31-43.

[19] GREGOIRE, SHEPHERD. Entrepreneurship and country-level innovation: investigating the role of entrepreneurial opportunities[J]. The Journal of Technology Transfer, 2000, 42（42）: 1125-1142.

[20] MITCHELL R K, BUSENITZ L, LANT T, et al. Toward a theory of entrepreneurial cognition: rethinking the people side of entrepreneurship research[J]. Entrep Theory Pract, 2002（4）: 93-104.

[21] DEAN A SHEPHERD, TRENTON A Williams, HOLGER PATZELT. Thinking about entrepreneurial decision making: review and research agenda[J]. Journal of Management, 2014, 41（1）: 11-46.

[22] SHANE S. Prior knowledge and the discovery of entrepreneurial opportunities[J]. Organization Science, 2000, 11（4）: 448-469.

[23] KAHNEMAN D. Thinking, fast and slow[M]. London: Macmillan Publishers Limited, 2011: 56-78.

[24] 陈劲, 杨金娇, 张红兵. 过度自信、资源拼凑与初创企业绩效关系研究

[J]. 科技进步与对策, 2011, 28（21）: 75-79.

[25] 张玉利, 李乾文. 公司创业导向、双元能力与组织绩效[J]. 管理科学学报, 2012, 15（2）: 59-74.

[26] KOLVEREID, ISABELLA. Measure of entrepreneurial attitudes[J]. Academy of Management Proceedings, 2014（1）: 47-78.

[27] MITCHELL R K, BUSENITZ L W, LANT T, et al. The distinctive and inclusive domain of entrepreneurial cognition research[J]. Enterp Theory Pract, 2004（28）: 505-518.

[28] ROBERT A BARON, THOMAS B Ward. Expanding entrepreneurial cognition's toolbox: potential contributions from the field of cognitive science[J]. Entrepreneurship Theory and Practice, 2004, 28（6）: 64-72.

[29] LACKÉUS M. Comparing the impact of three different experiential approaches to entrepreneurship in education[J]. International Journal of Entrepreneurial Behavior and Research, 2020, 26（5）: 937-971.

[30] BANDURA A. Perceived self-efficacy in cognitive development and functioning[J]. Educational Psychologist, 1993, 28（2）, 117-148.

[31] ALEXANDER NEWMAN, MARTIN OBSCHONKA, SUSAN MCDONALD SCHWARZ, et al. Entrepreneurial self-efficacy: antecedents, outcomes, and agenda for future research[J]. Academy of Management, 2018（1）.

[32] 王瑞. 创业情境的交互效应对创业认知的影响研究[D]. 大连: 大连理工大学, 2018: 12-20.

[33] CHAO C CHEN, PATRICIA GENE GREENE, ANN CRICK. Does entrepreneurial self-efficacy distinguish entrepreneurs from managers?[J]. Journal of Business Venturing, 1998, 13（4）: 295-316.

[34] SHEPHERD D A. Venture capitalists' assessment of new venture survival[J]. Management Science, 1999, 4（5）: 621-632.

[35] HMIELESKI K M BARON R A. Entrepreneurs' optimism and new venture performance: a social cognitive perspective[J]. Academy of Management Journal, 2009, 52（3）: 473-488.

[36] FRESE M, GIELNIK M M. The psychology of entrepreneurship[J]. Annual Review of Organizational Psychology and Organizational Behavior, 2014(1): 413-438

[37] LANGER, ELLEN J. The illusion of control[J]. Journal of Personality and Social Psychology, 1975, 32（2）: 311-328.

[38] TVERSKY A, KAHNEMAN D. Belief in the law of small numbers[J]. Psychological Bulletin, 1971, 76（2）: 105-110.

[39] FISCHHOFF B. Hindsight is not equal to foresight: the effect of outcome knowledge on judgment under uncertainty[J]. Journal of Experimental Psychology: Human Perception and Performance, 1975, 1（3）: 288-299.

[40] ROGER BUEHLER, DALE GRIFFIN, MICHAEL ROSS. Exploring the "planning fallacy": why people underestimate their task completion times[J]. Journal of Personality and Social Psychology, 1994, 67（3）: 366-382.

[41] BUEHLER R. GRIFFIN D. ROSS M. Exploring the "planning fallacy": why people underestimate their task completion times[J]. Journal of Personality and Social Psychology, 1994, 67（3）: 366-381.

[42] SHANE S, VENKATARAMAN S. The promise of entrepreneurship as a field of research[J]. The Academy of Management Review, 2000, 25（1）: 217-226.

[43] MATTHEW S WOOD, DAVID W WILLIAMS, DENIS A GRÉGOIRE. The road to riches? a model of the cognitive processes and inflection points underpinning entrepreneurial action[J]. Entrepreneurial Action, 2012（14）: 207-252.

[44] LIÑÁN F, CHEN Y W. Development and cross-cultural application of a specific instrument to measure entrepreneurial intentions[J].

Entrepreneurship Theory and Practice, 2009, 33（3）: 593-617.

[45] KRUEGER R A. Focus groups: a practical guide for applied research[M]. New York: Sage Publications, Inc, 1988: 26-36.

[46] PETERMAN N E, KENNEDY J. Enterprise education: influencing students' perceptions of entrepreneurship[J]. Entrepreneurship Theory and Practice, 2003, 28（2）: 129-144.

[47] H KANTIS, M GONZALO, J FEDERICO, S IBARRA. Entrepreneurial ecosystems meet innovation systems: building bridges from Latin America to the Global South[J]. ResearchGate 2020（7）: 41-60.

[48] L PITTAWAY, J Cope. Simulating entrepreneurial learning[J]. International Small Business Journal, 2007, DOI : 10. 1177/1350507607075776.

[49] FUNDA NALBANTOĞLU YILMAZ, HICRAN ÇETİN GÜNDÜZ. Measurement invariance testing of career anxiety scale by gender and grade level[J]. Sakarya University Journal of Education, 2021, 12（1）: 95-107.

[50] ACQUISTI A, GROSSKLAGS J. Privacy and rationality in decision making[J]. IEEE Security and Privacy, 2005（3）: 26-33.

[51] DHEER J S RATAN. Cross-national differences in entrepreneurial activity: role of culture and institutional factors[J]. Small Business Economics, 2017（4）: 813-842.

[52] The context of contextualizing contexts[M]//WELTER F, GARTNER W B, WRIGHT M, A Reasearch Agenda for Entrepreneurship and context（Elgar Research Agerdas）, Cheltenham: Edwrad Elgar Publishing, 2016.

[53] MENDE A, MENKHOFF L . Profits and speculation in intra-day foreign exchange trading[J]. Journal of Financial Markets, 2006, 9（3）: 223-245.

[54] GRACE XING HU, JUN PAN, JIANG WANG. Chinese capital market: an empirical overview[M]. NBER Working Papers 24346, National Bureau of Economic Research, Inc. , 2018: 20-46.

[55] M SIMON, R C SHRADER, Entrepreneurial actions and optimistic overconfidence: the role of motivated reasoning in new product introductions Ventur[J]. Journal of Business, 2012, 27（3）: 291-309.

[56] BARBER B M, ODEAN T. Boys will be boys: gender, overconfidence and common stock investment[J]. The Quarterly Journal of Economics, 2001（116）: 261-292.

[57] HUCK FINN, ANDERS SCHINKEL, Moral language and moral education[J]. Journal of Philosophy of Education, 2011（8）: 511-525.

[58] PAUL WESTHEAD, DENIZ UCBASARAN, MIKE WRIGHT. Information search and opportunity identification: the importance of prior business ownership experience[J]. International Small Business Journal: Researching Entrepreneurship, 2009, 27（6）: 659–680.

[59] WARD ALEXANDER, HERNÁNDEZ-SÁNCHEZ BRIZEIDA R, SÁNCHEZ-GARCÍA JOSE C. Entrepreneurial potential and gender effects: the role of personality traits in university students' entrepreneurial intentions[J]. Frontiers in psychology, 2019.

[60] SHAKER A ZARA. Corporate entrepreneurship as knowledge creation and conversion: the role of entrepreneurial hubs[J]. Small Bus Econ, 2015（44）: 727–735.

[61] G T LUMPKIN, GREGORY G DESS. Clarifying the entrepreneurial orientation construct and linking it to performance[J]. Academy of Management Review, 1996, 21（1）: 135-172.

[62] MALMENDIER U , TATE G , YAN J . Overconfidence and early-life experiences: the effect of managerial traits on corporate financial policies[J]. The Journal of Finance, 2011, 66（5）.

[63] ARNOLD C COOPER, CAROLYN Y WOO, WILLIAM C DUNKELBERG. Entrepreneurs' perceived chances for success[J]. Journal of Business

Venturing, 1988, 3（2）: 97-108.

[64] BANDURA A . Perceived self-efficacy in cognitive development and functioning[J]. Educational Psychologist, 1993, 28（2）: 117-148.

[65] DENIS A GRÉGOIRE, ANDREW C CORBETT, JEFFERY S MCMULLEN. The cognitive perspective in entrepreneurship: an agenda for future research[J]. Journal of Management Study, 2011, 48（6）: 1443-1477.

[66] DENIZ UCBASARAN, DEAN A SHEPHERD S JOHN LYON. Life after business failure: the process and consequences of business failure for entrepreneurs[J]. Journal of Management, 2012（8）: 163-202.

[67] LUKAS MENKHOFF, ULRICH SCHMIDT, TORSTEN BROZYNSKI. The impact of experience on risk taking, overconfidence and herding of fund managers: complementary survey evidence[J]. European Economic Review, 2006, 50（7）: 1753-1766.

[68] ZOLTAN J ACS, ERIK STAM, DAVID B AUDRETSCH,et al. The lineages of the entrepreneurial ecosystem approach[J]. Small Business Economics, 2017, 49（5）: 1-10.

[69] ZAHRA S A, RANDERSON K, FAYOLLE A. Corporate entrepreneurship: where are we? where can we go from here?[J]. Management, 2013, 16（4）: 357-361.

[70] 何源, 温兴琦. 国内外高校创新创业教育比较[J]. 科技创业月刊, 2023, 36（9）: 149-155.

[71] 陈飞洋, 耿倩. 创新创业教育探究[J]. 科技创业月刊, 2017, 30（15）: 2.

[72] 李伟铭, 黎春燕, 杜晓华. 我国高校创业教育十年: 演进、问题与体系建设[J]. 教育研究, 2013（6）: 10.

[73] DICKSON P H , SOLOMON G T , WEAVER K M . Entrepreneurial selection and success: does education matter?[J]. Journal of Small Business & Enterprise Development, 2008, 15（2）: 239-258.

[74] D A SHEPHERDE. New venture：ignorance, external shock and education strategies[J]. Journal of Business Venture, 2000（15）：393-410.

[75] GERALD E H. Variatins in university entrepreneurship education：an empirical study of an evolving field [J]. Journal of Business Venturing, 1988（2）：109-123.

[76] 张涟英. 以创新能力为核心的土木工程实践教学体系建设[J]. 大学教学与教育, 2022（9）：53-56.

[77] 王东明, 当代大学生创业教育研究[D], 哈尔滨：哈尔滨师范大学, 2020：1-8, 39-61.

[78] 秦郡泽. 新时代背景下高校办学治理体制机制创新研究[J]. 中国多媒体与网络教学学报（上旬刊）, 2023（10）：113-116.

[79] 张琪妍, 杨岩, 王琦. 高职院校建筑室内设计专业学生创新创业能力培养存在的问题及对策[J]. 林区教学, 2023（12）：61-64.

[80] 张红, 葛宝山. 创业学习、机会识别与商业模式：基于珠海众能的纵向案例研究[J]. 科学学与科学技术管理, 2016（6）：12.

[81] 吴晓, 覃永晖. 论区域经济发展与创新创业型人才培养的关系[J]. 求索, 2010（10）：2.

[82] 张玉利. 创业与企业家精神：管理者的思维模式和行为准则[J]. 南开学报, 2004（1）：4.

[83] 麦克思研究院. 就业蓝皮书：2017年中国大学生就业报告[M]. 北京：社会科学文献出版社, 2014.

[84] 陈建安, 陈瑞, 陶雅. 创业成功界定与测量前沿探析及未来展望[J]. 外国经济与管理, 2014（8）：3-12.

[85] LIU RONGZHIi. Research about the university students incubator service quality based on the TQM approach[J]. Advance in Information Science and Service science, 2011：196-201.

[86] MITCHELL R K, SMITH J B, MORSE E A, et al. Are entrepreneurial

cognitions universal? assessing entrepreneurial cognitions across cultures [J]. Entrepreneurship Theory & Practice, 2002（4）: 9-19.

[87] 张秀娥, 张坤. 创业教育对创业意愿作用机制研究回顾与展望 [J]. 外国经济与管理, 2016（4）: 104-113.

[88] BIRD B. Implementing entrepreneurial ideas: the case for intention[J]. Academy of Management Review, 1988, 13（3）: 442-453.

[89] SOUITARIS V, ZERBINATI S, AI-LAHAM A. Do entrepreneurship programmes raise entrepreneurial intention of science and engineering students? the effect of learning, inspiration and resources[J]. Journal of Business Venturing, 2007, 22（4）: 566-591.

[90] FAYOLLEA, GAILLY B, LASSAS-CLERC N. Assessing the impact of entrepreneurship education programmes: a new methodology[J]. Journal of European Industrial Trainning, 2006, 30（9）: 701-720.

[91] PETER N E, KENNEDY J. Enterprise education: influencing students' perception of entrepreneurship[J]. Entrepreneurship Theory and Practice, 2003, 28（2）: 129-144.

[92] 李萍, 符惠明. 创业教育对高校创业人才培养的心理影响 [J]. 高教发展与评估, 2010, 9（5）: 100-124.

[93] 向辉, 雷家骕. 大学生创业教育对其创业意向的影响研究 [J]. 清华大学教育研究, 2014（2）: 120-124.

[94] HEUER A, KOLVEREID L. Education in entrepreneurship and the theory of planned behavior[J]. European Journal of Training and Development, 2014, 38（6）: 506-523.

[95] OOSTERBEEK H, VAN PRAAG M, IJSSELESTEIN A. The impact of entrepreneurship education on entrepreneurship skills and motivation[J]. European Economic Review, 2010, 54（3）: 442-454.

[96] 宁德鹏. 创业教育对创业行为的影响机理研究 [D]. 吉林: 吉林大学, 2017:

31-41.

[97] 马菲菲. 创业认知、时间距离与战略创业能力关系的研究 [D]. 大连：东北财经大学, 2018：8-11.

[98] BANDURA A. Social foundations of thought and action：a social cognitive theory[M]. Upper Saddle River：Prentice-Hall, 1986：169-171.

[99] 何承旭."互联网+"背景下大学生创业意愿的影响因素研究 [D]. 哈尔滨：哈尔滨师范大学, 2019：12-15.

[100] 石峰. 基于创业过程的科技创业政策机制及其构成分析 [J]. 学习与实践, 2016（3）：36-46.

[101] 吴昊, 马万里. 大学生创业意愿影响因素的实证研究：基于社会认知理论[J]. 教育探索. 2020, 326（2）：44-49.

[102] 刘迈克, 研究生创业动机、创业学习与创业行为的关系研究 [D]. 合肥：中国科学技术大学, 2018：30-36.

[103] 谭力文, 曹文祥, 宋晟欣. 高校创业教育与大学生创业意愿关系研究 [J]. 技术经济与管理研究, 2015（11）：34-39.

[104] 余福茂, 曾鸣. 大学生创业行为及其影响因素的实证研究 [J]. 杭州电子科技大学学报（社会科学版）, 2010（3）：66-70.

[105] LINAN F, CHEN Y W. Development and cross-cultural application of a specific instrument to measure entrepreneurial intentions[J]. Entrepreneurship Theory and Practice, 2009, 33（3）：593-617.

[106] 李静薇. 创业教育对大学生创业意向的作用机制研究 [D]. 天津：南开大学, 2013：46-50.

[107] 陈秀秀. 科技创新对企业绩效影响研究 [J]. 合作经济与科技, 2021（9）：108-111.

[108] ALIREZA VAFAEI, DARREN HENRY, KAMRAN AHMED. Mohammad alipour. board diversity：female director participation and corporate innovation[J]. International journal of accounting and information

management, 2021, 29（2）: 247-279.

[109] 秦德智, 邵慧敏, 苏琳淳. 技术创新对股权结构与企业绩效的中介效应: 来自创业板上市制造企业的实证[J]. 科技进步与对策, 2019, 36（16）.

[110] GARCIA-PEREZ-DE-LEMA DOMINGO, RUIZ-PALOMO DANIEL, DIEGUEZ-SOTO JULIO. Analysing the roles of CEO's financial literacy and financial constraints on Spanish SMEs technological innovation[J]. Technology in society, 2021, 64（2）: 101519. 1-101519. 12.

[111] 刘辉, 范林榜. 科技创新与企业绩效的"门槛效应"研究: 基于供应链视角对中国制造型企业的面板数据分析[J]. 物流科技, 2021, 44（1）: 128-134.

[112] 尹奎, 赵景, 聂琦. 如何"双管齐下"提升团队创新绩效: 创新型领导与创新导向人力资源管理实践[J]. 首都经济贸易大学学报, 2022, 24（2）: 86-100.

[113] GRILICHES Z. Issues in assessing the contribution of research and development to productivity growth[J]. The bell journal of economics, 1979: 92-116.

[114] GRILICHES Z. Patents statistics as economic indicators: a survey[J]. Journal of Economic Literature, 1990, 28（4）: 1661-1707.

[115] JAFFE A B. Real effects of academic research[J]. The American economic review, 1989: 957-970.

[116] HITT M A, HOSKISSON R E, KIM H. International diversification: effects on innovation and firm performance in product- diversified firms[J]. The Academy of Management Journal, 2024（4）: 767-798.

[117] 傅家冀. 技术创新[M]. 北京: 清华大学出版社, 1998.

[118] 约瑟夫·熊彼特著, 何畏等译. 经济发展理论[M]. 北京: 商务印书馆, 1990.

[119] 郭淑娟, 路雅茜, 常京萍. 高管海外背景、薪酬差距与企业技术创新投入:

基于PSM的实证分析[J].华东经济管理,2019,33（7）:138-148.

[120] 张亚峰,刘海波,陈光华,等.专利是一个好的创新测量指标吗?[J].外国经济与管理,2018,40（6）:3-16.

[121] 胡望斌,张玉利,杨俊.同质性还是异质性:创业导向对技术创业团队与新企业绩效关系的调节作用研究[J].管理世界,2014（6）:92-109.

[122] 马连福,张琦,王丽丽.董事会网络位置与企业技术创新投入:基于技术密集型上市公司的研究[J].科学学与科学技术管理,2016,37（4）:126-136.

[123] ALHARAFSHEH M, HARAHSHEH A, LEHYEH S A, et al. The impact of entrepreneurs' characteristics of private Jordanian universities leaders on strategic performance: the mediating role of strategic planning[J]. International Journal of Scientific & Technology Research, 2021, 10（1）, 299–309.

[124] 吴长征.创业者受教育水平影响新创企业成长吗?:地区市场化水平的调节效应[J].中山大学学报（社会科学版）,2019,59（1）:199-208.

[125] ZAHRA S A, NEUBAUM D O, HUSE M. Entrepreneurship in medium-size companies: exploring the effects of ownership and governance systems[J]. Journal of Management, 2000, 26（5）: 947-976.

[126] BRANCH B S . Research and development and profits: a distributed lag analysis[J]. Journal of Political Economy, 1974.

[127] FRANCO MARIO, PRATA MARIA. Influence of the individual characteristics and personality traits of the founder on the performance of family SMEs[J]. European journal of international management, 2019, 13（1）: 41-68.

[128] HAMBRICK D C, MASON P A. Upper echelons: the organization as a reflection of its top managers[J]. Academy of Management Review, 1984, 9（2）: 193-206.

[129] D C HAMBRICK, P A MASON. Upper echelons: the organization as a reflection of its top managers [J]. Academy of Management Review, 1984, 9（2）: 193-207.

[130] GRILICHES Z . Issues in assessing the contribution of R&D to productivity[J]. NBER Chapters, 1998, 10（1）: 92-116.

[131] BANDURA A. Human agency in social cognitive theory [J]. The American psychologist, 1989, 44（9）.

[132] BANDURA A. Self-regulation of motivation through anticipatory and self-reactive mechanisms [J]. Nebraska Symposium on Motivation. Nebraska Symposium on Motivation, 1990: 38.

[133] BANDURA A. The anatomy of stages of change [J]. American journal of health promotion : AJHP, 1997, 12（1）.

[134] WOOD R, BANDURA A. Impact of conceptions of ability on self-regulatory mechanisms and complex decision making[J]. Journal of personality and social psychology, 1989, 56（3）: 407-415.

[135] BUBA MUSA PULKA, AYUBA A AMINU, RIMAMNDE RIKWENTISHE. The effects of entrepreneurship education on university students' attitude and entrepreneurial intention[J]. European Journal of Business and Management, 2015, 7（20）.

[136] FRANCO M , PRATA M . Influence of the individual characteristics and personality traits of the founder on the performance of family SMEs[J]. European Journal of International Management, 2019, 13（1）: 41-68.

[137] CARLA S E MARQUES, GINA SANTOS, ANDERSON GALVAO, et al. Entrepreneurship education, gender and family background as antecedents on the entrepreneurial orientation of university students[J]. International Journal of Innovation Science, 2018, 10（1）: 58-70.

[138] 余恕莲, 王藤燕. 高管专业技术背景与企业研发投入相关性研究 [J]. 经

济与管理研究, 2014（5）: 14-22.

[139] FRACASSO A , JIANG K . The performance of private companies in China before and during the global financial crisis: firms' characteristics and entrepreneurs' attributes[J]. Economic Change and Restructuring, 2021: 1-34.

[140] FINCH D J , LEGG D , O'REILLY N , et al. A social capital view of an olympic and paralympic games bid exploration process[J]. European Sport Management Quarterly, 2020, 21（4）: 1-20.

[141] SHAHZAD M F , KHAN K I , SALEEM S , et al. What factors affect the entrepreneurial intention to start-ups? the role of entrepreneurial skills, propensity to take risks and innovativeness in open business models[J]. Journal of Open Innovation: Technology, Market, and Complexity, 2021: 7.

[142] JAFFE A B . Characterizing the "technological position" of firms, with application to quantifying technological opportunity and research spillovers[J]. research policy, 1989, 18（2）: 0-97.

[143] DEZSO C L , ROSS D G. Does female representation in top management improve firm performance? a panel data investigation[J]. Strategic Management Journal, 2012, 33（1）: 1072-1089.

[144] SHEN HUAYU, LAN FENGYUN, XIONG HAO, et al. Does top management Team's academic experience promote corporate innovation? Evidence from China[J]. Economic modelling, 2020, 89（7）: 464-475.

[145] 王德应, 刘渐和. TMT特征与企业技术创新关系研究[J]. 科研管理, 2011, 32（7）: 45-52, 75.

[146] BIN Z . Government involvement, innovation factor input and enterprise performance—an empirical study based on 15 industrial clusters in Luoyang[J]. R&D Management, 2017.

[147] 胡冬梅, 彭杨. 高管海外背景对企业绩效的作用机理及效果研究[J]. 西

部经济管理论坛, 2021, 32（6）：37-47, 66.

[148] 刘爽. 基于财务指标的中小制造业企业技术创新能力评价 [J]. 湖北经济学院学报（人文社会科学版）, 2015, 12（2）：68-70.

[149] 魏立群, 王智慧. 中国上市公司高管特征与企业绩效的实证研究 [J]. 南开管理评论, 2002（4）：16-22.

[150] ZAHRA S A, GEDAJLOVIC E, NEUBAUM D O, et al. A typology of social entrepreneurs：motives, search processes and ethical challenges[J]. Journal of Business Venturing, 2009, 24（5）：519-532.

[151] 陈传明, 孙俊华. 企业家人口背景特征与多元化战略选择：基于中国上市公司面板数据的实证研究 [J]. 管理世界, 2008（5）：124-133, 187-188.

[152] 何威风, 刘巍. 管理者团队特征与资本结构动态调整 [J]. 财务研究, 2015（3）：50-62.

[153] 王昌荣, 李娜. 高管特征、自信度与企业创新成果关系研究：基于制造业企业的经验数据 [J]. 经济问题, 2019（5）：83-90.

[154] 贾建锋, 唐贵瑶, 李俊鹏, 等. 高管胜任特征与战略导向的匹配对企业绩效的影响 [J]. 管理世界, 2015（2）：120-132.

[155] 孙凯, 刘祥, 谢波. 高管团队特征、薪酬差距与创业企业绩效 [J]. 科研管理, 2019, 40（2）：116-125.

[156] 魏立群, 王智慧. 我国上市公司高管特征与企业绩效的实证研究 [J]. 南开管理评论, 2002, 5（4）：7.

[157] ABATECOLA G, CRISTOFARO M. Hambrick and Mason's "upper echelons theory"：evolution and open avenues [J]. Journal of Management History, 2020, 26（1）：116-136.

[158] 毕娟, 马爱民. 科技型创业企业危机机理研究 [J]. 科学学研究, 2011, 29（4）：582-590.

[159] 王浩然, 贾庆玲. 融资约束对企业R&D投资的影响研究：基于我国高新技术上市公司的经验数据 [J]. 产业组织评论, 2020（3）：46-73.

[160] 杨萱, 罗飞. 中小板上市公司高管团队特征与企业创新行为关系研究 [J]. 财经论丛, 2016 (5): 87-95.

[161] 姜付秀, 伊志宏, 苏飞, 等. 管理者背景特征与企业过度投资行为 [J]. 管理世界, 2009 (1): 130-139.

[162] PETERSON R A, BERGER D G. Entrepreneurship in organizations: evidence from the popular music industry[J]. Administrative science quarterly, 1971: 97-106.

[163] ZAHRA S A, RANDERSON K, FAYOLLE A. Corporate entrepreneurship: where are we? where can we go from here?[J]. Management, 2013, 16 (4): 357-361.

[164] CORBETT A, COVIN J G, O'CONNOR G C, et al. Corporate entrepreneurship: state-of-the-art research and a future research agenda[J]. Journal of Product Innovation Management, 2013 (30): 812-820.

[165] 刘博, 刘超, 刘新梅. 组织创造力与创新绩效: 长期导向与战略柔性的联合调节作用 [J]. 当代经济科学, 2023 (6): 1-11.

[166] 李欣. 家族企业的绩效优势从何而来?: 基于长期导向韧性的探索 [J]. 经济管理, 2018, 40 (5): 54-72.

[167] 窦军生, 吴赛赛. 家族企业中的长期导向研究综述与展望 [J]. 经济管理, 2019, 41 (6): 194-208.

[168] TIMMONS J A, SPINELLI S, TAN Y. New venture creation: entrepreneurship for the 21st century[M]. New York: McGraw-Hill/Irwin, 2004.

[169] LE BRETON-MILLER I , MILLER D . Why do some family businesses out-compete? governance, long-term orientations and sustainable capability[J]. Entrepreneurship Theory and Practice, 2006: 30.

[170] GENTRY R, C DIBREL J KIM. Long-term orientation in publicly traded

family businesses：evidence of a dominant logic[J]. Entrepreneurship Theory and Practice, 2016, 40（4）：733-757.

[171] LUMPKIN G T, K H BRIGHAM. Long-term orientation and intertemporal choice in family firms[J]. Entrepreneurship Theory and Practice, 2011, 35（6）：1149-1169.

[172] 马骏, 黄志霖, 何轩. 家族企业如何兼顾长期导向和短期目标：基于创业者精神配置视角 [J]. 南开管理评论, 2020, 23（6）：124-135.

[173] KURATKO D F, IRELAND R D, COVIN J G, et al. A model of middle-level managers' entrepreneurial behavior[J]. Entrepreneurship theory and practice, 2005, 29（6）：699-716.

[174] ENGELEN A, WEINEKÖTTER L, SAEED S, et al. The effect of corporate support programs on employees' innovative behavior：a cross-cultural study[J]. Journal of Product Innovation Management, 2018, 35（2）：230-253.

[175] LUMPKIN G T, BRIGHAM K H, MOSS T W. Long-term orientation：implications for the entrepreneurial orientation and performance of family businesses[J]. Entrepreneurship & regional development, 2010, 22（3-4）：241-264.

[176] 金辉, 许虎. 领导长期导向对员工创新行为的双刃效应：基于一个被调节的双中介模型 [J]. 管理学刊, 2023, 36（2）：99-113.

[177] MICHAEL, G, GOLDSBY, et al. Entrepreneurship and fitness：an examination of rigorous exercise and goal attainment among small business owners[J]. Journal of Small Business Management, 2005：78-92.

[178] 刘白璐, 吕长江. 基于长期价值导向的并购行为研究：以我国家族企业为证据[J]. 会计研究, 2018（6）：47-53.

[179] SHANE S, VENKATARAMAN S. The promise of entrepreneurship as a field of research[J]. Academy of Management Review, 2000, 25（1）：

217-226.

[180] EDDLESTON K A, KELLERMANNS F W, ZELLWEGER T M. Exploring the entrepreneurial behavior of family firms: does the stewardship perspective explain differences?[J]. Entrepreneurship theory and practice, 2012, 36（2）: 347-367.

[181] 李钧, 柳志娣, 王振源, 等. 高管团队创新意愿、决策能力与创业企业创新绩效: 研发组织水平的调节效应[J]. 南京财经大学学报, 2020（1）: 74-84.

[182] 邵瑞庆, 李子彤. 高管学历特征、机构投资者异质性与企业研发投入[J]. 新会计, 2023（5）: 4-10.

[183] 袁泉, 杨锁旺. 高管海外学习经历、内部控制质量与企业创新[J]. 商业会计, 2023（21）: 9-15.

[184] 李佳音, 杨晓旭. 高管学历、海外学习背景与企业研发投入[J]. 会计师, 2021（4）: 3-5.

[185] 周芬芬. 高管特征对创业板上市公司创新绩效的影响[J]. 广西质量监督导报, 2020（9）: 146-147.

[186] 雷立钧, 刘泰. 高管背景特征会影响商业银行的风险管理和创新吗?: 基于城市商业银行的经验证据[J]. 投资研究, 2015, 34（12）: 39-50.

[187] El-ATTAR M , MILLER J . Matching antipatterns to improve the quality of use case models[C]//IEEE International Requirements Engineering Conference. IEEE Computer Society, 2006: 99-108.

[188] BLOCK J. Long-term orientation of family firms: an investigation of R&D investments, downsizing practices and executive pay[M]. Berlin: Springer Science & Business Media, 2009.

[189] LYNGSIE J, FOSS N J. The more, the merrier? women in top-management teams and entrepreneurship in established firms[J]. Strategic management journal, 2017, 38（3）: 487-505.

[190] LORRAINE, M, UHLANER, et al. Erratum to the entrepreneuring family: a new paradigm for family business research[J]. Small Business Economics, 2012 (38): 13.

[191] ZAHRA S A, HAYTON J C, SALVATO C. Entrepreneurship in family vs. non-family firms: a resource-based analysis of the effect of organizational culture[J]. Entrepreneurship theory and Practice, 2004, 28 (4): 363-381.

[192] 胡楠, 薛付婧, 王昊楠. 管理者短视主义影响企业长期投资吗?: 基于文本分析和机器学习 [J]. 管理世界, 2021, 37 (5): 139-156.

[193] 贺亚楠, 张信东, 郝盼盼. 管理者短视下 R&D 操纵与业绩兼顾行为 [J]. 财经论丛, 2019, 254 (12): 66-75.

[194] BLOCK J H, THAMS A. Long-term orientation in family and non-family firms[M]. Humboldt-Universität zu Berlin, Wirtschaftswissenschaftliche Fakultät, 2007.

[195] GUTERMAN STANLEY S, ALDERFER CLAYTON P. Existence, relatedness and growth: human needs in organizational settings[J]. Contemporary Sociology, 1974, 3 (6): 68-89.

[196] PANDIT N R. The creation of theory: a recent application of the grounded theory method[J]. The Qualitative Report, 1996, 2 (24): 3-4.

[197] 陈春霞, 石伟平. "生产经营型" 新型职业农民胜任素质的要素构成研究: 基于行为事件访谈法 [J]. 现代远距离教育, 2020 (1): 8.

[198] 史班瑟, 魏梅金译. 才能评鉴法 [M]. 汕头: 汕头大学出版社, 2003.

[199] GEPHART R P. Qualitative research and the academy of management journal[J]. Academy of Management Journal, 2004 (47): 454-462.

[200] 何齐宗. 中国高校教师胜任要素研究: 进展与思考 [J]. 高等教育研究, 2014 (10): 38-45.

[201] 吴继霞, 何雯静. 扎根理论的方法论意涵, 建构与融合简 [J]. 苏州大学

学报：教育科学版，2019（1）：15.

[202] STRAUSS A, CORBIN J. Basic of qualitative research：grounded theory procedures & techniques[M]. Thous & Oaks, CA：Sage. 1990.

[203] 田俊，田文汇，王萱，等. 中小学教师在线教学胜任力模型构建与应用：一项基于行为事件访谈的混合研究[J]. 中国电化教育，2023（10）：126-133.

[204] 周畅. 我国地方大学与社区互动关系研究：基于湖南理工学院的案例分析[D]. 上海：华中科技大学，2024：6-12.

[205] 陈蓓蕾. 基于网络和信任理论的消费者在线口碑传播实证研究[D]，杭州：浙江大学，2008.

[206] MORSE J M. The significance of saturation [J]. Qualitative Health Research, 1995（5）：147-149.

[207] MC CLELLAND D C. Testing for competence rather than for intelligence[J]. American Psychologist, 1973, 28：1-14.

[208] BOYATZIS R E. The competent manager：a model for effective performance[M]. New York：Wiley, 1982.

[209] SPENCER LM, SPENCER SM. Competence at work models for superior performance[M]. New York：John Wily & Sons, 1993.

[210] 李博. 大学高层管理者胜任力棋型研究[D]. 武汉：武汉理工大学，2008：23-48.

[211] 杨湘怡. 企业中层管理者胜任力模型研究[D]. 上海：复旦大学，2007：26-35.

[212] 宁德鹏. 创业教育对创业行为的影响机理研究[D]. 长春：吉林大学，2017：31-41, 66-86.

[213] 李伟铭，黎春燕，杜华. 我国高校创业教育十年：演进、问题与体系建设[J]. 教育研究，2013（6）：42-51.

[214] 赵绪伟. 客户经理胜任力模型与测评研究[D]. 杭州：浙江大学理学院，

2010：20-32.

[215] 宋江. 紫金矿业国际化中层管理者胜任力模型构建研究 [D]. 兰州：兰州
大学，2019：21-40.

[216] 时勘，王继承，李超平. 企业高层管理者胜任特征模型评价的研究 [J].
心理学报,（3）：78-98.

[217] 叶茂林，杜瀛. 胜任特征研究方法综述 [J]. 湖南师范大学教育科学学报，
2006（4）.

[218] 张靖. 中层管理者胜任力模型的构建 [J]. 邮电经济，2012（1）：1-5.

[219] 史东风. 基于岗位胜任力的石油企业中层管理者人岗匹配模型研究 [D].
成都：西南石油大学，2011：36-45.

[220] 侯彤妹. 关键事件访谈的方法 [J]. 中外管理导报，2002（3）：52-55.

[221] 冯明，尹明鑫. 胜任力模型构建方法综述 [J]. 科技管理研究，2007（9）：
229-236.

[222] 李忠民，刘振华. 知识型人力资本胜任力研究 [M]. 北京：科学出版社，
2018.

[223] 赵曙明，杜娟. 基于胜任力模型的人力资源管理研究 [J]. 经济管理，
2007（6）：16-22.

[224] 叶龙，张文杰，姜文生. 管理人员胜任力研究 [J]. 中国软科学，2003
（11）：96-99.

[225] BARRICK M R, MOUNT M K . The big five personality dimensions and
job performance: a meta-analysis[J]. Personnel Psychology, 1991, 44（1）:
1-26.

[226] 游家兴. 如何正确运用因子分析法进行综合评价 [J]. 统计教育，2003
（5）：10-11.

[227] 曹瑛. 创业教育：高等教育深化改革的时代诉求 [J]. 煤炭高等教育，
2009, 27（4）：3.

[228] 吴漾薪，张颖. 高校体育舞蹈创新创业人才培养模式研究 [J]. 尚舞，

2023（13）：162-164.

[229] 高伟. 我国高校创业教育问题思辨 [J]. 教育探索, 2014（9）：2.

[230] 张瀚文. 渐进决策理论视域下我国高校创新创业教育政策的历史演进与未来趋向 [J]. 东华理工大学学报：社会科学版, 2022, 41（4）：377-382.

[231] 张秋贤. 高职院校创业教育对就业教育的促进作用 [J]. 中国市场, 2013（42）：3.

[232] 朱德全, 曾欢. 教师"三分式"培训的"生态位"协同路向：基于高等职业院校"双高计划"的视角 [J]. 教师教育学报, 2020, 7（3）：7.

[233] 杨俊, 张玉利, 刘依冉. 创业认知研究综述与开展中国情景化研究的建议 [J]. 管理世界, 2015（9）：158-169.

[234] DENIS, GREGOIRE C, MCMULLEN J S. The cognitive perspective in entrepreneurship: an agenda for future research[J]. Journal of Management Studies, 2011, 48（6）：1443-1477.

[235] 郝喜玲, 张玉利, Hao XILING, et al. 认知视角下创业失败研究述评和未来展望 [J]. 外国经济与管理, 2016, 38（8）：13.

[236] 何承旭. "互联网+"背景下大学生创业意愿的影响因素研究 [D]. 哈尔滨：哈尔滨师范大学. 2024：62-70.

[237] ERIK STAM, BEN SPIGEL. Entrepreneurial ecosystems[J]. Utrecht School of Economics, 2020（16-13）：81-90.

[238] 何威风, 刘巍. 企业管理者能力与审计收费 [J]. 会计研究, 2015（1）：8.

[239] 王昌荣, 李娜. 高管特征、自信度与企业创新成果关系研究：基于制造业企业的经验数据 [J]. 经济问题, 2019（5）：8.

[240] GUDMUNDSSON S V, LECHNER C. Cognitive biases, organization and entrepreneurial firm survival[J]. European Management Journal, 2013, 31（3）：278-294.

[241] MAHESH P BHAVE. A process model of entrepreneurial venture creation[J]. Journal of Business Venturing, 1994, 9（3）：223-242.

[242] LUKE PITTAWAY, JASON COPE. Entrepreneurship education a systematic review of the evidence[J]. International Small Business Journal Researching entrepreneurship, 2007, 25（5）: 479-510.

[243] FRIEDERIKE WELTER, TED BAKER TBAKER, WILLIAM B GARTNE. Everyday entrepreneurship—a call for entrepreneurship research to embrace entrepreneurial diversity[J]. Entrepreneurship Theory and Practice, 2017（5）: 311-321.

[244] RATAN J S DHEER. Cross-national differences in entrepreneurial activity: role of culture and institutional factors[J]. Small Business Economics, 2017, 12（48）: 813–842.

[245] WOUTER STAM, SOUREN ARZLANIAN, TOM ELFRING. Social capital of entrepreneurs and small firm performance: a meta-analysis of contextual and methodological moderators[J]. Journal of Business Venturing, 2014（29）: 152-173.

[246] 孙英红. 基于创业心理资本的大学生创业教育 [C]// 山东高等教育学会. 山东高等教育学会, 2016.